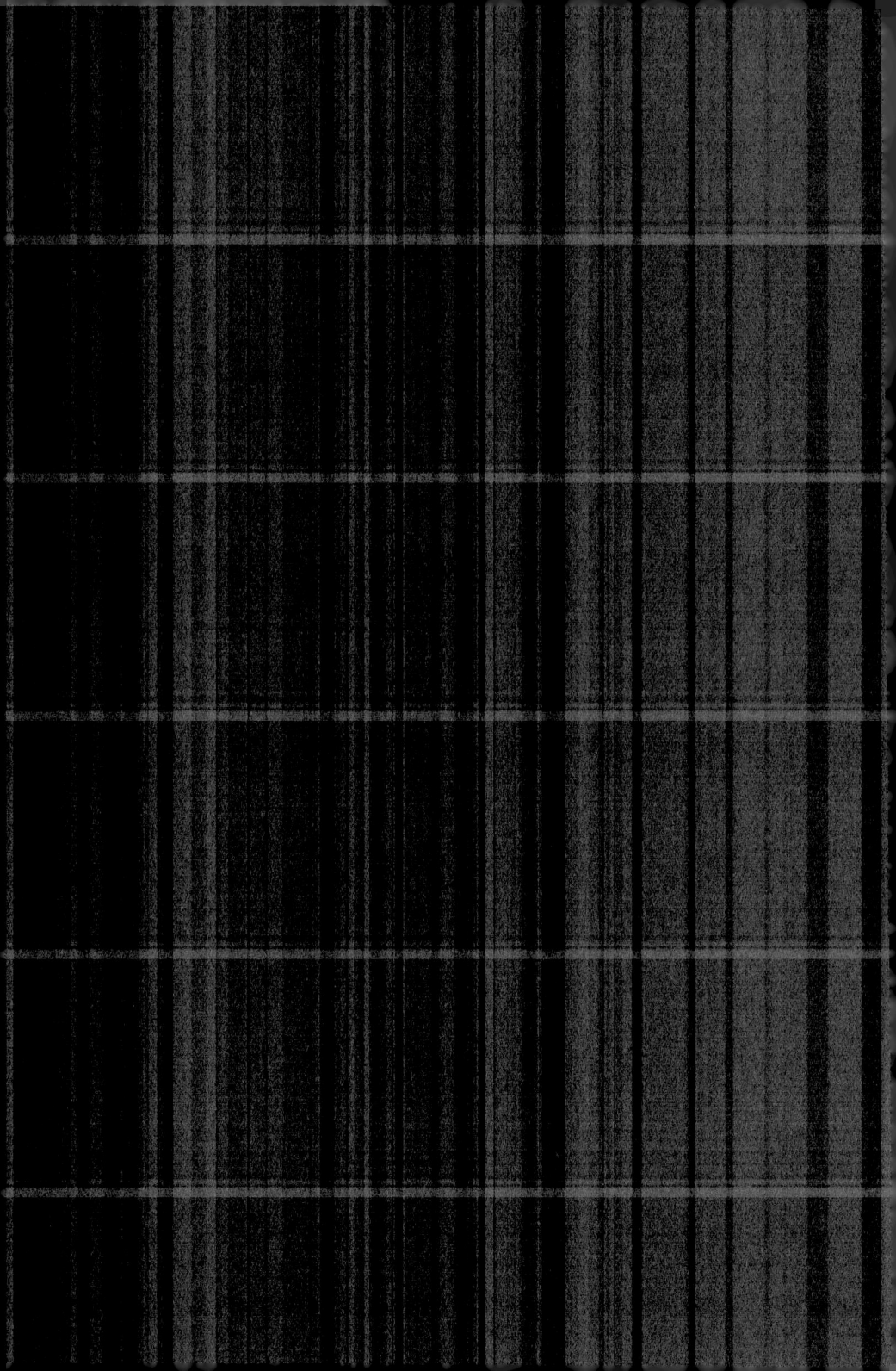

北海道の庭づくり

川村展之　編著

北海道新聞社

はじめに

　今から14年前、本州から北海道へやって来て、最初の年は驚きの連続でした。

　クロッカスの花が咲き乱れているのにはびっくりし、チューリップの花がとても大きいことに感心し、デルフィニウムの青さに信じられない思いをし、何より快晴の空の下に咲く鮮やかな花色はとても新鮮なものでした。「なんて透明な空なんだ」と感じたことを今でも覚えています。

　北海道と一口に言っても、地域によって環境は全然違います。寒さが厳しい、雪が多い、夏の曇天が多い、風がすさまじいなど。しかし、考えようによってはおもしろいことなのかもしれません。環境が個性を生み出すのですから。

　庭をつくる時、大半の方が植物を植えられることでしょう。本書では、庭づくりの進め方について紹介しつつ、主に地面に直接植えて利用する植物材料とその管理方法について焦点を当て、記すこととしました。

庭づくりは、デザインをし、植物を植えて終了ではありません。生き物である以上、時間とともに常に変化し、私たちはそれに対処していくことで、庭がつくられていくのだと思います。

　「どのようにすれば良いのか」。これに対する100％の答えはありません。答えを出せるのは、みなさん自身によってのみなのかもしれません。本書では、そのヒントとなれるように意識し、記すことと致しました。従って、やや基礎的な内容も含みましたので、文章量が多いと感じられるかもしれません。

　本書を最初から読み進める必要はないと思います。何か気になることがあった時に開ける、そのような存在になれればと考えております。

　本書がみなさんの庭づくりに少しでも役立てば幸いです。

2012年春　　川村　展之

北海道の庭づくり 目次

- はじめに ……………………………………………………… 2
- 用語解説 ……………………………………………………… 8
- この本の使い方 ……………………………………………… 10

Ⅰ. 庭をつくる ……………………………………………… 11

1. はじめに考えておきたいこと ……………………… 12
2. 現状を把握する ……………………………………… 13
3. 整理整頓してみる …………………………………… 19
4. 平面図を作ってみる ………………………………… 22
5. リニューアルのプラン作り ………………………… 23
6. さらにプランを詰める ……………………………… 25
7. プラン＆ビルドで …………………………………… 28
8. 庭を構成する要素 …………………………………… 28

Ⅱ. 北海道の気候 …………………………………………… 45

1. 北海道の気候の特徴 ………………………………… 46
2. 気温、積雪と植物の耐寒性 ………………………… 47
3. 休眠芽の位置と耐寒性 ……………………………… 49
4. 冬の風と耐寒性 ……………………………………… 50
5. 道内各地域の気候 …………………………………… 50
6. 気候に応じた植物選び ……………………………… 52

Ⅲ．庭の環境、条件にあった植物選び ·················53

庭での樹木の利用

  1　樹木を選ぶ ··· 54
  2　さまざまな樹木

- 高木類 ·· 54

　　カエデ／リンゴ／イチイ／キングサリ／クロベ／ザイフリボク／ナナカマド

- 高〜中低木類 ··· 63

　　コルヌス／ハシドイ／トウヒ／ビャクシン／モクレン／モミ

- 中低木類 ··· 71

　　アジサイ／エリカ、カルーナ／ツツジ／ポテンティラ／アロニア／ウツギ／ガマズミ／キイチゴ／コトネアステル／シモツケ／スグリ／スノキ／タニウツギ／テマリシモツケ／ドウダンツツジ／ニシキギ／バイカウツギ／ハギ／ハグマノキ／ブッドレヤ／フヨウ／ホザキナナカマド／ボタン／マルメロ／ミヤマシキミ／メギ／ヤナギ／ヤマブキ／レンギョウ

- つるもの ·· 101

　　クレマチス／アケビ／ソバカズラ／ノウゼンカズラ／フジ／ロニケラ

庭での宿根草の利用

  1　宿根草を選ぶ ··· 108
  2　さまざまな宿根草 ·· 109

　　アストランティア／エキナケア／カムパヌラ／ゲラニウム／サルビア／スカビオサ／セドゥム／トロリウス／ヒューケラ／ヘレボルス／モナルダ／ユーフォルビア／アガスタケ／アガパンツス／アカンツス／アキレア／アジュガ／アスクレピアス／アスター／アスチルベ／アティリウム／アネモネ／アラビス／アルケミラ／アルテミシア／アルメリア／アレナリア／アンクサ／アンテミス／アンテリクム／イカリソウ／イベリス／イリス／ウラハグサ／エキノプス／エリゲロン／エリムス／エリンギウム／オエノテラ／オダマキ／オフィオポゴン／オムファロデス／オリガナム／ガウラ／カラマグロスティス／カラミンタ／カレクス／ギプソフィラ／ギボウシ／キミキフガ／クナウティア／クニフォフィア／ゲウム／ケファラリア／ケラスチウム／ケロネ／ケンタウレア／ゲンチアナ／コリダリス／コレオプシス／サポナリア／ジギタリス／シャクヤク／シレネ／ススキ／ストケシア／タチアオイ／タリクトルム／チョウジソウ／ディケントラ／ティムス／デルフィニウム／ドデカテオン／トラデスカンティア／トリカブト／トリリウム／ナデシコ／ネペタ／バーバスクム／パパウェル／バプティシア／ビオラ／フィソステギア／フィリペンデュラ／フェスツカ／フクシア／プリムラ／プルサティラ／ブルネラ／プルモナリア／フロクス／ヘメロカリス／ヘリアンテムム／ベルゲニア／ペルシカリア／ヘレニウム／ベロニカ／ベロニカストルム／ペンステモン／ポテンティラ／ホトトギス／ポレモニウム／マルウァ／ムラサキナズナ／メコノプシス／メンタ／ヤマブキショウマ／ユーパトリウム／ラティルス／ラミウム／リアトリス／リクニス／リグラリア／リシマキア／リヌム／ルピヌス／レウカンテムム／ロベリア／ワレモコウ

庭での一年草の利用
- 1　一年草を選ぶ ……………………………………… 151
- 2　さまざまな一年草 ………………………………… 152

アークトチス／アゲラタム／アリッサム／アロンソア／アンゲロニア／イソトマ／イポメア／インパチエンス／エリゲロン／カスミソウ／ギリア／キンギョソウ／サルビア／ジニア／センニチコウ／ダールベルグデージー／タマクルマバソウ／ナスタチウム／ニコチアナ／ネメシア／バーベナ／ビオラ／ビンカ／フロックス／ベゴニア／ペチュニア／ヘリオトロープ／ヘリオフィラ／ヘリクリサム／マリーゴールド／ミムルス／メランポディウム／リムナンテス／ルピヌス／ロベリア

庭での球根植物の利用
- 1　球根植物を選ぶ …………………………………… 162
- 2　さまざまな球根植物 ……………………………… 163

チューリップ／アリウム／ユリ／エレムルス／エリスロニウム／アネモネ／クロッカス／スイセン／フリチラリア／シラー／アイリス／ヒアシンス／リコリス／シクラメン／ムスカリ／チオノドクサ／プシュキニア

Ⅳ. 庭での植物管理 ……………………………… 171

土壌の管理
- 1　良い土壌条件とは ………………………………… 172
- 2　客土に使われる土壌 ……………………………… 174
- 3　植物性堆肥と動物性堆肥 ………………………… 175
- 4　簡単な土壌の判断 ………………………………… 177
- 5　排水性を高める、有効土層を深くする ………… 179
- 6　土壌改良の方法 …………………………………… 180

樹木の管理
- 1　苗木の選び方 ……………………………………… 182
- 2　植え付け …………………………………………… 183
- 3　施肥 ………………………………………………… 185
- 4　剪定の基本 ………………………………………… 186
- 5　針葉樹、常緑樹の剪定 …………………………… 194
- 6　落葉樹の剪定 ……………………………………… 200
- 7　果樹の剪定 ………………………………………… 210

クレマチスの管理
- 1　系統別開花習性 …………………………………… 214
- 2　前年枝（旧枝）咲きと当年枝（新枝）咲き …… 216
- 3　適した土壌 ………………………………………… 217
- 4　植え込み …………………………………………… 217

- 5　つるの誘引 ……………………………………… 218
- 6　剪定 ……………………………………………… 218
- 7　植え替え ………………………………………… 223
- 8　品種選び ………………………………………… 223

宿根草の管理
- 1　苗の植え込み …………………………………… 224
- 2　花がら摘み、切り戻し ………………………… 227
- 3　植え替え、株分け ……………………………… 230
- 4　秋の茎刈りと越冬対策 ………………………… 237

一年草の管理
- 1　一年草に向いた土壌 …………………………… 242
- 2　苗の植え込み …………………………………… 243
- 3　直まきする種類のは種 ………………………… 249
- 4　追肥 ……………………………………………… 253
- 5　花がら摘み ……………………………………… 253
- 6　秋の管理 ………………………………………… 255

球根植物の管理
- 1　季節別の生育状況 ……………………………… 256
- 2　植え付け ………………………………………… 257
- 3　施肥 ……………………………………………… 259
- 4　掘り取り ………………………………………… 261
- 5　植え付けまでの保管と分球 …………………… 261
- 6　厳しい条件下でも育つ種類 …………………… 262

芝生の管理
- 1　芝刈り …………………………………………… 264
- 2　施肥 ……………………………………………… 265
- 3　灌水 ……………………………………………… 265
- 4　エアレーション・目土 ………………………… 265
- 5　除草 ……………………………………………… 266
- 6　芝生地の造成 …………………………………… 267
- 7　種まき …………………………………………… 268
- 8　張り芝 …………………………………………… 268

🍀 **植物名索引** ……………………………………… **270**

用語解説

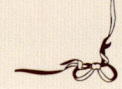

カ行

花梗 [かこう]
花を支える細い茎の部分をいう。小さい花が密集する場合、それぞれの花を小花と呼び、小花を直接支える茎の部分を小花梗という。花柄（かへい）ともいう

株立ち [かぶだち]
一本の樹木において、特に地際近くから複数の幹が立ち上がった状態をいう。ライラックなどの低木類に多く、時に地際近くで剪定（せんてい）を行うことによって人為的に仕立てられる

木表・木裏 [きおもてきうら]
一般には板材の面を表す言葉として使われるが、造園では樹木が光の強い方向に伸びた側を木表、その反対側を木裏という。十分な日光を受ける木表側で姿の整っていることが多く、木表を人の目線が入る方に向けて植栽することが一般的

吸枝 [きゅうし]
茎の基部に発生し、地中を横走してやや離れたところに芽を出させる枝のことをいう。アスターやキクなど多くの種類で発生する

クラウン
株の地際にある肥大した茎の部分。茎が伸びず短縮された状態となっており多くの節が存在する。主要な新芽の発芽部分となる

根出葉 [こんしゅつよう]
ギボウシの葉のように地際の部分から直接出る葉のことで、複数枚以上出ることが多い。根生葉とも呼ぶ

サ行

主幹 [しゅかん]
一本の樹木の中心をなす幹のことをいう

樹冠 [じゅかん]
樹木の枝や葉が覆っている範囲のこと。樹種によって特徴的な形となるものもある

主枝 [しゅし]
幹から出て樹形をつくる主要な枝のことをいう

新梢 [しんしょう]
新しく伸びた枝のこと。樹木に対して使われるのが一般的

芯止め [しんどめ]
樹木の上部の芯の部分で切除する剪定の一種で、高さを制限したい場合や樹幅を広げたい場合などに行われる。また、草花の芽の先端部を切除する場合も芯止めというが、一般的には摘芯やピンチの言葉が使われる

石果 [せきか]
種子を包む硬い皮を中心部に持つ果実。モモやウメ、アンズなど

節 [せつ]
葉や芽がつくられる茎の一部分をいう。膨らみがあり、環状に模様が入ることが多いので、地上部にある節は目視で確認できる。なお、茎の上方にある節を上位節、下方にある節を下位節と呼んで説明されることも多い

側芽 [そくが]
茎の先端ではなく、途中から出る芽のことで、多くは葉の付け根である葉腋から出る。わき芽ともいう

タ行

短果枝 [たんかし]
果樹において、花や果実をつける枝を結果枝というが、そのうち短い枝を短果枝といい、果実を実らせる中心的な枝となる。その他に、中果枝や長果枝がある。

単幹 [たんかん]
一本の樹木において、主となる幹（主幹）が大きく枝分かれしておらず一本のみで構成された状態をいう。株立ちの対となる言葉

頂芽 [ちょうが]
茎の先端部にある芽のことで他の部位の芽（側芽など）に比べ成長が促進される部分

土極め [つちぎめ]
樹木を植える際、根鉢と植え穴の間に土を突き詰めながら植え込んでいく方法。土を詰めな

がら水を加え、泥状にしながら植え込む方法を水極めといい、状況に応じて使い分けられる

摘果 [てきか]
品質の良い果実を作ったり、樹勢を維持する目的で、余分な果実を摘み取ること

ナ 行

根鉢 [ねばち]
植物の根と周りの土が一つの塊となったもの。地植えしたものを掘り上げて（地掘り苗）販売する場合、苗の衰弱を防ぐため、土を崩さないように一緒に掘り上げるのが一般的

ハ 行

ひこばえ
樹木の根元部分から出てくる枝のこと

不定芽 [ふていが]
一般に芽は頂芽や葉腋にできるが、それ以外の部分からできる芽のこと。葉や根、節間にできる芽が代表的なもの

ブランチカラー
幹から直接出ている枝について、枝元の下側の膨らんだ部分をいう。この部分が枝が切られた後の傷口の修復に働くとされている

PH [ペーハー]
土壌酸度のことで、酸性やアルカリ性の度合いを数値で示す。0～14まであり、PH7が中性、数値が低いほど酸性となる。実際栽培されているものでは PH5.0～6.5 の弱酸性

を好む植物が多い

ヤ 行

葉腋 [ようえき]
茎と葉がついている部分で、そこから芽やつぼみを出すことが多い

ラ 行

連作障害 [れんさくしょうがい]
長年にわたって栽培し続けた結果起こる生育不良の現象をいう。特に同じ植物を連作した場合に多いが、その原因は、特定の土壌養分の欠乏、特に土壌伝染性の病原菌の蓄積、根が分泌した成分による自家

中毒などさまざま

ローンスパイク
芝地のエアレーションに使う道具で市販されている。刃先がとがっていて芝地に挿しこむことにより、通気性や透水性の改善をはかる

ローンパンチ
ローンスパイクと形状は似ているが、先端部は筒状で、挿しこむことによって芝地の土の一部を抜き取る。この作業をコアリングとも言い、目土入れが必要となるものの、通気性や透水性の大きな改善が期待できる

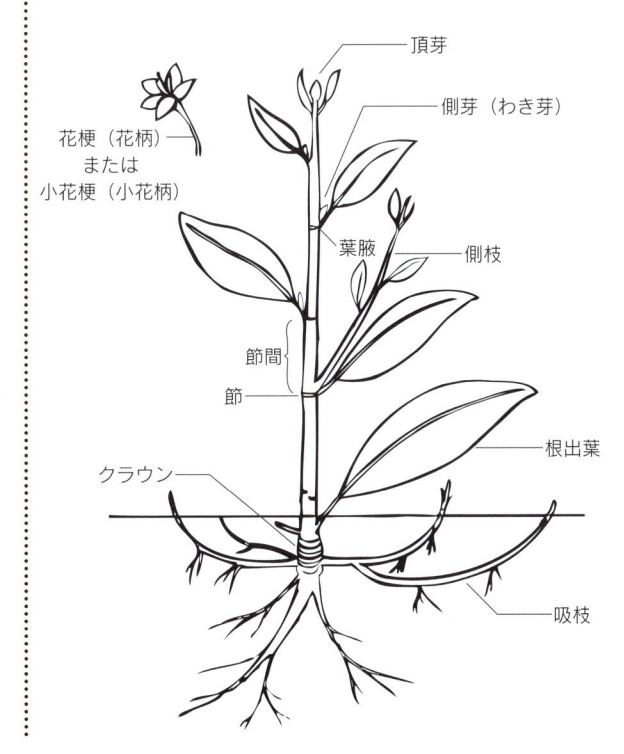

頂芽
側芽（わき芽）
花梗（花柄）または小花梗（小花柄）
葉腋
側枝
節間
節
根出葉
クラウン
吸枝

9

この本の使い方

🌳 植物の名前について

　植物の学名は「国際植物命名規約」に基づきラテン語で表記され、世界の誰がみても分かる名前として広く使われています。一つの植物の学名は大きなくくり（分類階級）から「界」「門」「綱」「目」そしておなじみの「科」「属」「種」さらには亜種（ssp.）、変種（var.やv.）、品種（f.）によって示されます。
　「花を美しく」「病気に強く」など特定の目的を持って人為的に作出されたものを園芸品種（cv.）といい、前述の品種（f.）とは明確に区分けされます。
　一方、古くから親しまれる植物には日本独自の名前である「和名」が付けられ、その名で一般的に呼ばれます。
　本書では、できるだけ和名も記すこととしました。また、分類階級については日本語にて科名を、ラテン語では属名以下を記載しています。

　（例）　科名　サクラソウ科
　　　　　学名　Primula　modesta　v. matsumurae　f. alba
　　　　　　　　（属名）　　（種名）　　（変種名）　　（品種名）
　　　　　和名　シロバナレブンコザクラ

　なお3章「さまざまな樹木」「さまざまな宿根草」「さまざまな一年草」「さまざまな球根植物」各項で紹介している植物の見出し項目は、いずれも「属」名を記載したもので、右にはその属名の学名と何科に属するかなどを記しました。

🌳 学名の変更について

　かつては形態的な特徴に基づき学名が決定されていましたが、研究の進歩とともに新しい分類がなされるようになり、近年学名の変更が相次ぐようになりました。本書では「植物分類表」（大場秀章編著・アボック社）を参考にできるだけ新しい名前で表記しています。

🌳 学名の読み方について

　日本国内ではラテン語読みすることが正式とされています。一方、欧米では英語読みやそれぞれの母国語に準拠した読み方がされ、最近では、ラテン語読みや英語読みの名前が混在しています。
　本書では、宿根草を中心に導入されてそれほど時間の経過していない種類についてはラテン語読みを、一年草、球根植物を中心に長年親しまれ定着していると考えられる名前については英語読みで表記しています。

🌳 高木〜低木の表記について

　「庭での樹木の利用」では「高木類」「高木〜中低木類」「低木類」に分けて紹介しています。樹木は同じ属であっても高木となる種や低木となる種のいずれもが含まることも多く、さらには低木となるわい性の園芸品種も作出されています。ここでは紹介する主たる種類に基づいて分けることとしました。従って、高木となる種が多い属でも「低木類」に分類されていることがあります。

I. 庭をつくる

庭をつくる

　庭づくりを始めるならば、まずプラン作りが重要です。思いつくまま作業を進めていては、思い描いた庭になりません。洋服をコーディネートするように、心に描いている景色を実現し、家や町並みと調和させていく楽しい作業がプランニングです。

　ここでは、庭とじっくり向き合って、調和のとれた庭づくりをするポイントをまとめてみました。

1 はじめに考えておきたいこと

　なによりも家族や自分が庭で過ごす心地よい空間やスタイルをイメージすることです。庭仕事をしたり、遊んだり、食事をしたり…植物をたくさん植えたい、バラの香りあふれる庭にしたいなど具体的なイメージをどんどん出してみましょう。

　本や雑誌で見た気になる風景、オープンガーデンで感動したすてきな庭やアイディア、園芸店やモデルガーデンで気に入った場面を記憶しておきます。たくさんの庭を見ている人は、自分の好みやスタイルをイメージしやすいと思います。切り抜き

いろんな庭を見てイメージを広げよう

庭をつくる

や写真があると役立ちます。パズルのように散らばっているイメージを組み合わせていくことは、土を触っているのと同じくらい楽しい作業です。

2 現状を把握する

■イメージを膨らます作業と同時に、1年間の庭の記録を集める

　北国の園芸時間は短く、植物の成長は半年間です。花の咲いている時の記憶は鮮明ですが、雪解け直後の状態や樹木の芽吹き時期、紅葉の始まりなどは時期もあやふやなものです。それらの時期や状態を記録しておくとプランニングに役立ちます。月に1、2回同じ場所から写真を撮っておいたり、樹木や大切な植物は平面図に記入しておくことをおすすめします。

平面図に情報を入れてみよう

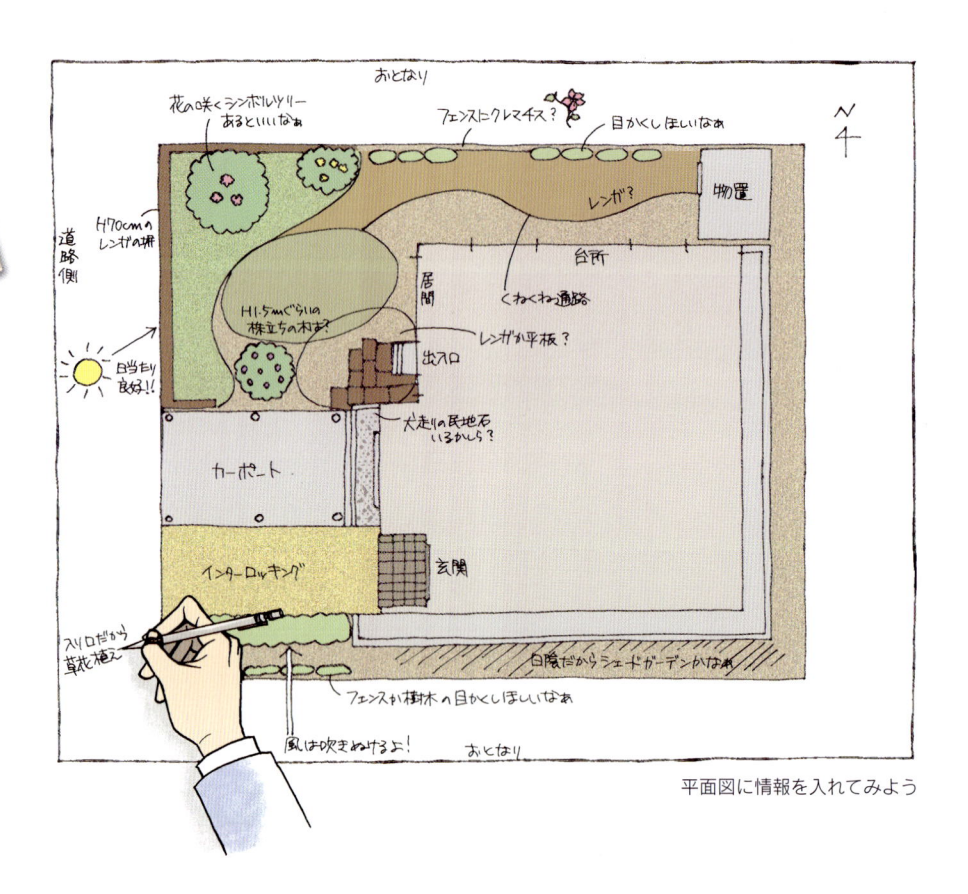

🡆 庭は変化するもの

　庭の樹木が育ち、植物が美しく調和するまでには時間が必要です。時間は庭づくりの重要な要素で、このエイジングが庭に深みと個性を与えてくれます。生活スタイルも庭の好みや機能も、年月とともに変化します。完璧なプランニングをしようと思わず、考えがまとまらない時は、焦らずに最低限の機能を持たせたプランを練ります。

　庭づくりはいつでも始められるし、リメイクできます。庭に植物を植えた時から庭の成長が始まり、終わりがないのです。

　さらに準備は続きます。庭を通して周辺の住宅や電柱、街路樹、車がどのように見えるか観察します。特に一日で一番長くいる場所からの眺めにこだわりましょう。敷地の外からは、玄関や窓の見え方を確認しましょう。家と庭の隠したい部分、樹木が欲しい場所、つる植物を使って緑で覆いたい部分などをチェックします。

環境や条件を知る

　イメージを膨らませると同時に、この段階で知っておきたいことがあります。大まかに分けると、日照条件、土壌条件、水の流れ、雪の処理などが挙げられます。

・日当たり

　庭全体の日当たりを把握します。日照時間、日陰になる場所の把握で、植物を植える場所が決まります。日陰や半日陰地、西日のあたる、土に水分が多い場所などは、適材適所に配置できるように、植物の性質を知ることが重要です。

・我が家の土は？

　土は一番重要な条件です。まずどんな構造になっているか50～60cm掘ってみましょう。前庭、裏庭と場所を変えて何カ所か掘ります。

　土壌改良を必要とする例としては次のようなものが考えられます。

・すべて柔らかくてサクサク掘れる。目の細かい砂のような土（有機物を混ぜる。土の構造を単粒にしない）

・15cmほど柔らかい土で、その下は粘土の岩盤（粘土部分を壊して砕いて土に混ぜるか、撤去。土と粘土の間には排水層があるとよい。レイズドベッドも有効）

　家を建てた時、どんな植物でも育つパーフェクトな土が初めからあることは皆無です。そして安易に土の入れ替えをするだけでは、根本的な解決にならないことがしばしばです。

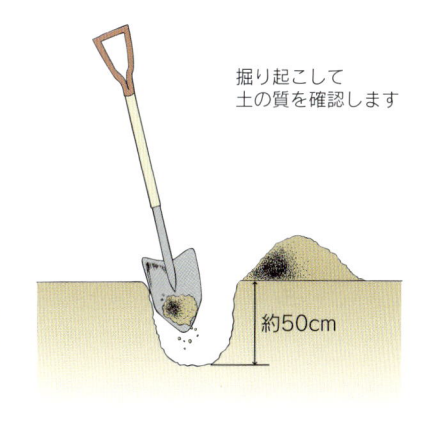

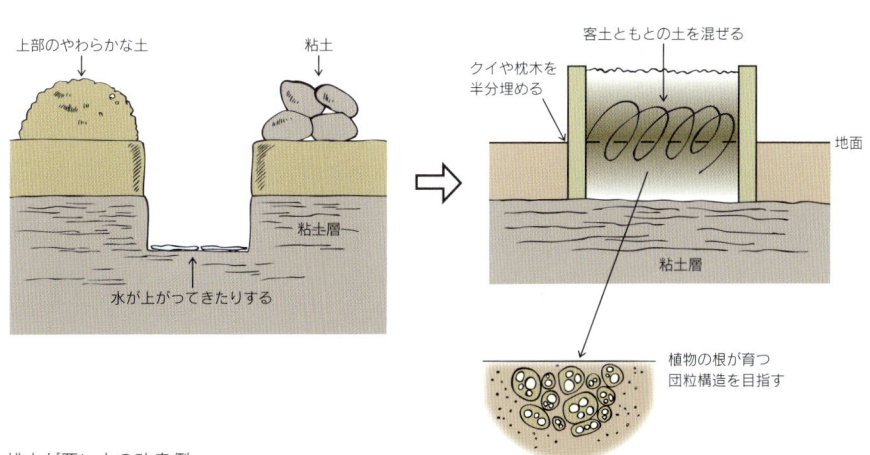

掘り起こして土の質を確認します

約50cm

上部のやわらかな土　粘土

水が上がってきたりする

粘土層

客土ともとの土を混ぜる

クイや枕木を半分埋める

地面

粘土層

植物の根が育つ団粒構造を目指す

排水が悪い土の改良例

庭をつくる

前述の「土壌改良を必要とする例」は、いずれも植物を植えるには改良を必要としますが、おのおの方法が違います。ここで言う改良とは、化学肥料を入れる改良ではありません。この先長い年月、植物の根がこの庭で育つよう土を柔らかくし、通気性を確保する改良や、ミミズや微生物が多くすむ多様な土への改良を言います。土は有機物が混ざり、植物の根が呼吸し微生物が育って循環し、時間をかけて良い土になります。何年か有機質を続けて入れる場合もあります。見えない部分でお金もかかるのですが、今後の庭の良しあしが決まる重要なポイントです。十分把握して対策に努めましょう。

・水の流れに注目

　同時に水の流れも観察しましょう。雨上がりに何日も水がたまっている場所はないですか。掘り起こしていたら、水が湧いてきた場所はなかったでしょうか。上記のような場合、まず排水をよくすることを考えます。土が低い場所は水が流れていかず、ため池のようになります。何日かすると自然に水はなくなりますが、水のたまる場所は土中の空気が少なくなり硬くなります。

　植物の種類も選ばなければなりません。隣家と地盤の高さが違う場合は、敷地の外へ流れる水の行方も気にかけ、目に見えない地中の水の流れを想像して植物と樹木を配置します。掘り返して水が湧いてくるような場合、かなり水位が高いと考えられます。春の雪解け時が最も高く、樹木類は根が張れず、大きく成長できません。植物はレイズドベッドを作り高い位置に植えるか、暗渠（あんきょ）を施す（地中に水路となる管を埋め込んで排水性を高める）、など思い切った対策をとる必要があります。

・風の流れ、雪の処理

　季節ごとの風の流れをチェックしましょう。春早い冷風は膨らんだ花芽を凍らせ

雪捨て場も庭の役目

庭をつくる

るとともに、冬には雪の吹きだまりをつくります。雪の始末も北国ならではの考えておくべき重要なチェック項目です。屋根からの雪が落ちてたまる場所は特に要チェックです。

　樹木を植えるならば、冬囲いを頑丈にします。最近は無落雪の屋根が多くなってきましたが、雪をためる場所はおおむね庭です。除雪のためのアプローチも必要でしょう。樹木の配置は除雪をする際の通路の確保を事前に十分考えなければなりません。

✽ ✽ ✽ ✽ ✽ ✽ ✽ ✽ ✽ ✽ ✽ ✽ ✽ ✽ ✽

• そのほか

◆ 物干し

　庭に洗濯物を干す場合には、日光が当たり、風が吹き抜ける場所が一番です。また家からの動線に無理のない場所にあることも重要です。そう考えると庭の一等地に洗濯物を干すことになるかもしれません。もしくは、見栄えを重視して多少の不便さをとるかの選択です。機能的でおしゃれな場所に物干しを演出したいものです。

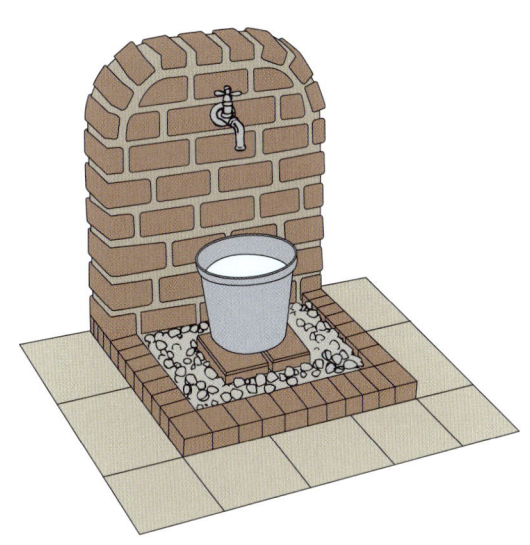

立水栓の位置は動線を考え位置を決めます

◆ 散水栓・外部コンセント

　散水栓や外部コンセントは家の設計に組み込まれ、あらかじめ配置が決まることが多いのですが、理想を言えば、家と庭を一緒に考えて配置すると使い勝手がよいものになります。いざ庭をつくると必要不可欠となる水と電気は、前庭と裏庭それぞれにあると便利です。

◆ 道具の保管場所

　物置に保管するにしても、よそに場所を用意するにしても、11月には冬支度と片づけです。寄せ植えなどの鉢がある場合は割れないように物置に移動して、冬を越します。土を出しビニールシートを被せて冬を過ごすことも可能です。芝刈り機やレーキなどは春まで指定の場所で眠ります。知らない間に増えていくのがガーデンアクセサリーの数々といえます。保管する場所の確保も考えなくてはなりません。よく使う物は春になって、すぐに出しやすい保管場所が便利でしょう。

◆ ごみをどうする？

　毎年新たに、堆肥や腐葉土を混ぜていると土の量は増えてます。切り戻した枝、

落ち葉や花がらを積む場所を作ろう

葉、茎や花がらはごみとして捨てることになりますが、庭の中でコンポストにできれば、一年で再利用できごみの量も減ります。庭の中にリサイクルスペースが必要な時代です。

◆犬走りに思う

　家の周りに無意識に敷いてある「犬走り」の砂利も、民地石（仕切りに使われるコンクリート製などのブロック）で止まっている場合がほとんどですが、リニューアル工事のときに、まず最初に撤去するのがこの民地石です。庭をつくろうと考えている場合は、壁に泥が跳ねないよう厚めに砂利を敷くだけにとどめておいた方がよいと思います。

犬走りを化粧砂利で整えた例

犬走りを撤去し、砂利と軟石の通路となった例

3 整理整頓してみる

　夢膨らむ庭の構想も、現実と向き合う時がくるのも事実です。この辺りで一度集めた情報を整理整頓してみましょう。

▎今現在の状況を平面図にまとめてみる
　紙に敷地、家、今ある要素（車庫、物置、塀、樹木など）を書き込んでみます。周辺の道路の様子、風の通り道や雪がたまる場所など気の付いたことを書きます。ありのままの庭が見えてきます。なお、平面図の書き方については後述します。

▎どんな庭にしたいかまとめる
　庭で何をしたいのか書き出してみます。あこがれのガーデンスタイルやスケッチ、写真を絞り込んで、好みのスタイルを考えます。

▎大まかな配置を書く
　上の情報を整理して平面図にエリアを書いてみます。玄関や庭へ出る通路をつけたり、エリアをつなげるように動線をつけます。実際イメージ通りに歩き、無理のない自然なラインを描きましょう。

プラン作りの流れ

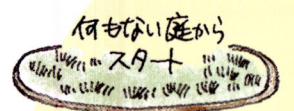

調査・資料集め

何もない庭からスタート

観察カレンダー
1 2 3 4 5 6 7
8 9 10 11 12 13 14
15 16 17 18 19 20 21
22 23 24 25 26 27 28
29 30 31

リニューアルからスタート

- 日当たり確認
- 土質の確認
- 水の流れを確認
- 雪の処理や落雪する場所の確認

家の中や通りから眺めます。家と庭のバランスも考えながら庭のイメージをつかむようにします！

あちこちから眺めて観察。

平面図に今あるものを書き込んでみる

整理整頓！残すものは何か？

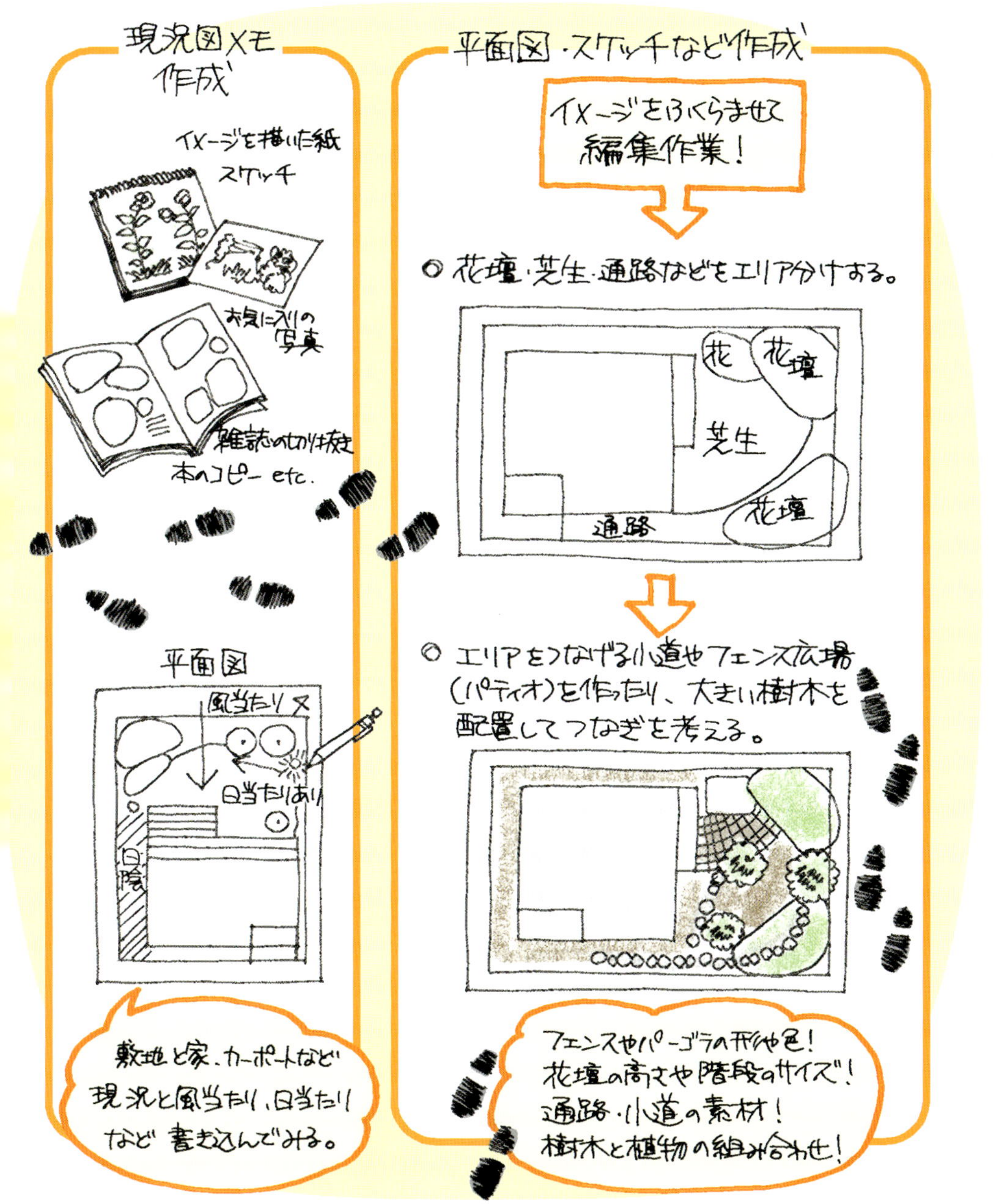

現況図メモ作成

イメージを描いた紙　スケッチ
お気に入りの写真
雑誌の切り抜き
本のコピー etc.

平面図
風当たり×
日当たりあり

敷地と家、カーポートなど現況と風当たり、日当たりなど書き込んでみる。

平面図・スケッチなど作成

イメージをふくらませて **編集作業！**

◎ 花壇・芝生・通路などをエリア分けする。

花壇　花壇　芝生　花壇　通路

◎ エリアをつなげる小道やフェンス広場（パティオ）を作ったり、大きい樹木を配置してつなぎを考える。

フェンスやパーゴラの形や色！
花壇の高さや階段のサイズ！
通路・小道の素材！
樹木と植物の組み合わせ！

残念ながらすべての条件をクリアして、何の問題もなく実現できることはめったにありません。何かをあきらめたり、折り合いをつけていきます。ここだけは譲れない、このために庭がある、というものがあるなら、それを最優先に組み立てていけばよいのです。これを「コンセプト」と定めてみましょう。

　コンセプトが定まっているならば、細部まで作り込んでも後で悔いることが少ないです。庭づくりは、植物の成長を通して、美しく調和のとれた空間をつくることです。動きやすく使いやすい機能は必要ですが、それだけでは庭の感動に出合えません。

　まだ何をしたいかはっきりしない時、庭では土の中のコンクリート基礎など後の撤去が難しいものを最小限にし、芝生や植物の植栽スペースを多くすることをおすすめします。庭の成長とともにイメージが広がっていきますのでご心配なく。

4 平面図を作ってみる

　平面図を作ってみましょう。整理整頓するのに役立ちます。このとき、実際の寸法で描いてみる（縮尺で小さくなります）ことが大切です。自分で描くと、さまざまな平面図を読み込むことができるようになってきますので、一度お試しを。

　必要なものとしては、以下のようなものがあります。

- ・三角スケール　　・三角定規や定規　　・円定規（あれば）
- ・シャープペンシル　・A3判くらいの紙

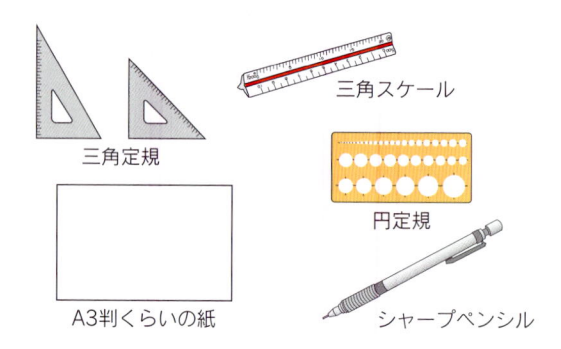

三角定規
三角スケール
円定規
A3判くらいの紙
シャープペンシル

　まず、縮尺を決めます。三角スケールを使って実際の大きさを縮小して平面図に描きます。そのとき全て同じ縮尺で描きます。最初は100分の1が分かりやすい縮尺です。

　次に、家の敷地を描きましょう。方位も記入します。建築図面などは北を上にして描くのですが、見やすければ南が上でもかまいません。玄関や庭に面した出入り口や窓も描きます。デッキや風除室、門や塀ができていたら、それも描き込みます。

➡ 平面図と立面図

平面図：真上から見た図。縮尺を決めて全て真上から見た時の寸法で描く。距離や
　　　　長さが正確に分かり、部材の数量なども分かる。高さと形が不明。
立面図：高さと形が分かる。平面図をもとに作成する。

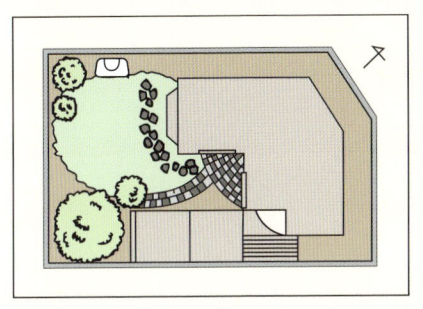

平面図　　　　　　　　　　　　　立面図

中にはすでに動かせない樹木や石が配置されている人もいるでしょう。それも今ある位置に正確に描きます（でこぼこでも、真上から見た縦と横の大きさで表現します）。

5 リニューアルのプラン作り

　新しく自宅を建て、これから庭づくりを始める人もいると思いますが、すでにある庭を変えてみたいと思っている読者が多いのではないでしょうか。次に進む前に、ここでは庭をリニューアルする時のポイントを説明します。まずはリニューアルの目的を明確にしましょう。前述の手順でイメージを膨らませて庭で何をするかを考えながら、今までの経験を参考に、どんなスタイルがよいか、どのような機能を持たせるかに加えて、何を残すか残さないかの判断が必要です。

樹木

　考えている庭のイメージに合った樹木は再利用が可能です。再利用のポイントは三つあります。
・新しい庭のイメージに合っている（大きさや形）
・健康に育ち、場合によっては移植が可能である
・メモリアルな歴史を持っている

> 再利用するにはわけがある

庭をつくる

おばあちゃんの植えたサクラや子どもが生まれた時の記念樹など

移植ができ目隠しになる樹木　　　　形がきれいでシンボルツリーになる樹木

　メモリアルな樹木は、記念樹や代々受け継がれている場合が多く、この木を主役に物語が生まれます。樹木は世代を超え長生きするもの。物語と一緒に庭に歴史と深みを与えてくれるのです。

■リサイクル

　レンガ、枕木、平板などはリサイクル可能な材料です。日本庭園に使っている景石も、用途を変えて使えます。植物を多く使うナチュラルな庭では、自然素材のものは違和感無く使えることが多いのです。

古枕木は立てても敷いても使える

古レンガは風合いよい仕上がりになる

■メンテナンス

　リニューアル依頼で最も多い要望は、メンテナンスを省力化することです。芝生を砂利に置き換える、自分で剪定できなくなった樹木の撤去、増えすぎてしまった植物の整理など、家の中を片付けるように庭を使い勝手よく、自らメンテナンスのできる内容に変えることが多くなりました。リニューアルをよい機会に、管理できる植物の分量を冷静に判断し、管理しやすいレイアウトを考えるプラン作りをおすすめします。

草花のイメージを作っておく

6 さらにプランを詰める

　平面図に庭の間取りを書き込みます。エリア分けされた図を見ながら、縮尺を決めて、寸法通りに書き込みます。

庭をつくる

庭のポイントになるサークルストーン

パーゴラで立体感が増す

> フェンス、パーゴラの高さや通路の幅は重要ポイントです。
> まずは自分サイズを知り、応用してみましょう

機能的サイズの確認　（小原二郎：室内bT画　コロナ社より）

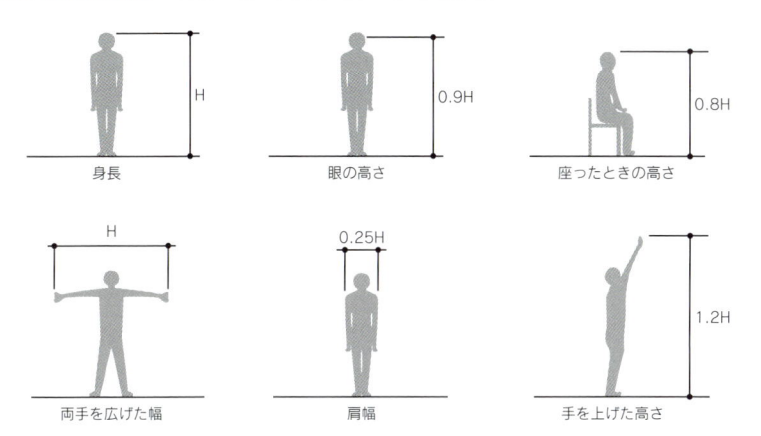

| 身長 H | 眼の高さ 0.9H | 座ったときの高さ 0.8H |
| 両手を広げた幅 H | 肩幅 0.25H | 手を上げた高さ 1.2H |

通路幅の目安　（小原二郎：室内bT画　コロナ社より）

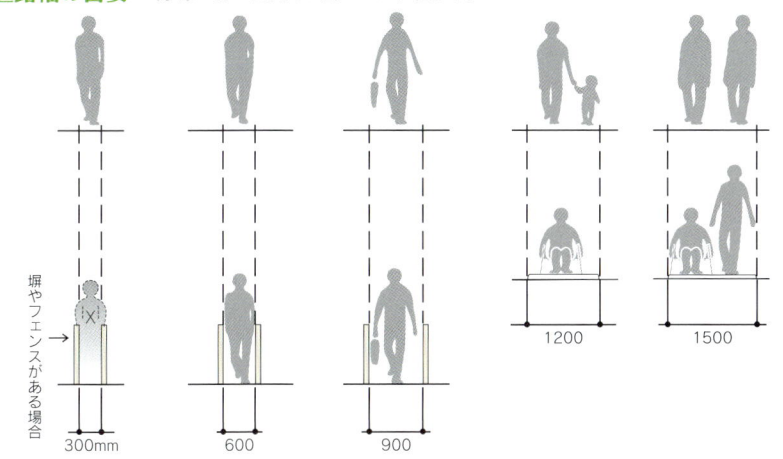

塀やフェンスがある場合　300mm　600　900　1200　1500

テラススペースの目安　（ガーデンデザイン入門　農文協より）

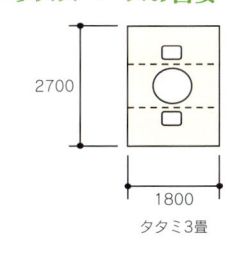

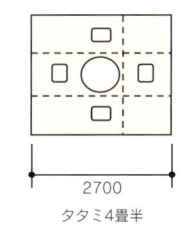

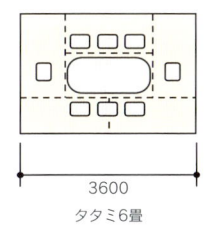

2700 × 1800　タタミ3畳
2700 × 2700　タタミ4畳半
2700 × 3600　タタミ6畳

庭をつくる

27

全体のバランスを確認しながら庭の主となる部分を配置してみます。例えばバラを登らせるアーチやトレリス、バーベキューコンロを置くサークルストーン、ベランダからのデッキ、またはシンボルツリーとボーダー花壇、キッチンガーデンなどエリア分けで決めた場所を、平面図に入れてみます。続けて通路、樹木も書いてみます。ここまでくるとにぎやかな図になっています。

　次にフェンスやアーチ、小道の素材や大きさ、並べ方などを考えます。全体の雰囲気やスタイルを決めてバランスをとるようにまとめていきます。環境条件やメンテナンスを考え、必要なものを絞り込むことも大切です。庭の骨格となる大事な部分ですから、時間をかけてこの編集作業を繰り返しプランを作ります。遊び心も忘れずに。

7 プラン＆ビルドで

　平図面をもとに工事を始めます。まずは材料、道具をそろえて準備を整えます。工事の手順はおおむね次の通りです。
①不必要なものを撤去、移動（草、樹木、作工物など）
②整地排水整備
③位置出し、高さ設定
④塀やフェンス、パーゴラ基礎
⑤植え込み場所客土、土壌改良
⑥アプローチなど舗装工
⑦照明など電気工事
⑧樹木植え込み
⑨低木や草花植え込み
⑩張り芝

　作業が進むと、図面通りにならないことが出てきます。庭を立体的に想像して図面を書いていても、予想外のことが発生します。プランをもとに、現場で収まりを考えながら作り上げていくのです。

8 庭を構成する要素

芝生

- 芝生の力

　庭にはさまざまな機能があり、多種な素材が庭の中に散らばってきます。それらをうまくまとめてくれるのが緑の植物の役目です。植物を引きたて活動的な庭にする芝生はあこがれの庭に欠かせないアイテムです。しかし家を建てたら庭は緑の芝

芝生は庭のまとめ役になる

生を…と実現させてはみたものの、管理できずに芝生をあきらめる人が多くなっています。「芝生は思ったより手間がかかる」ことは事実ですが、コンクリートやデッキなどのハードな印象を和らげたり、植物と通路をなじませたりと、芝生があることで美しく引き立つ場面が多々あります。ぜひ自分に合った管理の方法を見付けて、美しい緑の芝生にチャレンジしてみましょう。

・芝生の種類

　冬のゴルフ中継を見ていると、茶色く冬枯れした芝生を目にします。それは高温多湿でも耐える日本芝の種類です。

　北海道は西洋芝で一年中緑色の種類です。高温多湿に弱く病害虫の発生も多いが、種子から増やせる利点があります。芝生の種類と環境が違うため、品種や管理、張り方にも違いがあります。

樹木

・樹木が大事

　芝生が平面な緑のつなぎとすると、樹木は緑の背景や骨格と言えます。家と庭、庭と外を立体的にイメージして結び合わせます。

　長い道のりでしたが、今までのプラン作りや編集作業は、すべて樹木や植物を植え込むためのステージ作りだと考えてください。庭に植える樹木は、形や大きさと本数、配置によって庭の印象が全く違ってきます。成長に時間を要し、後の変更を加えにくいので、最初のプラン作りでじっくり考え配置してみましょう。

・姿と大きさにこだわる

◆ 樹木選びのポイント

　樹木は、高木、中低木の順で組み合わせます。シンボルツリー、生け垣、目隠しのためなど目的を決めると配置と種類を決めやすくなります。必要なのは将来の大きさと枝や葉が茂った姿や、冬に葉が落ちた時の姿を知ることです。

　庭の中には将来大木になる種類は植えられません。成長はゆっくりですから、植える時に2mくらいの大きさならば、サクラやイチョウ、プンゲンストウヒもしばらくの間はどれも庭の中でなじんでいます。ところが根をしっかりおろすと急に大きくなり、幹を太らせボリュームが大きくなるのです。勢いのついた樹木を大きくしたくないからと芯を止めても、姿が乱れて、ゆくゆくは太枝を切ることになってしまいます。

アメリカノリノキ'アナベル'とシラタマミズキ（ギンフミズキ）

　高木の中でも庭木に合う種類を選ぶと同時に、枝をすいて葉の量を減らしたり、定期的に剪定をして、一定の大きさに保つように手をかけていきましょう。

　そして、庭のイメージに合った樹形を選ぶことも大切です。草花を植えたナチュラルガーデンには、株立ちの落葉広葉樹が似合います。植え込みの中から株立ちの枝を見え隠れさせると、草花の線の中に安定感が出ます。

◆ 常緑樹と落葉樹

　一年中緑の葉を茂らせている樹木を常緑樹と言います。アカエゾマツ、ヒバ、立性のビャクシン、イチイ、マキ、モミなどはどれも針葉樹ですが、ヒバやビャクシンは地面を覆うはい性の品種があります。北海道は一年の半分を葉が落ちた姿ですごす落葉樹が多く、イチョウ、メタセコイヤのような針葉樹とヤマボウシ、ツリバナなどの広葉樹があり、よく使われている庭木の多くは落葉広葉樹です。

　樹種の少ない北国では、常緑樹と落葉樹の割合でさまざまなイメージをつくり出します。

配置を考える順番は

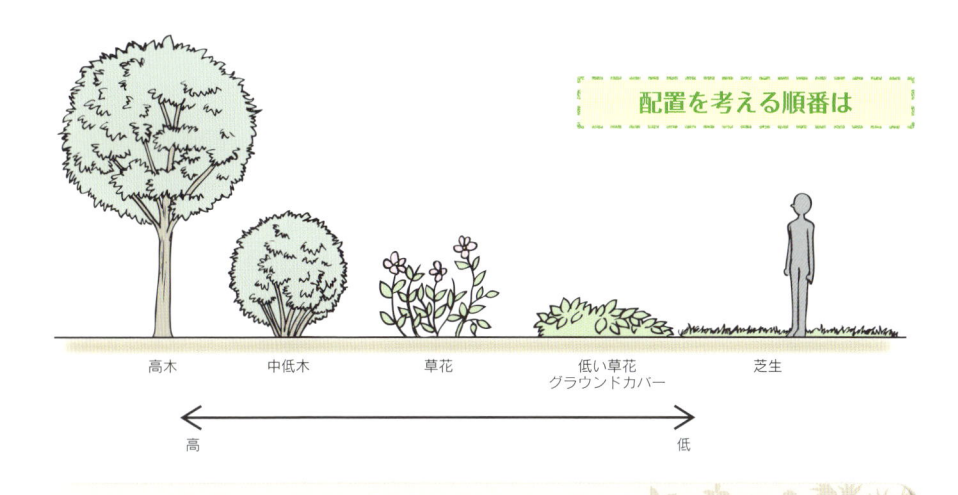

高木　　中低木　　草花　　低い草花　　芝生
　　　　　　　　　　　　グラウンドカバー

← 高　　　　　　　　　　　　低 →

➡ 樹木の寸法表示について

樹木の大きさはH＝高さ　C＝幹周（地面から1.2mの高さを計測）W＝樹幅

庭をつくる

ヤマボウシの実

庭をつくる

ヤマボウシ紅葉

ヤマボウシの雪姿

広葉樹は葉の隙間から光が漏れ、風に揺れ、足元に明るい日陰をつくります。樹木で庭に奥行きを出す場合、落葉広葉樹を重ねて植えても、互いになじんで邪魔になりません。ただし、冬は一変して寒々しい印象は拭えません。

常緑樹は安定と安心感を与えます。緑葉の濃さはほかに代わるものがなく、落葉樹との組み合わせによって緑の厚みがでます。日陰と変化の無い景色をつくります。

落葉樹より成長は遅いのですが、大木になる樹木も多いのでスペースが必要です。

常緑樹は適所に数本程度の配置となる場合が多いのですが、広葉樹と常緑樹の比率はデザインによって異なりますので分かりません。ここでもイメージを頭の中に明確に描けるかどうかが鍵となります。

◆ 配置でイメージをつくる

自然風の庭に樹木を配置する場合は、2〜3本を一組にしてリズミカルに配置します。

一直線上に同じ種類の樹木を配置することなく、不等辺三角形を作るよう意識します。

それぞれの樹種は、同じでも違うものでもかまいませんが、高さやボリュームを違えて配置します。これを繰り返すと雑木林のようなナチュラルな植栽に見えるのです。

逆に直線を多用し、大きさも均一な樹木を植え込むと、フォーマルな緊張感あるイメージになります。

プンゲンストウヒ

樹皮の美しいシラカバ'ジャコモンティ'

庭をつくる

◆ 低木を組み合わせる

　木の種類が少ない北海道では、樹木構成が単調になります。大型の宿根草を組み合わせると立体感が出せますが、四季の変化が早いので骨格になりにくいのです。そこで低木を組み合わせた植え込みで、高木や草花との調和をとります。

　低木の大きさはさまざまで、1.5mを超えるものもあれば30cmほどしかないものもあります。

　園芸品種も多く黄金葉、銅葉の種類もあります。その点では、どんな樹木や草花でもマッチする低木を見つけられると思います。小さなポットで流通している場合がありますので、植え込み時は将来の大きさを考えて、株間をとって植えましょう。

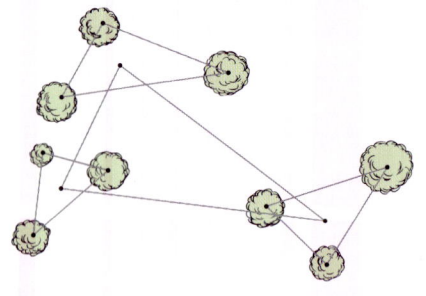

樹木の配置は不等辺三角形の組み合わせで自然に見える

直線やシンメトリー（左右対称）はフォーマルな印象になる

シモツケ'ゴールドマウンド'。葉色が美しく、組み合わせしやすい低木

◆ **つるで面を覆う**

　つる植物は、フェンスやガレージ、壁面を植物で覆い、違和感ある作工物を庭の一部に加える力があります。狭いスペースでも植え込みでき、雪折れの心配があまりないので、樹木が植えられない場所を演出できます。

　近年では、ツルバラ、クレマチスは庭になくてはならない植物になっており、それに付随してほかのつる植物も庭に植えられ、立体的な庭が多くなったと感じます。しかし5年後を想像し、庭がジャングルになるのではと心配しています。

いつの間にかフェンスを覆い尽くすノウゼンカズラ

人気のクレマチスとツルバラの組み合わせ

大型になるクレマチスには大型のフェンスが必要

　つる植物は樹木同様、根が張り勢いがつくと著しく成長します。枝が伸びた分、それを支える根が大きく成長しています。長く成長を見守るためにも、庭の大きさに合った量を植えましょう。

◆ 植え込みの注意点

　詳細については、「樹木の管理」で説明しますので、ここでは簡単にポイントだけ挙げておきます。
① 水はけのよい場所に植える
② 深植えはしない
③ 土にはバーク堆肥や完熟腐葉土などを混ぜる
④ 根の周りにたっぷり水を含ませ給水させる
⑤ 適期に植え込み、移植を行う
⑥ 根元に草花を植え込むのは、根が伸びだしてからがよい

草花、球根を選ぶ

　樹木の配置と一緒に考えたいのが草花類です。草花は単体では庭のイメージを左右する存在ではありませんが、植物との組み合わせで存在をアピールし、空間を彩るうえで重要なアイテムになります。また北海道の4〜5月の裸の庭を思うと、クロッカスやスイセンなどの早春を飾る小球根、宿根草に花がない間

ヤマボウシの木、バラ、宿根草と花が咲きそろう7月の庭

4月の庭は宿根草、樹木の芽吹きがなく寂しい

一年草はポイント使いに最適

球根植物と一年草が北国の春の庭に息吹を与えてくれる

庭をつくる

の一年草の花たち、秋枯れの庭を彩る紅葉など、庭を魅力的にドラマティックな演出をする植物の組み合わせが、必要不可欠に思えます。

・色の計画

イメージに合ったテーマカラーを決め、花色や葉の色を選択する方法です。同系色を用いてグラデーションでまとめる。または反対色で組み合わせると、簡単でまとまりやすくイメージが伝わりやすいでしょう。同時に背景の樹木の状態を知り、花の咲く時期を合わせることも重要です。

同系色の組み合わせ

・葉ものの魅力

「シーズン中花が咲き続けている庭」をテーマに庭づくりをしたことがあります。一年草から球根、花木も動員して花いっぱいの庭にしました。最近は「落ち着いた植え込みにしたい」と依頼されることが多いと感じます。宿根草や低木を組み合わせるときに大事なのは、葉の形と色そして質感を考えた組み合わせです。花や実があるのは一時期です。葉の形や模様、色の違いを考え、緑のバリエーションを増やす植栽は、ナチュラルで、

反対色の組み合わせ

楽しい空間がつくれます。また樹木の下や日陰にも葉ものを主役にすれば、植物の植え込みが可能です。

・花と葉ものの植え方のコツ

植え込み全体を見て、主役の花の配置を決めます。主役に組み合わせたい脇役を周りに配置します。（葉ものでもよい）
・黄葉は浮き出て見える。

葉のグラデーションでやわらかな植え込みが作れる

個性的な葉っぱの表情

庭をつくる

- 銅葉は沈んで見える。
- 白葉は隣の植物が明るく、クリアに見える。
  葉ものを効果的に配置して、空いている空間に目立たない脇役を植え込む。
  慣れてくると、主役と脇役をバランスよく選ぶことができます。

通路・小道

　庭の中に道をつくる時は、実用と遊びを兼ねた楽しさのある道を考えます。通路や小道は、家の内外から見えていることが多いので、デザイン性がなくてはつまらなくなります。直線なのか蛇行するのか、平面図で描いてみた通路が実際の動きに無理がないか確認しましょう。そしてとても大切なのが素材です。

　枕木、レンガ、石、コンクリート、砂利、ウッドチップ、砂などがあります。レンガや砂利、石は色や質感の違いや、敷く時の目地の幅によって庭の表情が大きく変わります。素材を決めるポイントは、通路周りのデザインとの相性です。多くの素材を使うよりも、組み合わせを2、3種以内にして庭全体の統一感を高めます。

庭の小道あれこれ

平板の小道

自然石の小道

枕木とレンガの通路

庭の構造物

　庭の中には、作業小屋や物置、デッキやパーゴラ、フェンスなどの構造物を作ることがあります。建築作業なので発注が別となることも多いのですが、デザインの統一は心がけたいものです。造園工事は工種が多く、それぞれの規模が小さいので、専門の職人さんが何人も作業に入ります。設計、工程、施行の管理を調整する人が必要です。

枕木の通路

> **雪国仕様**

春になると駐車場のインターロッキングが凸凹になっているのを見たことはありませんか。凍上で地面が盛り上がってしまったのです。自然に下がるのですが、まだ土が軟らかいうちに車を止めると、重さでくぼんでしまいます。北国特有の現象です。

これも地域格差があるようで、雪がたっぷりと積もる地域では被害が少なく、根雪が遅く気温の低い地域は毎冬のことです。

この地域で、レンガ積みの塀やコンクリートを打つ工事をする時は、基礎を深く掘り、砂利や基礎コンクリートを厚くしなければなりません。本州の園芸書に書かれている仕様は参考になりませんので、地域の施工例に従いましょう。見えない部分にお金がかかるのが雪国仕様なのです。

添景物の配置

和風庭園では石組みや灯籠、洋風庭園では彫刻やコンテナ、ベンチやテーブルセットなどが添景物です。どれも一枚の絵のように景観をつくっており、目線の先にとどまるフォーカルポイントの役目があります。配置する場所を検討し、添景物の素材、色や質を考慮した配置を行います。

パーゴラを配置し奥行きを感じさせる

フォーカルポイントに寄せ植え鉢

居心地よいベンチとテーブルセット

庭をつくる

■ローメンテナンス仕様

　植物を植え込む以上、庭にメンテナンスフリーはあり得ません。メンテナンス＝庭づくりであり、植物の成長が庭の喜びだと思います。しかし、年を重ねるうちに体力も無くなり、同じ作業を続けていくには限界があることも事実です。これから

の庭づくりにはメンテナンスの軽減が求められていると感じています。
　実際の施工例を紹介します。
・芝生と一年草の植え込みだった場所を白い砂利の空間にしました。砂利の下には防草シートを敷き、雑草が生えにくくなりました。

・樹木と花畑を枕木とレンガの通路で囲み、花畑をエリア分けしました。

小さな庭のプラン

　敷地が小さくても、花壇の植栽プランを考える場合の手順は同じです。
　小さい庭は平地部分が少なく、どうしたら立体的な庭になるか知恵を絞らなければなりません。庭で実現したいこととできることに折り合いをつけて、機能的かつ素敵なプランを想像するのです。植え込み場所確保のために地面を掘り下げたり、盛り上げたり。高低差がデザインに生きるのは狭いからこそです。
　裏庭を通路兼キッチンガーデンにしてみたり、木が植えられないのでパーゴラにつるをはわせたりと、コンパクトだからアイディアも出てきます。
　庭づくりは大小に関係なく、しっかりプランを練って施工することが大切です。
　小さいからこそあきらめないで、素敵な庭にチャレンジしましょう。

II. 北海道の気候

> 北海道の気候は、本州とは夏の気温や降水量、そして冬の厳しい寒さと積雪という点において、明らかな違いが見られます。また、広大な北海道では地域による差も大きいと言えます。どのような植物を植え、管理していくかを考える上で、自分が住む町の気候を理解することは、大きな助けとなってくれます。ここでは、北海道の気候について知り、どのような点に着目して植物と気候の関係を理解していけばよいかについて考えます。

1 北海道の気候の特徴～夏は涼しく、雨が少ない北海道

　北海道の気候といって真っ先に思うことが、夏の涼しさと雨の少ないことでしょう。図1に札幌と東京における各月の最高、最低、平均気温および降水量（降雪量）を示しています。4～10月で見てみると、札幌の平均気温は、東京と比べ4～5月で7℃以上、6～9月で5℃以上、10月で6℃以上低くなっています。また、降水量は札幌、東京の年間降水量がそれぞれ約1150、1500mmと1.5倍程度の差ですが、植物生育期である4～10月で見てみると、それぞれ約600、1150mmと2倍近い大きな差となっています。

　同じく図1には、園芸の先進地であるイギリスのエジンバラ市の各月の最高、最低、平均気温および降水量（降雪量）を示しました。札幌とまた違う気候を示していますが、夏は涼しく雨が非常に少ないことが特徴となっています。イギリスのほかヨーロッパの多くの地域では、おおむねこのような特徴があります。

図1　札幌、東京、イギリス　エジンバラ市における気温と降水量変化

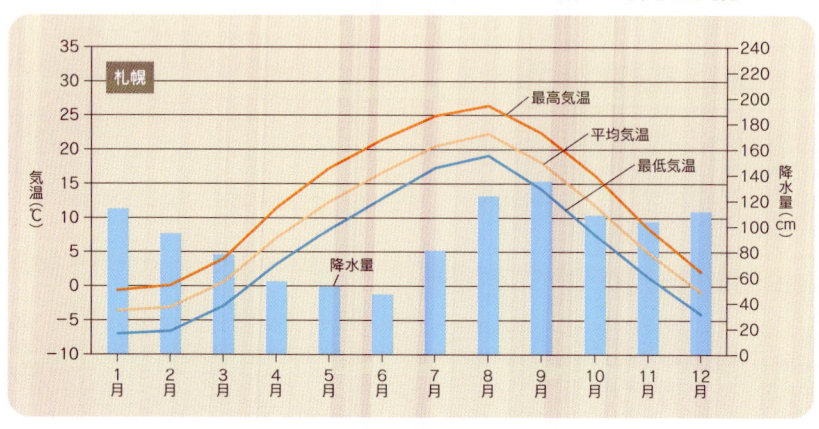

北
海
道
の
気
候

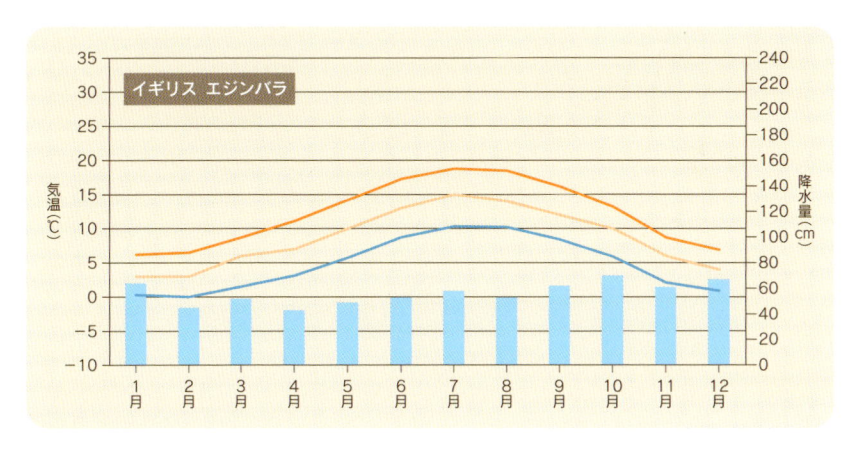

　私たちが庭に植えている植物の多くは、ヨーロッパを中心に発展してきたものになります。最近は、世界中の地域の植物をますます目にするようになってきましたが、まだまだ大半が夏季冷涼で雨の少ない地域で発展したものであり、北海道は植栽できる植物材料について、恵まれているといえるでしょう。

2 気温、積雪と植物の耐寒性

積雪と植物の越冬

　北海道ではヨーロッパと違い寒さが厳しいため、植物の耐寒性が問題となります。この冬の違いのため、カナダやアメリカの寒冷地の植物を参考にする方もいますが、使う材料を決めるにあたっては、その植物がどの程度の寒さに耐えられるかを知っておくことが大切です。
　図2は、札幌市における10～4月までの平均気温と地温（地中5cm）および積雪

深を示しています。積雪のない時期では、地温は気温と連動して上下していますが、積雪とともに安定し、ほとんど氷点下以下にはなっていません。このことは、積雪下にある植物は、非常に越冬しやすいことを示しています。これが積雪の恵みであり、寒さの厳しい北海道で多くの植物の越冬を可能にしていると同時に、根雪が大幅に遅れた場合や、もともと積雪の少ない地域では、恵みを受けることができず枯死する植物が多くなることを示唆しています。

図2　札幌市における冬季の平均気温と地温および積雪深
(2009年10月～2010年4月)

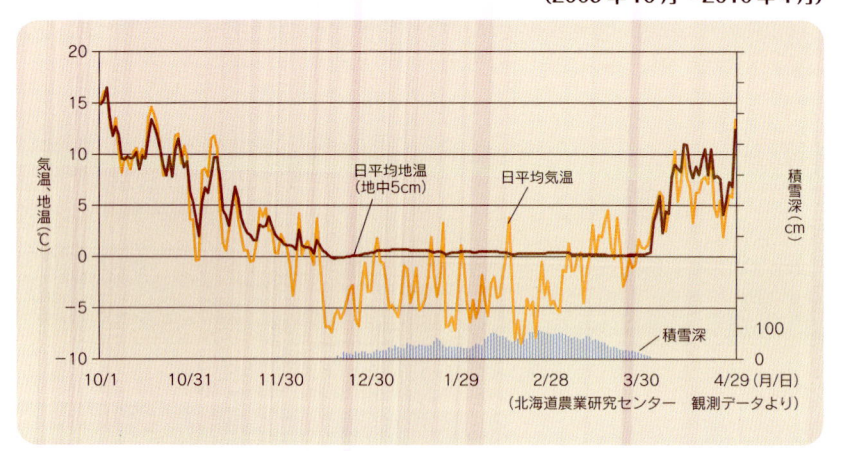

(北海道農業研究センター　観測データより)

■ハーディネスゾーン

アメリカでは、冬の最も寒い時期の気温をもとに、各地域を1～11のゾーンに分け、さまざまな植物をその数字で示すことによって、耐寒性を示す指標としています。数字が低くなるほど、寒い地域であり、低い数字の植物であるほど耐寒性が強いことを示しています。道内でもその数字は浸透しつつあります。ゾーンの数字と最低気温を示したのが表1となっています。

例えば、フクシア・マゲラニカという植物は、一般にゾーン6（Z6と表記される）とされています。この場合は、ゾーン6や7の地域では育てられそうだが、ゾーン5や4の地域では難しいかも、という判断ができるわけです。

表2には、各ゾーンに属する道内各市町村名を掲載しました。しかし、同じ市町村でも例えば海岸部と内陸部では大きな違いがありますので、簡単には言えないと

表1　各ゾーンにおける冬季の最低気温帯

ゾーン	気温
1	－45.6℃以下
2	－40.0 ～ －45.5℃
3	－34.5 ～ －39.9℃
4	－28.9 ～ －34.4℃
5	－23.4 ～ －28.8℃
6	－17.8 ～ －23.4℃
7	－12.3 ～ －17.7℃
8	－6.7 ～ －12.2℃
9	－1.2 ～ －6.6℃
10	4.4 ～ －1.1℃
11	4.5℃以上

北海道の気候

ころがあります。ご自宅がどのゾーンに属しているかは、毎冬にどのくらいまで気温が下がるかによって判断するとよいでしょう。例えば、毎年－25℃くらいまで下がるのでしたら、ゾーン5となり、「Z5やZ4の植物なら育てられそう」となります。

表2　道内各地域におけるゾーンナンバー

ゾーン9(Z9)	東京
ゾーン8(Z8)	江差、松前
ゾーン7(Z7)	函館、伊達、苫小牧、根室、八雲、長万部、白老、日高門別、浦河、せたな、増毛
ゾーン6(Z6)	札幌、小樽、稚内、釧路、紋別、羽幌、斜里、湧別、真狩、余市、恵庭
ゾーン5(Z5)	旭川、帯広、北見、網走、岩見沢、滝川、富良野、天塩、豊富、芽室、鹿追、池田、上士幌、浦幌、足寄、興部、滝上、遠軽、別海、中標津、上川
ゾーン4(Z4)	名寄、日高、占冠、士別、下川、美深、陸別、遠軽町白滝
ゾーン3(Z3)	士別市朝日町

3 休眠芽の位置と耐寒性

　先述の通り、積雪が多くの植物の越冬を可能にしていると説明しましたが、例えば、高木は枝や翌年萌芽する芽が雪面の上にあって、積雪の効果が低いといったように、休眠芽（冬芽、越冬芽）の位置によってその恩恵は全く違ってきます。

　表3は休眠芽の位置によって植物を分類したものですが、積雪の恵みを受けるのは、可能性の高い順に地中植物、半地中植物、地表植物、地上植物となります。特に、地中植物である球根植物などは、休眠芽がもともと地中にあるため、越冬しやすく、また積雪が大幅に遅れてもその影響は小さめです。半地中植物や地表植物は、雪の恵みは受けやすいですが、根雪が遅れた場合、厳しい影響を受けやすいといえます。そして、地上植物、特に樹木をはじめとする数メートル以上になる種類は、根雪の時期は比較的影響が小さいともいえます。

　北海道は、冬に積雪という環境がつくられることもあって、ハーディネスゾーンは、重要な指標ながらも完全な指標ではありません。実際に、球根植物は、ハーディネスゾーンナンバーより寒い地域で越冬していることも多く、一方で、樹木類はハー

表3　休眠芽の位置に基づいた植物分類

分　　類	休眠芽（冬芽）の位置
地 上 植 物	休眠芽を地上25cm以上に付ける植物。高木を含む樹木類が主となる。
地 表 植 物	休眠芽を地上0〜25cmに付ける植物。わい性の樹木類が主となる。
半地中植物	休眠芽を地表付近に付ける植物。宿根草が主となる。
地 中 植 物	休眠芽を地中に付ける植物。地下茎を伸ばして越冬する宿根草や球根植物が主となる。

ディネスゾーンナンバーからすると本来越冬するはずなのに、枝枯れを起こして成長が芳しくないことも多くあります。

　従って、休眠芽が雪面以上になる植物については、耐寒性をより慎重に判断し、地中で越冬する植物については、耐寒性が不安でも積極的に試す価値があるとも考えられます。越冬の可能性について判断に迷った時は、休眠芽の位置も補佐的な指標として役立ちます。

4 冬の風と耐寒性

　雪面以上になる樹木については、冬の北風も越冬に大きな影響を及ぼします。ご近所同士でも、風の通り具合によって、同じ樹木が越冬した、越冬しないという結果にもなることがあるので、知っておきましょう。

　また、特別に風の強い地域では、雪が吹き飛ばされることによって、越冬芽が低い位置にある宿根草なども影響を受けることがあります。

5 道内各地域の気候

　図3に札幌、函館、帯広、網走における最高、最低、平均気温および積雪深の最大値をグラフに示しました。

　園芸の盛んなイギリスでは夏の涼しい地域が多く、そのことが平地で高山性の植物を使うことも可能とし、選択の幅が広がっていますが、そのような点では網走のようなより夏季の涼しい地域では、独自の材料を使った庭づくりの可能性もあります。また札幌や函館、帯広では、時に夏に大変な高温となり、降水量の増加も伴って暑さや過湿を嫌う植物が傷んだり、枯死することもあります。

　しかし、先述の通り、北海道で使う植物材料はヨーロッパの気候の影響を受けていることが多いので、涼しい夏よりもはるかに厳しい冬の気候、つまり冬の気温と積雪（特に根雪となる時期）によって判断されることになります。

　札幌と比較して、函館は気温がやや高く、積雪が少ない傾向にあります。網走はやや寒い傾向があり、積雪も少ないです。帯広は積雪も少ない上に寒さが非常に厳しいです。グラフでは、どの地域でも12月上旬に積雪深が10cm以上となっていますが、平年値を示していますので、積雪の少ない地域では、年によって根雪が遅くなるリスクもあると考えておくとよいでしょう。

　帯広のように寒さが厳しく、積雪が少ない場合、ハーディネスゾーンを参考にしつつも、リスクを考慮してより手堅い植物選びをすることで安定した結果を得られやすいかもしれませんし、同時に後述する越冬に備えた対策を行うことが望ましいとも考えることができます。

図3　札幌、函館、帯広、網走の気温と積雪深

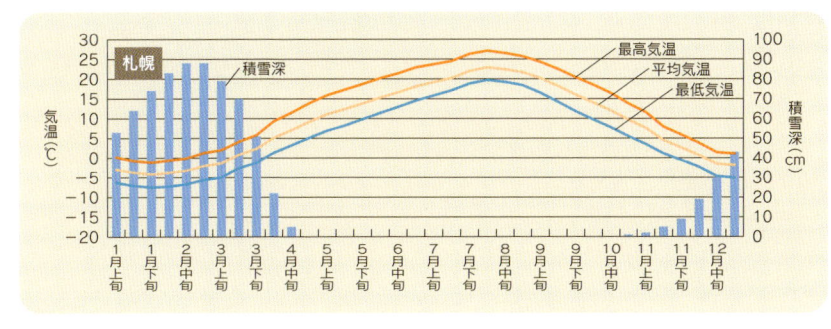

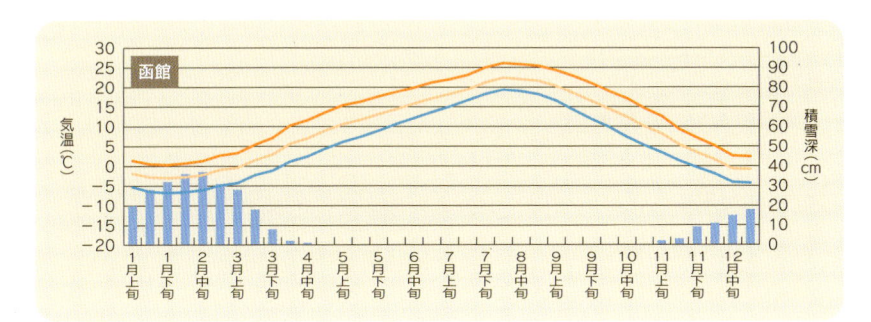

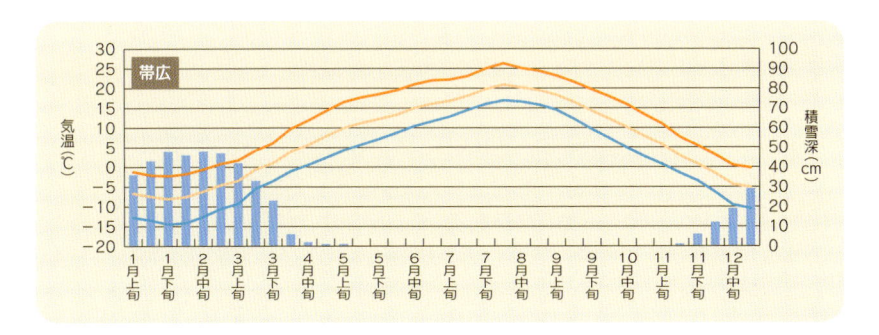

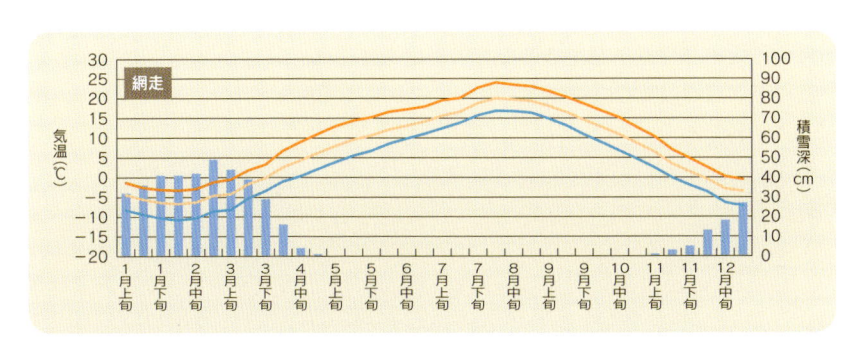

●北海道の気候

51

植物の耐寒性を考えていく場合、同じような気候の地域でどのような材料が使われているかを知ることも、材料選びの一つの指標となります。

6 気候に応じた植物選び

　以上をまとめると、気候に応じて植物を選ぶにあたっては、

> a. 自分が住む町の冬の最低気温（ハーディネスゾーン）を知っておく
> b. 積雪量、根雪の時期について（札幌、帯広、旭川などの都市部を比較対象に）理解しておく

ことが基本であり、一方で

> c. 冬の強風の吹くところでは、丈の高い樹木類に影響が出やすい
> d. 越冬芽の位置によっても耐寒の可能性が変わる

といった気温や積雪だけでははかれない面もあることを知っておきましょう。

植物にハーディネスゾーンナンバーが記されていれば判断しやすいですが、

> e. 同じような気候の地域で育つ植物は一つの指標となる

ので、他地域の見学によっても多くのデータを入手することができます。

　もちろん、土壌によっても越冬の可能性は変わるのですが、植物の耐寒性に関わる気候の要素を知っておくと、枯死などの異常が起きた場合や、周りでは越冬していないのに自宅では越冬した場合などの理由を知ることにもつながります。そして、その蓄積が自宅の環境を把握することにつながるのです。

III. 庭の環境、条件にあった植物選び

- 庭での樹木の利用 -
- 庭での宿根草の利用 -
- 庭での一年草の利用 -
- 庭での球根植物の利用 -

庭での樹木の利用

1 樹木を選ぶ

　植物の中で真っ先に配置が決定され、庭の骨格を形成するのが樹木です。樹木は庭のシンボルツリーともなり、草花を引き立てる背景ともなり、周りの視線を遮り、目に入れたくないものを隠すなどの大きな役割を担い、庭の雰囲気を決定づけます。また、草花と違って、それほどの数を使わず、頻繁に取り替えるようなこともしませんし、植え替えも容易な作業ではありません。

　だから一番慎重に吟味したい植物です。庭のデザインによってどのような雰囲気の樹種を植えるかを決めますが、同時に将来的な樹高や剪定などの必要な手間も考慮して選ぶことが大切です。今は小さな苗木でも20〜30年もたつと信じられないほど大きくなるものも多いですし、そのころに自分で剪定作業をできるのかも考えておかなくてはなりません。

　最近は園芸品種も増え、時代の流れか小型の品種も増えつつあります。ご自宅の庭と十分相談し、環境はもちろん、デザインと管理の両方に見合う樹種を選びたいものです。

● 庭の環境、条件にあった植物選び

2 さまざまな樹木

属名………学名／科名

高木類

カエデ ……………………………………………… **Acer** ／ムクロジ科

　カエデ属は世界に150種ほどあり、日本には約20種自生していますが、実際に庭木や公園樹として利用されている種は、本州で最もポピュラーなイロハモミジ（A. palmatum）、イロハモミジの変種でやや葉が大きいヤマモミジ（A. palmatum v. matsumurae）、強健で秋の黄葉が美しいイタヤカエデ（A. mono）、株立ち状になることが多く、葉の切れ込みに特徴があるハウチ

ヤマモミジの紅葉

ワカエデ（別名メイゲツカエデ／A. japonicum）などが一般的です。外国種もかなり普及していて、紅葉が美しいルブラムカエデ（A. rubrum）、強健で剪定にも強いネグンドカエデ（A. negundo）、メープルシロップで有名なサトウカエデ（A. saccharum）、葉裏が白いギンカエデ（A. saccharinum）、欧米でよく植栽されるノルウェーカエデ（A. platanoides）などが利用されています。紅葉が期待されるカエデですが、実生から育ったものは個体差が大きく、特にヤマモミジや、紅葉が赤くなることから名付けられたルブラムカエデでも、半分程度は黄葉してしまいます。

道内での適性

ヤマモミジやハウチワカエデは、他のカエデ類よりも成長が緩慢なため、庭木として最適です。適応性の高いイタヤカエデは、海岸に近いところや、環境の悪いところでも、十分に生育できます。耐寒性もあり、葉形も面白いカラコギカエデ（A. ginnala）や、紅葉が美しいメグスリノキ（A. nikoense）などは、もっと使用したい樹木です。外国種は、耐寒性の強い種が多く、カミキリムシの幼虫（テッポウムシ）の被害が懸念される暖かい本州よりも、北方圏の方が適しています。園芸品種では、日本産のものは古くより使われ、ベニシダレ、アオシダレ、ノムラカエデなどが植えられます。外国産の園芸品種はネグンドカエデの「フラミンゴ」（Flamingo）、ノルウェーカエデの「クリムソン・キング」（Crimson King）などがよく植栽されています。

管理上の注意

日陰には強いですが、紅葉がやや色あせます。日本自生のもので、イタヤカエデ以外は萌芽力がそれ

ハウチワカエデの紅葉

ルブラムカエデの紅葉

イタヤカエデの黄葉

紫葉のノルウェーカエデ

ネグンドカエデの園芸品種「フラミンゴ」

サトウカエデの樹形

丸く剪定されたネグンドカエデ

庭の環境、条件にあった植物選び

ほど強くないので、樹高を抑え、枝をすかす程度の剪定で樹形を保ちましょう。外国種は成長のよいものが多く、剪定にも強いので、早めの思い切った剪定が望まれます。

葉形が面白いカラコギカエデ

春、開葉はじめのノムラカエデ

リンゴ　Malus／バラ科

リンゴ属は世界に約30種分布しますが、種間雑種が多いことで分類がとても難しい属とされます。日本で自生するものは、エゾノコリンゴ（M. baccata v. mandshurica）、ズミ（M. sieboldii）、ノカイドウ（M. spontanae、自生地は九州）などの数種があります。5月に濃紅色の花を多数付け観賞価値の高いハナカイドウ（M. halliana）は、もともと中国より伝わりましたが、在来のノカイドウより広く植栽されています。5月に一斉に白い花を咲かせるエゾノコリンゴとズミは一見、花と果実では区別しづらいのですが、冬芽の葉の形状など、植物学上はきちんと分類されています。ただ自然交雑しやすいため、判断のつかない木もかなりみられます。日本では、中国からワリンゴ（M. asiatica）が伝わり各地で栽培され、セイヨウリンゴが入るまではリンゴといえばワリンゴを指しました。リンゴの改良品種は、Malus属の基本種を起源として、食用を目的に改良された群と、観賞用に改良された群に分かれ、特に観賞用に改良した品種などを総称して「クラブアップル」（crab apple）と呼んでいます。

道内での適性

北海道に自生するエゾノコリンゴやズミは、耐寒性、適応性が非常に優れ、どんな場所でも植栽が可能ですし、ハナカイドウも札幌近郊であれば、全く問題なく育てることができます。観賞用に改良されたクラブ

ジョン・ダウニー

ヴァン・エセルティン

エゾノコリンゴ全景

アメリカン・ビューティー

庭の環境、条件にあった植物選び

アップルの品種群は、さまざまな樹形と花色の園芸品種があります。本来は耐寒性も高く、えり好みの必要がないようなのですが、正常に生育できない品種もあるため、古くより植えられている品種を選ぶのが無難です。主な品種は、「ジョン・ダウニー」（John Downie、つぼみはうすいピンクで花は白色、横に大きく広がる樹形）や「ヴァン・エセルティン」（Van Eseltine、花は八重咲きのピンク、樹形は直立性）、「アメリカン・ビューティー」（American Beauty、花は八重咲きの赤色、樹形は直立性）、「ルモアン」（またはレモイネイ、M. × purpurea cv. Lemoinei、若葉が銅葉、花は濃紅色、樹形は半直立性）、「プロフュージョン」（Profusion、片親がルモアン。新芽が銅葉、花は濃紅色でルモアンより濃い、樹形は半直立性）などがあります。

北海道で食用として栽培しているリンゴの品種は、気候に合わせ品種改良され、現在では、あさひ、つがる、さんさ、きたかみ、レッドゴールドなど30種類を超えます。また、紅玉とふじの混植した果樹園で生まれた「アルプス乙女」は、25〜50g程度の小さな果実なのですが、とてもおいしく、わい性で1本でも実をつけることから、庭木としても利用しやすい園芸種です。

ルモアン

プロフュージョン

ルモアンの樹形

ハナカイドウ全景

プロフュージョンの果実

管理上の注意

エゾノコリンゴ、ズミ、ハナカイドウなどは、枝が暴れがちに伸びるので、中をすかしたり、重なり合わないような剪定に心がけてください。クラブアップルの剪定については、どの園芸品種でも、自然の状態では樹高ばかり伸びるので、必ず芯となる枝を切り詰める必要があります（直立性の品種も最低1度は芯を止める）。その後自分の望む高さを維持できるように、こまめに剪定をすることが重要です。太くない枝であれば、どの時期に剪定しても問題はありません。病害虫については、リンゴ属全般に葉や果実が食害されやすく、特にクラブアップルはいわゆる毛虫類が発生しやすいので、最低でも開葉後早々に1度、その後は定期的に殺虫剤などを散布してください。

庭の環境、条件にあった植物選び

イチイ Taxus／イチイ科

イチイ属は日本を含む東アジア北部に分布し、寿命が長く道内各地で巨木を見ることができます。庭木として多く使われてきました。変種のキャラボクは成長がより遅く、枝が斜上すること、葉が枝に対してらせん状または輪生状につく傾向があるので、主に玉物として刈り込みに適しています。いずれも雌雄異株で、10月に赤い実がなり生食できますが種には毒性があります。イチイには実が黄色く熟すキノミイチイ、新しい葉が鮮やかに黄色となるオウゴンキャラボクがあります。一方、野山でイチイのような木を見かけることがあります。これはハイイヌガヤという低木性の常緑樹で、雌株には直径2.5cm前後で紫色を帯びた褐色の実がなります。

道内での適性

耐寒性、耐潮性に優れ、全道各地での植栽が可能で沿岸部にも適した常緑樹のひとつです。陰樹とされていますが、日当たりの悪いところでは枝葉の密生が悪くなるので、極端に乾燥しない限り日当たりの良い場所を選んで下さい。他の針葉樹に比べ成長が遅いので、手をかけることで風格のある主木になるほか、刈り込んで円錐形、玉物などさまざまに仕立てることができます。仕上がりには多少時間を要しますが、高級感のある生け垣の材料にも適しています。イチイ属にはヨーロッパ原産のヨーロッパイチイ（T. baccata）があり、現地ではトピアリーなどに使われていますが、耐寒性がやや劣るため、道南を除いては先枯れするなど傷みが出るのでおすすめできません。

管理上の注意

刈り込み、剪定にはよく耐えますが、太い幹枝を切ると回復に時間がかかるので遅くても目標の大きさ、形になる1〜2年前から行います。春先に全体の形を整えるための切り戻し剪定を行い、成長期の6〜8月に1〜2度、伸長している柔らかな枝を少し残すようにはさみを入れます。風通しの悪いところではカイガラムシが発生し、すす病を誘発することがあります。このときは、密生した枝を少し間引き、早春には石灰硫黄合剤、生育期には殺虫殺菌混合液をおよそ1週間おきに数度散布します。長年植えていたにもかかわらず暖かくなった6〜7月以降、急に葉が黄変するなど樹勢が弱ることがあります。この場合はコガネムシの幼虫が根を食害していることがあるので、専門家に状況を詳しく伝え、相談されることをすすめます。

仕立てられたイチイ

イチイの果実

キングサリ　　　　　　　　　　　　　　　　　　Laburnum／マメ科

キングサリ属はヨーロッパ中・南部に分布する落葉高木でアルピヌム（L. alpinum）とアナギロイデス（L. anagyroides）の2種があり、高さは5m以上になります。また、それらが自然に交雑した種ウォーテレリ（L. × watereri）もあり、6月にフジのように総状花序に黄色い花を咲かせるので、日本では俗にキバナフジとも呼ぶことがあります。葉は3枚の小葉で形成され、9月に全体が褐色を帯びた豆果がなります。別な属でありながら近縁にあるエニシダ属（Cytisus）の枝をキングサリに接ぎ木すると、成長した枝には両方の形質を持った花が混ざって表れることもあります。ひとつの個体に2種類以上の遺伝子が混在することをキメラ（Chimera）といい、それによって作られた人工的なラブルノキティスス属（＋ Laburnocytisus）があります。その代表種にアダミー種（＋ L. adamii）がありますが、日本では珍しく、今から16年前に札幌市内の公園に導入されたことがあります。なお、属名の前に付けられた＋はキメラであることを表します。

道内での適性　道南、道央部でよく生育しますが、高温多湿を嫌うとともに土壌凍結するような少雪、厳寒地では枯れ込む恐れがあります。一般的にアルピヌム種のほうが耐寒性に優れているとされています。

管理上の注意　よく伸びて大きくなる花木なので、十分余裕のある場所を選びます。高くしたくなければ主幹を太くならないうちに切り詰め、他の枝も同様に処置して全体の形を整えておきます。狭い庭では鉢植えで楽しむほうが無難です。根が粗く、成長量（高さ）に対して根張りが追いつかないことがあるので、植え付けの際は深めに穴を掘り、堆肥、腐葉土を混ぜて、水はけよく保水性のある土で埋め戻します。その後の追肥にはチッ素分の少ないものを与えます。3～4年くらいは支柱を添えて倒れるのを防ぎます。

キングサリの花　　　　キングサリの樹形

クロベ .... Thuja／ヒノキ科

クロベ属のうち道内で最も利用されているのが北アメリカ原産のニオイヒバ（T. occidentalis）で、寒さに強く病害虫の発生がほとんどないことから防風、目隠し用として、また刈り込んで生け垣にも使われています。園芸品種には黄色い葉を持つもの、自然に樹冠が丸くなるもの、成長が緩慢で背丈が低くまとまるものなどがあります。また、中国原産のコノテガシワ（T. orientalis）の園芸品種オウゴンコノテガシワは成長が遅くコンパクトにまとまるので、古くから庭園樹として親しまれています。

道内での適性

ニオイヒバは沿岸部を除けば全道各地での植栽が可能ですが、その園芸品種には優劣があります。緑が鮮やかで葉が緻密にまとまる「エメロード（エメラルド）」（Emeraude）の場合、厳寒地では先端部または一部の枝が枯れ込むことがあります。また黄金葉を持つ「ヨーロッパ・ゴールド」（Europe Gold）も植え付け当初は先端が傷むことがあります。その他の園芸品種はおおむね良好といえます。コノテガシワの仲間は耐寒性がやや劣り、主に道央以南での植栽に適しています。

管理上の注意

植え付けは秋遅くは避けて春に行います。秋以降にやや耐寒性に劣る種類を植えたときは防風ネットなどを使って冬囲いをします。また風当たりの強いところでは、種類を問わず2～3年はそうした処置をする方が無難といえます。姿形を整え一定の大きさに保つ場合、また生け垣として刈り込む場合は成長期の6～8月に行います。特に良い姿を保ちながら背丈を低くする場合は、全体のバランスを見ながら枝の付け根で切り詰めていきます。一部の枝が枯れたとき、また中が蒸れて枯れ込んだときは早めに除去し、新しい枝の発生を促して失った部分を補います。

色鮮やかな「ヨーロッパ・ゴールド」　　コノテガシワの成木

ザイフリボク Amelanchier ／バラ科

ザイフリボク属は世界に約30種分布し、日本にはザイフリボク（A. asiatica）1種が、岩手から九州に自生し、朝鮮半島、中国にも自生しています。日本に自生するザイフリボクは外国種に比べ、やや花が小さく数も少ないようです。果実は秋に熟し生食には向きません。一般にジューンベリーと呼ばれている種は、アメリカザイフリボク（A. canadensis）を指すことが多いようで、6～7月に果実が熟すことから、この名があります。アメリカザイフリボクは北アメリカ東部に分布し、海岸線にも自生しています。果実は古くから食用として栽培、出荷されています。若い銅葉が展開すると同時に花を咲かせます。花期は2週間ぐらいと短めですが、遠くから望むと、かすみがかったように見えます。果実はピンクから赤へと変化し、暗紫色に熟します。熟すと甘く生食でも十分おいしい果実で、ジャムなどの加工品にも使われています。秋の紅葉も素晴らしく、観賞価値の高い樹木といえます。

道内での適性

耐寒性、適応性は抜群で湿地はもちろん、ほぼどんなところでも生育できます。さらに自然樹形でも美しい樹木で、シンボルツリーなどにも最適です。通常は株立ち状となる傾向が強いようですが、ひこばえをこまめに切れば単木仕立ても可能です。園芸品種も流通しはじめていますが、基本種でも花、果実、紅葉が美しく、とても利用しやすい樹木です。

管理上の注意

植え場所は、やや日陰でも大丈夫です。病害虫はあまり発生しませんが定期的な防除が理想的です。自然樹形でも十分美しいですが、樹高が3mを超えると間延び気味になるので、剪定をおすすめします。なお花が終わった後の強剪定は、来春の花付きを悪くしますので注意してください。

ジューンベリーの樹形

ジューンベリーの花 　　ジューンベリーの果実 　　ジューンベリーの紅葉

ナナカマド .... Sorbus ／バラ科

ナナカマド属は世界に約80種分布し、分類上単葉になるアリア節やアズキナシ節、複葉となるナナカマド節など5つに分けられます。そのうち日本には約8種があり、北海道ではアズキナシ（S. alnifolia）、ナナカマド（S. commixta）、タカネナナカマド（S. sambucifolia）、ウラジロナナカマド（S. matsumurana）などが自生します。外国種の中でアリアナナカマド（S. aria）とヨーロッパナナカマド（S. aucuparia）は園芸上とても重要で、たくさんの園芸品種を作出しており、特にヨーロッパナナカマドは、観賞用として欧米で人気があり、果実を「ピンクペッパー」の名でスパイスに用いることもあります。また古くより神聖な木とされ、墓地に植えたり、魔除けの十字架を作ったりしました。一方よく知られる在来のナナカマドは、初夏（6月）に白い花をつけ、葉がまだ緑色のころから果実が赤くなり、葉が落ちて冬を迎えても樹上にその実を残します。秋の紅葉はカエデの仲間のように個体差があまりなく、いつも美しく紅葉しますが、果実のつきかた、色などは木々により微妙に変化します。赤く成熟した果実は野鳥などが好んで食べますが、苦みがあるため生食には適しません。また、観賞木としてあまり普及していないアズキナシは、6月に咲く清楚な白い花がかれんです。自然とまんまるとした樹形となり、秋の紅葉もナナカマドほどの艶やかさはありませんが、黄色か赤褐色に変化する葉はとても美しく、シンボルツリーなどに適しています。ただ、かなり大きくならないと花と実をつけないことが多いようです。

道内での適性

ナナカマドは耐寒性に優れ、適応性もまずまずなので、広い範囲で植栽可能ですが、街路樹のように小さな植樹ますの中では、正常な生育が期待できません。アズキナシも北海道のほとんどの場所で植栽が可能です。ヨーロッパナナカマドなど外国種は、耐寒性は問題ないのですが、紅葉の前に落葉するなど北海道の気候、土壌に順応できないようで、よい状態で生育していません。

冬も残るナナカマドの果実

管理上の注意

ナナカマド、アズキナシともに、自然樹形でも十分美しいのですが、無剪定で生育させると10mを超えるまでになるので、早めに高さを抑える剪定が必要です。基本的に剪定を嫌いませんが、深い剪定をするとナナカマドの枝はまっすぐに上に伸びる性質があり、その後の樹形に影響が出るので注意が必要です。病害虫には強い方ですが、アブラムシ、ハマキムシなどの発生があり、庭木としては定期的な防除が必要です。ナナカマド、アズキナシの移植は落葉期以外ではかなり難しいので注意が必要です。日陰でも生育しますが、花、果実のつき方が極端に悪くなります。

アズキナシの花

ヨーロッパナナカマドの黄実の品種「ゴールデン・ワンダー」（Golden Wonder）

庭の環境、条件にあった植物選び

高～中低木類

コルヌス（サンシュユ）　　　　　　　　　　　　　　　　　Cornus ／ミズキ科

コルヌス属は世界に約40種分布し、日本にはミズキ、クマノミズキ、ヤマボウシなど6種が自生しています。ここでは、ヤマボウシとギンフミズキそれぞれについて紹介します。

》》》 ヤマボウシ

サンシュユ（C. officinalis　実際は中国から伝わる栽培種）と並び、庭木としてよく利用されているのが、ヤマボウシ（C. kousa）です。本州以南、四国、九州に自生し、自然の状態では10m以上にもなる高木性樹木です。最大の特徴は変わった形の花ですが、実は白い花弁のように見える4片は、葉の変形したもので苞と呼ばれ、本当の花は、中心部にある黄緑色の集合体です。ヤマボウシは、春の花木がにぎわいを見せ一段落したころに咲き始め、花期が長い（北海道では6月下旬から7月中旬）ことから、とても印象に残る樹木です。さらに花が終わった後の果実は成熟すると、イチゴのような赤い実をたくさん下垂させ、甘く食用になります。紅葉も見応えがあり、とても観賞価値の高い樹木といえます。

道内での適性

ヤマボウシとしばしば混同される、北アメリカ原産のハナミズキ（アメリカヤマボウシ、C. florida）は、耐寒性があまりなく、北海道内ではほとんど育ちません。それに比べヤマボウシは、耐寒性はもちろん、土地も選ばないので、ほとんどの場所で植栽が可能です。乾燥にやや弱い傾向にありますが、北海道では根が制限される場所でなければ、特に心配ありません。かなり年数がたたないと花が咲きづらい傾向がみられます。本来は単木ですが、最近では株立ちに仕立てたものが流通しています。また苞が淡紅色となるベニバナヤマボウシ（C. kousa f. rosea）や、園芸品種「サトミ」（Satomi）「ベニフジ」（Benifuji）なども植えられています。

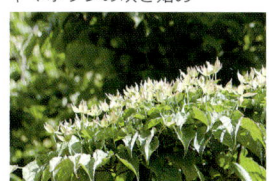

ヤマボウシの咲き始め

ヤマボウシの花

ヤマボウシの果実

ヤマボウシの庭への植栽

ヤマボウシの紅葉

庭の環境、条件にあった植物選び

管理上の注意　植え場所は、花付きを考えると、できるだけ日当たりの良い所が望ましいのですが、半日陰でも生育できます。自然樹形でも十分美しいのですが、樹高を高くしすぎると、上向きにつける花を観賞できませんので、途中で芯を止める剪定が必要です。秋に出来上がった花芽を切らぬように、車枝状になったすぐ上を切ってください。

ギンフミズキ

ギンフミズキ（C. alba cv. Elegantissima）は中国からシベリアにかけて自生する、シラタマミズキ（C. alba）の園芸品種のひとつです。欧米でも人気の葉の外側に白いふが入るタイプで、品種名は「エレガンティッシマ」です。春から秋まで、ふ入りの葉を保ち続け、秋には黄色味を帯びて紅葉します。夏の間の涼しげな景色が印象深い落葉低木です。花は白色なので目立ちませんが、6月にたくさん咲きます。また冬に赤く色づく幹や枝も、他の樹木にない魅力です。刈り込みに強く、どんな樹形にでも仕立てることが可能なので、生け垣はもちろん、公園など広い場所であれば無剪定で高さを確保した植栽をしても面白い樹木です。

道内での適性　ギンフミズキの原種シラタマミズキや、その変種のサンゴミズキ（C. alba v. sibirica）、園芸種ギンフミズキも含め、耐寒性は申し分ありません。高さは2m、横幅も1mは優に超え株立ち状となり、全体に柔らかい感じなので、単木として使っても群植にしても引き立ちます。日当たりの良い場所に植栽した方が葉も大きくなり、白い覆輪が一層目立ちますが、半日陰でも植栽は可能です。雪に対しても柔軟な枝が耐えるので、除雪で押しつけるようなところでなければ大丈夫です。この品種の他に、黄色の覆輪タイプの園芸品種「スパエティー」（C. alba cv. Spaethii）なども流通しています。

生け垣仕立て

ギンフミズキの葉

黄色の覆輪となる品種「スパエティー」

高さを生かした植栽

冬季間色づく枝

管理上の注意 成長が早いので、高さを抑えたい場合には最低年1回の剪定（せんてい）が必要で、少なくとも全体の3分の1ぐらいは刈り込みたいところです。冬に色づく枝は、1年生の枝が最も赤みを強調するので、こまめに剪定することにより、観賞価値を高めます。また地際で切り戻しても、すぐに株立ち状に再生するので、先祖返りする枝を出さないためにも、何年かに1度は思い切った剪定が必要です。病害虫には強い方ですが、まれに葉を食害されることがあるので殺虫剤の散布がベストです。葉が伸張中の移植はかなり難しいので、落葉期に行ってください。

ハシドイ　　　　　　　　　　　　　　　　　　Syringa／モクセイ科

ハシドイ属は世界に約30種が分布し、野生種のほとんどが中国を中心とするアジア原産のもので、ヨーロッパ原産は、ハンガリーハシドイ（S. josikaea）とムラサキハシドイ（ライラック／S. vulgaris）の2種のみです。日本にはマンシュウハシドイ（S. amurensis）とハシドイ（S. reticulata）の2種が自生しています。最も一般的に植えられているのが、ヨーロッパ原産の和名ムラサキハシドイすなわちライラックで、園芸品種は、この種を母種として交配されたものが多く、さまざまな花色が作出されています。ライラックが日本へ渡ってきたのは1890年ごろに、米国人宣教師サラ・クララ・スミス女史が生まれ故郷のアメリカから持ち込んだ1本が初めとされています。香り豊かな花は、花期も長く豪華なので、切り花用はもちろん庭園や鉢植えなどにも利用されています。ライラックは16世紀ごろよりフランスなどで栽培され、19世紀にかけて改良が進み、その後各国で盛んに品種改良が行われました。現在では2000を超える園芸品種が登録されています。一方、アジア原産の種では、ウスゲシナハシドイ（S. villosa）がよく植えられているようです。交雑種であるコバノハシドイ（S. × chinensis）、ヒアシンシフロラ（S. × hyacinthiflora）、ペルシアハシドイ（S. × persica）、プレストニアエ（S. × prestoniae）などからたくさんの園芸品種がつくられています。

ハシドイ属の原種

ハンガリーハシドイ

日本に自生するハシドイ

ウスゲシナハシドイ

ヒマラヤハシドイ

オニハシドイ

シセンハシドイ

庭の環境、条件にあった植物選び

庭の環境、条件にあった植物選び

道内での適性

寒さに強く暑さに弱いライラックは、まさに北国に適した花木といえます。欧米では園芸品種が人気ですが、日本国内では品種名不詳の接ぎ木苗木と実生苗が主流となっています。自根の苗木の方が後の生育も良いので、将来的には園芸品種であっても自根苗の供給が望まれます。また日本原産のハシドイは公園樹、街路樹として用いられますが、樹冠いっぱいに咲く花が目をひくので、庭木としても期待できます。

管理上の注意

ライラックは、かなり養分を必要とする樹木なので、遅効性の有機質肥料などを定期的に与えてください。年数がたつと高さは2mを超え、横幅もボリュームが出ますので剪定は必須ですが、強い剪定は樹勢を弱めるので、花後に軽く樹形を整える程度にしてください。また園芸店などで入手できるライラックは、イボタを台木としたものが多いので、地際からイボタが伸張してきたら早めに取り除いてください。花後の花がらを摘み取ると弱らないので、是非行ってください。病害虫はコガネムシがつきやすいので、殺虫剤などで管理してください。

ハシドイ属の主な種と交雑種

マンシュウハシドイ S. amurensis	日本に自生
コバノハシドイ S. × chinensis	ペルシアハシドイとムラサキハシドイの交雑種
ヒマラヤハシドイ S. emodi	ヒマラヤ原産
ヘンリーハシドイ S. × henryi	ウスゲシナハシドイとハンガリーハシドイの交雑種
ヒアシンシフロラ S. × hyacinthiflora	オニハシドイとムラサキハシドイの交雑種
ヨシフレクサ S. × josiflexa	ハンガリーハシドイとシセンハシドイの交雑種
ハンガリーハシドイ S. josikaea	ハンガリー原産
チャボハシドイ（ヒメライラック） S. microphylla	中国原産
オニハシドイ S. oblata	中国原産
ペキンハシドイ S. pekinensis	中国北部原産
ペルシアハシドイ S. × persica	アフガニカ（S. afghanica）とラキニアタ（S. laciniata）の交雑種
トネリバハシドイ S. pinnatifolia	中国西部に自生
プレストニアエ S. × prestoniae	シセンハシドイとウスゲシナハシドイの交雑種
シナハシドイ S. pubescens	中国に自生
シセンハシドイ S. reflexa	中国西部原産
ハシドイ S. reticulata	日本に自生
ワタゲハシドイ S. tomentella	中国西部原産
ウスゲハシドイ S. velutina	中国原産
ウスゲシナハシドイ S. villosa	中国北部原産
ムラサキハシドイ（ライラック） S. vulgaris	ヨーロッパ原産
ウンナンハシドイ S. yunnanensis	中国原産

ライラックの園芸品種

センセイション（Sensation、パープル／一重）

プリムローズ（Primrose、白／一重）

スイートハート（Sweetheart、マジェンタ／八重）

ブルー・ダニューブ（Blue Danube、ブルー／一重）

ポール・シリオン（Paul Thirion、マジェンタ／八重）

プレジデント・リンカーン（President Lincoln、ブルー／一重）

ライラック交雑種とその園芸品種

ペルシアハシドイ（ライラック／一重）

ヒアシンシフロラ'アナベル'（S. × hyacinthiflora cv. Annabel、ピンク／八重）

コバノハシドイ'スージアナ'（S. × chinensis cv. Saugeana、ライラック／一重）

庭の環境、条件にあった植物選び

トウヒ　　　Picea／マツ科

トウヒ属は北国に住む私たちにとって最も身近な樹木の一つです。道内にも自生するアカエゾマツ（P. glehnii）や海外から導入されたプンゲンストウヒ＝コロラドトウヒ（P. pungens）は、公共空間や時には街路樹として目にすることができます。代表的な種類としてプンゲンストウヒのほか、ヨーロッパトウヒ（P. abies）、カナダトウヒ（P. glauca）が知られており、園芸品種も育成されています。もともとは、いずれも樹高20mまたはそれ以上になる高木ですが、園芸品種の中には、成長が非常に遅く、せいぜい樹高数メートルのものも多くあり、敷地が広くなくても使いやすいです。園芸品種の中には樹形が円錐形になるものや球形になるもの、枝垂れるものなどがあり、葉色も緑色のほか青緑色、黄金色など違いがみられます。庭の中で使う場合は、樹形や葉色も意識して品種を選ぶとよいでしょう。

| 道内での適性 | 一部の種、品種を除いて耐寒性は非常に強く、道内全域で植栽することができます。耐寒性の点では最も安心して植えられる樹種の一つです。 |

| 管理上の注意 | 針葉樹であるトウヒ属は樹形の美しさが大きな魅力の一つで、落葉樹のように剪定によって樹高を調整することは基本的に行いません。従って、どの樹種でも言えることですが、樹高を意識し最終的にどのくらいになるのかを購入前にきちんと確認します。日当たりが良く、360°光の当たる場所に植えたいところです。日の当たらない部分があると枝の成長に差が出て、樹形が乱れる原因になります。基本的に防寒対策は必要ありませんが、寒風の厳しい地域では植え付けた年の冬は防風ネットなどで防寒すると安全です。枝が混んできたら剪定して透かすこともありますが、剪定の機会は少ない樹種で、芯（幹の先端部分）の部分を切除しない（芯止めしない）ようにしましょう。特にプンゲンストウヒで葉の先端部が茶色くなるさび病の一種が発生しやすいです。確認したら枯れ葉をきれいに除去するとともに薬剤散布での防除が必要になります。

カナダトウヒ 'アルバータ・グローブ'（P. glauca cv. Alberta Globe）。球形の樹形となる超わい性種

さび病にかかったプンゲンストウヒ。一度発生すると毎年発生して価値が低減するので防除が必須となる

樹高2mにしかならないプンゲンストウヒ 'グロボサ'（P. pungens cv. Globosa）。後方に写っているプンゲンストウヒと同じ種とは思えない

わい性のカナダトウヒ 'コニカ'（P. glauca cv. Conica）

● 庭の環境、条件にあった植物選び

ビャクシン ……………………………………………… Juniperus／ヒノキ科

ビャクシン属は主に北半球に分布する常緑性低木または中高木で、葉は鱗片状または触れると痛い針状。数多くの園芸品種があり、葉の色は鮮やかな緑色、黄金色、灰白色、青緑色などさまざまです。

和 名	種 名	性 質	園芸品種などの一例
イブキ	J. chinensis	直立性	カイヅカイブキ
エンピツビャクシン	J. virginiana	直立性	スカイロケット
セイヨウネズ	J. communis	直立性、はい性	スエキカ
アメリカハイネズ	J. horizontalis	はい性	バーハーバー
ハイビャクシン	J. procumbens	はい性	ハイビャクシン
スクアマタビャクシン	J. squamata	はい性	ブルースター

道内での適性　特にほふく性、はい性での低木に属する種類は耐寒性に優れ、全道各地でよく育ちますが、多雪地帯では春先、雪中で地温が上昇してくると蒸れて傷むものがあります。直立性で積雪による保温効果が期待のできない（中高木に属する）種類は、道南と道央の一部に限られます。

管理上の注意　カイヅカイブキ、エンピツビャクシンなど直立性のものは自然に形が整うので突出した枝、枯れ枝を取り除く程度とします。直立性、ほふく性を問わず大きくしたくない場合は、春に不要な枝の付け根で剪定し、全体を刈り込むときは6〜7月までに行います。ビャクシン類はリンゴ、ナシに対する赤星病の中間宿主となるので、近くに植えないようにします。

ビャクシンの果実

1株で広がったはい性の園芸品種

モクレン　Magnolia／モクレン科

モクレン属はアメリカ大陸やアジア大陸の温帯〜熱帯地域に約90種が自生するとされています。それらのうち、耐寒性の強い落葉性の種で盛んに品種改良されたものが、最も春早くに咲く花木として知られています。公共スペースでは、道内にも自生するキタコブシ（M. kobus v. borealis）やシモクレン（M. lillifolia）、ハクモクレン（M. denudata）およびそれらの交雑種を見ることができます。モクレン属は種の数が多く種間交雑も盛んなことから、品種によって樹高20m以上となるものから5mに満たないものまでさまざまです。また樹幅も広くなることから植栽する場合は十分なスペースが必要となります。よほど敷地が広くない限りは、ヒメコブシ＝シデコブシ（M. tomentosa）の系統などのわい性の品種が使いやすいと思います。それでも、結構な樹幅となり、樹形の乱れた姿は価値が一気に下がるので、気を付けるようにしましょう。

道内での適性

キタコブシは道内全域で植栽可能ですが、シモクレンやハクモクレン、ヒメコブシの品種は道南、道央地域が植栽の中心となります。その他の地域では、冬の寒さとともに寒風が強く当たるかなどの条件によって左右されます。

管理上の注意

12月に入ったころには枝先にぷっくりとふくらんだつぼみらしきものを確認できます。モクレン属は花後伸び出した枝の先に、秋までには花芽が作られています。樹形は剪定を行わなくても自然にまとまり、特にヒメコブシの品種でその傾向が強くなります。剪定も可能ですが、強く切り戻すと徒長枝が発生しやすく、樹形を戻すには数年の年月を必要とするので、軽く戻す弱剪定を花後すぐに行うとよいでしょう。

ヒメコブシ'ロイヤル・スター'（Royal Star）

ヒメコブシ'ロイヤル・スター'の花

札幌市内で咲くモクレン。シモクレンとハクモクレンの交雑種と思われる

早春のマグノリア'スーザン'（Susan）。枝が密生し自然に樹形がまとまっている

庭の環境、条件にあった植物選び

モミ　　Abies ／マツ科

モミ属は北半球に 47 種が自生する寒冷地を代表する樹種の一つです。道内にもトドマツ（A. sachalinensis）が自生し、公園などのほか造林用としても使われています。その他、コンコロールモミ（コロラドモミ、A. concolor）やアルプスモミ（A. lasiocarpa）が知られています。モミ属の葉は見るからに痛そうに見えますが、コンコロールモミの葉はとても柔らかいです。

道内での適性
耐寒性の強い種類がほとんどで、一部を除いては道内全域で植栽可能とされています。しかし野生種は最終的に数十メートルの樹高になるので、簡単には植えられません。トウヒ属と同じようにわい性の品種もあるので、使用する際はどのくらいの樹高となるのか確認するようにしましょう。また、葉色や樹形の異なる品種もつくられています。

管理上の注意
過湿の場所では健全な生育が望めないので、水はけの良い場所を選びます。ただ、モミ属は乾燥地の植物のように見えますが、ある程度の水分ある土を好むので、過乾燥となる場所は避けましょう。

コンコロールモミ。下枝は切除しない方が美しい樹形となる

● 庭の環境、条件にあった植物選び

中低木類

アジサイ　　Hydrangea ／アジサイ科

アジサイ属は南北アメリカやアジアに 40 種が知られ、そのうち約 25 種が日本に自生しています。北海道でもエゾアジサイ（H. serrata var. megacarpa）やノリウツギ（H. paniculata）、ツルアジサイ（H. petiolaris）の自生が知られています。鉢植えなどで多くみられ、装飾花のみからなるセイヨウアジサイ（H. macrophylla f. macrophylla）は、18 世紀後半に日本のアジサイがヨーロッパに紹介され、育種された品種群のことです。国内では本州を中心にヤマアジサイ（H. serrata）やガクアジサイ（H. macrophylla f. normalis）の園芸品種が多くつくられています。多くの種、品種はいわゆる前年枝（旧枝）咲きです。つまり、春から伸びた枝の上位節に、気温の低くなる晩夏から秋にかけて花芽が作られ、翌年、気温の上昇とともに枝が伸びて先端に花を咲かせます。従って冬の寒さや風で枝枯れを起こすと開花できず、葉のみ茂る株姿となることがあります。一部に春から伸びた新しい枝（当年枝、新枝）に花をつける種類もあります。

アメリカノリノキ 'アナベル'
（H. arborescens cv. Annabel）

庭の環境、条件にあった植物選び

> 道内での適性

セイヨウアジサイやヤマアジサイ、ガクアジサイの多くの品種は、もともと耐寒性が強く、積雪の効果もあって寒さで枯死することはありません。カシワバアジサイ（H. quercifolia）も耐寒性に優れた種で、より寒さの厳しい地域でも植えられています。しかし、これら前年枝咲きの種類は寒風の強く吹く場所では札幌近郊でも枝枯れが見られ、開花しないこともあります。ノリウツギやアメリカに自生するアメリカノリノキの園芸品種は新枝に開花するので、地上部が寒さで枯死しても花を咲かせることができます。また、セイヨウアジサイの中にも新枝咲き品種がつくられ、国内にも導入されています。

> 管理上の注意

植え場所は冬の寒風が強く当たらない場所がよいです。前年枝咲き品種が枝枯れを起こすようならば、植え場所を変える、または新枝咲き品種を使う必要があります。乾燥しない日当たりのよい場所、または明るめの半日陰で育てます。涼しい北海道では、本州ほど日差しに気を使いません。逆に暗い場所では花つきが悪くなります。エゾアジサイはやや半日陰がよいです。薄いぺらぺらした葉を持つ種類ほど半日陰を好む傾向があります。
剪定は、前年枝咲きは花後に花がらと上位1節（観察すると次年度の芽が膨らんでいるので切除する位置を確認できます）を切り落とす程度に行います。枝が込んでくると、古い枝を落として更新をはかるとよいでしょう。新枝咲きは仕立て方により大きく変わってきます。例えばノリウツギの場合、無剪定だと5mくらいの大きさまで成長しますが、若木のうちから毎年地際近くで切り戻すと1m程度に抑えられます。アメリカノリノキも含め新枝咲きは樹形をコントロールしやすいといえます。

花後色づく装飾花（ノリウツギの品種）

最も多く目にするセイヨウアジサイの品種

装飾花のみからなるノリウツギ 'ミナヅキ'
(Minazuki または Grandiflora)

道内に自生するノリウツギ

エリカ、カルーナ（ギョリュウモドキ） Erica, Calluna／ツツジ科

エリカ属、カルーナ属、ダボエキア属の3属は俗にヘザーと呼ばれ、同じツツジ科で非常に近縁関係にあるのですが、花の構造が異なることから、厳密には別々の属に分類されています。基本の種として、エリカ属は世界に約800種、カルーナ属はただ1種、ダボエキア属は2種あり、それぞれたくさんの園芸品種が発表されています。園芸品種群は、多様な花色を春から秋まで観賞できるのはもちろん葉の色もさまざまで、黄色や灰色、さらには冬季間紅葉するタイプなどもあり、デザインのしやすい樹木です。エリカやカルーナはヨーロッパ原野に普通に見られ、特にイギリス、スコットランドではヒースランドと呼ばれる広大な荒れ地一面に生い茂り、人々の行く手を阻み続けてきました。古来より屋根をふいたり、はちみつやスコッチウイスキーの原料になったりと、人々とのかかわりが深い植物でした。

道内での適性

一般的にエリカ属よりカルーナ属の方が耐寒性が強いといわれ、カルーナ属のほとんどの園芸品種とエリカ属の数種、エリカ・カルネア（E. carnea）、エリカ・テトラリクス（E. tetralix）、エリカ・ワガンス（E. vagans）、エリカ・キネレア（E. cinerea）などが道内での植栽が可能です。カルーナ属（C. vulgaris）は常緑低木で、耐寒性は極めて強いのですが、逆に高温多湿に弱いという欠点もあります。カルーナの葉は、ギョリュウ（Tamarix chinensis）に似ているところから、ギョリュウモドキという和名があります。カルーナはもともとヨーロッパから小アジアにかけて分布し、今では北アメリカにも帰化しています。エリカ属の中では特に、エリカ・カルネアは春咲きエリカとも呼ばれ、北海道では雪解けとともに開花し、樹高は30cmぐらいにしかならないのでメンテナンスが楽です。エリカ・ワガンスは、夏から秋にかけて開花し、長い花期と花の数が多いことに特徴があります。無剪定では樹高がやや腰高となりやすいのですが、成長は非常に速く、横に広がる樹形も美しいので低い生け垣などにも利用できます。高温多湿を嫌い酸性土壌を好むエリカ、カルーナは、北海道が最適といえます。植栽の方法としては、比較的ゆるやかな坂や平坦な場所に群植して、スコットランドなどの原産地に似た風景をつくり出したり、ロックガーデンにしたりと、多様な利用が考えられます。

ヘザー類の植栽例

エリカ・カルネア'オーレア'（Aurea）の植栽

エリカ・カルネア'スプリングウッド・ホワイト'（Springwood White）

庭の環境、条件にあった植物選び

管理上の注意

カルーナ属とエリカ属のほとんどは、枝が過密になると蒸れやすいことや、樹高が高くなるので、最低でも2年に1度程度の刈り込みが必要です。ただしエリカ・カルネア種は、ほとんど剪定なしで、グラウンドカバーとなります。病害虫には強く、葉が食害されたりすることはあまりありません。高温多湿には弱く、長雨や暑さが続くと葉に影響が出てきます。

カルーナ'シルバー・ローズ'（Silver Rose）

カルーナ'ロッホ・ターレット'（Loch Turret）

エリカ・テトラリクス'コン・アンダーウッド'（Con Underwood）

カルーナ'ピーター・スパークス'（Peter Sparkes）

庭の環境、条件にあった植物選び

ツツジ ……………………………………………… Rhododendron／ツツジ科

ツツジ属は北半球全域および南半球の一部に約800種が自生する大きな属で、私たちに最も身近な花木の一つです。いわゆるシャクナゲもツツジ属であり、常緑性の一部の種類についてシャクナゲと呼ばれています。道内にもツツジ属の自生は多く、エゾムラサキツツジ（R. dauricum）やムラサキヤシオツツジ（R. albrechtii）、エゾヤマツツジ（R. kaempferi）、ハクサンシャクナゲ（R. brachycarpum）、キバナシャクナゲ（R. aureum）などが庭植えされています。

道内での適性

ツツジ属は種類によって耐寒性に大きな差がありますので、種類ごとに簡単に説明します。

≫≫≫ エゾムラサキツツジ

道内全域で植栽されます。最も早くに開花するツツジで、最強の耐寒性を誇ります。花色は赤紫のほか白やピンクもあり、八重咲き品種も知られています。明るい半日陰でも生育可能です。2m。

エゾムラサキツツジ

74

》》》 レンゲツツジ（R. japonicum）

道内全域に植栽されます。耐寒性は極めて強く道北の寒冷地でも開花します。鮮やかなオレンジ色の花色が特徴で、やや黄味を帯びたカバレンゲツツジや黄花のキレンゲツツジも知られます。日光を好みます。2m。

レンゲツツジ

》》》 エクスバリーアザレア

レンゲツツジのほか、アメリカや中国の原種をもとにヨーロッパで交配された品種群で、耐寒性の強い品種が多く、花色もツツジと思えないくらい華やかな品種があります。日光を好みます。1.5m。

エクスバリーアザレアの品種

》》》 クロフネツツジ（R. schlippenbachii）

道内大半の地域で植栽可能とされています。海外では「ロイヤル・アザレア」と呼ばれるような上品な花が特徴で、最も日本人好みのツツジの一つでしょう。半日陰でも生育可能です。5mまで。

クロフネツツジ

》》》 ムラサキヤシオツツジ

道内全域に植栽されます。半日陰を好む種類なので、植栽環境によっては使いやすい種類となります。3m。

》》》 エゾヤマツツジ

道内全域に植栽されます。開花はやや遅くなる種類です。2m。

エゾヤマツツジ

》》》 ヨドガワツツジ（R. yedoense）

道内全域で植栽されます。公共スペースやマンションの敷地などで多く植えられてきたツツジの一つです。1.5m。

ヨドガワツツジ

庭の環境、条件にあった植物選び

❯❯❯❯ リュウキュウツツジ（R. mucronatum）

道内全域で植栽されます。これも公共工事で多く使われてきたツツジです。1.5m。

リュウキュウツツジ

❯❯❯❯ ハクサンシャクナゲ

花はやや地味ですが、いわゆるシャクナゲの中では耐寒性が非常に強いので、公共スペースなどでも多く植えられてきました。半日陰を好み、寒風を非常に嫌います。5mまで。

❯❯❯❯ セイヨウシャクナゲ

いくつかの種をもとに交配された品種の総称で、正式名ではありません。耐寒性は強くなく、道南や札幌近郊以外については、気温の低い地域や寒風の当たる場所ではうまく生育してくれません。半日陰を好みます。5mまで。

セイヨウシャクナゲ

❯❯❯❯ ヤクシマシャクナゲ（R. yakushimanum）

その名の通り屋久島原産のシャクナゲですが、自然にドーム状に樹形がまとまり、コンパクトなのでヨーロッパでは人気が高いです。ハーディネスゾーンは5程度とされます。日に当てると花付きが良くなります。成長は非常にゆっくりです。1m。

❯❯❯❯ キバナシャクナゲ（R. aureum）

高山帯に自生しており最も小型のシャクナゲの一つです。本州では栽培困難とされていますが、北海道では特別難しくはありません。日に当てると花付きが良くなります。0.5m。

管理上の注意

全体的に排水が良くて湿り気のある土壌を好み、寒風を嫌うので風がまともに通り抜ける場所は避けるようにします。ツツジ類は秋までに花芽が作られ、翌年にそれが開花しますので、剪定は花後すぐに行うようにします。若い枝が多く出れば少し間引いて、枝の充実を図るとともに風通しを良くします。花がら摘みも、作業は大変ですができるだけ行うようにしましょう。シャクナゲ類はツツジ類のようにあまり切ることができません。基本的には不要な枝を取り除く程度になります。寒風の当たる場所に植えた場合は、冬にむしろなどで防風対策を行った方がよいでしょう。シャクナゲでは特殊なやり方ですが、ビニール資材で完全に風を遮断することも考えられます。ただし、すそを開放することによって蒸れないようにすることが条件です。

ビニール資材によるセイヨウシャクナゲの冬囲いの様子

ポテンティラ (キジムシロ) ……………………………… Potentilla /バラ科

ポテンティラ属は世界に約 500 種あり、日本には約 20 種が自生します。ポテンティラ属のほとんどが多年草なのに、唯一キンロバイ (P. fruticosa v. rigida) だけが木質化する落葉低木で、北海道、本州中部以北の高山、中国などに自生しています。ヨーロッパから、シベリア、北アメリカに生育する基本種 (P. fruticosa) とは区別されます。夏から秋にかけて次々と咲き続け、花期が長く丈夫なので、ボーダーやグラウンドカバーとしてよく利用されます。現在入手できるキンロバイは園芸品種が多いようです。

道内での適性

耐寒性に優れ半日陰でも育ち、土地も選びませんが、立性樹形となる園芸品種などは、雪により中割れが生じる可能性があるので、雪がたくさん降る地域ではメンテナンスが必要となります。園芸品種は四季咲きとされますが、夏の暑い時期にはいったん開花をやめ、直射日光下では花が色抜けしやすい傾向にあります。主な品種は次の通りです。

キンロバイの植栽例

ジャックマンズ・バラエティー (Jackman's Variety)

立性となる樹形で最終樹高は 1m です。花は直径 3.5〜4cm の大きさでゴールデンイエロー。

キャサリン・ダイクス (Katherine Dykes)

横に広がる樹形で最終樹高は 1.2m、横 1m ぐらいです。葉の色はグレイグリーン、花は直径 3cm で色はプリムローズイエロー。

キャサリン・ダイクス

ビッチー (P. fruticosa v. veitchii)

立性となる樹形で、最終樹高は 1.2m ぐらいになります。花は直径 2.5cm で白色。園芸品種ではなくキンロバイの変種です。

ビッチー

ピンク・クィーン (Pink Queen)

横に広がり、背丈はあまり高くなりません。花は桜色〜淡桃色で、暑さで色あせることがあります。

ピンク・クィーン

庭の環境、条件にあった植物選び

》》》レッド・エース (Red Ace)

横に広がる樹形で、高さ60cm、横1mぐらいになります。花は鮮やかな紅色で、花弁の裏は黄色みを帯びます。暑さでやや色あせることがあります。

その他、淡黄色の「ムーンライト」(Moonlight) やエリザベス (Elizabeth)、白色の「アボッツウッド」(Abbotswood) などたくさんの園芸品種があります。

レッド・エース

ムーンライト

管理上の注意 植え場所は排水の良い所がベストですが、性質が強いので、ほぼどんな場所でも生育できます。真夏の日差しで花が色あせすることがあるので、庭木として利用する場合は、真夏の日中に半日陰になるところがよさそうです。剪定についてはどこから切っても、強剪定をしても再生してくるので、好きな高さに調整してください。

アロニア (カナメモチ)　　　　　　　　　　　　　　　Aronia／バラ科

アロニア属は北アメリカに3種あり、果実が黒く熟すアロニア・メラノカルパ (A. melanocarpa、英名・ブラック・チョークベリー／Black Chokeberry) と、果実が赤く色づいたままのアロニア・アルブティフォリア (A. arbutifolia、英名・レッド・チョークベリー／Red Chokeberry)、果実の色が紫黒色に熟すアロニア・プルニフォリア (A. prunifolia、英名・パープル・チョークベリー／Purple Chokeberry) が自生します。アロニア・メラノカルパは果実に特徴があり、黒く熟した実は生食ではあまりおいしくありませんが、ジャムやジュースなどの加工品、さらには薬用としても利用されています。原産地では果実は冬まで残っていますが、北海道では落ちてしまうようです。メラノカルパの花は白みがかったピンクで、かれんな印象です。放っておいても自然と丸みを帯びた株立ち状になり、光沢のある葉で、秋には美しく紅葉します。果実の利用方法も未知のところがありますが、魅力的な樹木といえます。

アロニア・メラノカルパの花

アロニア・メラノカルパの果実

道内での適性 まだあまり普及していないアロニア・メラノカルパは、湿地や大気汚染に耐え強健です。耐寒性も抜群で、ほぼ道内全域での植栽が可能です。ロシアでも栽培されているようで、北方圏の果樹としては最適です。園芸品種では果実が濃紺色となる「オータム・マジック」(Autumn Magic) などがあります。

> **管理上の注意**

自然な状態でも株立ち状の樹形を保ちますが、高さは3mを超えるので、樹高が高くなった時は剪定が必要です。萌芽力が旺盛なので、深く切り込んでも大丈夫です。病害虫の発生もほとんどないので、手のかからない樹木といえます。

アロニア・メラノカルパの全景

ウツギ （ドイツィア） ……… Deutzia ／アジサイ科

ウツギ属は約50種が知られ、東アジアを中心に分布し、北海道の南部にもウツギ（D. crenata）が自生しています。植栽用としてはそれほど多くの園芸品種があるわけではありませんが、多くの種類で樹高は1～2mと低く、一面に咲く姿は見応えがあります。最も見かける種類が、品のある白花を初夏に咲かせるヒメウツギ（D. gracilis）でしょう。樹高は1m程度と低く刈り込みにも耐えることから生け垣として使われることもあり、ハーディネスゾーンは4～5とされています。その他、ウツギの八重咲き品種であるサラサウツギ（D. crenata f. plena）が知られています。

> **道内での適性**

寒さのたいへん厳しい地域を除いては植栽可能ですが、寒風の強い場所では冬の間に枝枯れを起こしやすいです。

> **管理上の注意**

ウツギ属はある程度の耐陰性がありますが、できるだけ日の当たる場所に植えるとよいでしょう。地際よりたくさんの枝を出して株立ち状にこんもりとした樹形となります。あまり大きくしたくない場合は、大きくなった枝を地際より切除して若い枝と更新することができます。また、大きくする場合でも、枝が込みすぎる状態となることが多く、枝が老化すると枝付き、花付きともに悪くなることがあるので定期的に更新するとよいです。また毎年、花後に枝の途中から切り戻すことによって高さを抑え、よりこんもりとした姿にすることもできます。なお花芽は秋までにつくられています。積雪による枝折れが発生する場合があるので、雪の多い地域では晩秋に枝を丸ごとしばっておくとよいでしょう。

ドイツィア・ロンギフォリア'ヴィーチー'（D. longifolia cv. veitchii）

ヒメウツギ

サラサウツギ

庭の環境、条件にあった植物選び

ガマズミ （ウィブルヌム） .... Viburnum ／レンプクソウ科

ガマズミ属は、北半球を中心に約120種が自生しており、道内にもガマズミ（V. dilatatum）やカンボク（V. opulus v. calvescens）、オオカメノキ（V. furcatum）などが自生しています。これらに加え、テマリカンボク（V. opulus v. calvescens f. sterile）やオオデマリ（V. plicatum）、ヤブデマリ（V. plicatum v. tomentosum）などが古くから植栽され、なじみの深い種類となっています。

庭の環境、条件にあった植物選び

道内での適性

カンボクやオオカメノキ、テマリカンボク、オオデマリは耐寒性が非常に強く、道内ほとんどの地域で植栽可能とされています。ほとんどの種が2～3mからせいぜい5m程度の低木で、剪定をほとんどしなくても樹形がまとまりやすいので、扱いやすい種類といえます。

満開のテマリカンボク

管理上の注意

日当たりの良い場所を好みますが、多少の耐陰性もあります。剪定作業はそれほど複雑ではなく、込んだ枝や徒長した枝、枯れ枝の切除が基本となります。そろそろ開花という時期になるとサンゴジュハムシという害虫が発生する場合があります。この食害はすさまじく葉はもちろん、つぼみまで食べ尽くすことがあるので、食害を発見したら速やかな薬剤散布が必要です。テマリカンボクとオオデマリは花が似ていますが、テマリカンボクの葉は左右に深い切れ込みが入って三つに分かれており、オオデマリの葉は、たまご形で葉脈が深いところから判断できます。

高木の間に植えられたヤブデマリの品種

サンゴジュハムシによる食害

キイチゴ .... Rubus／バラ科

世界各地に数百種、日本には 40 種ほど分布しています。葉にとげがあるものが多く、6～7月に開花し、7～8月に多汁質の石果が集合果をつくります。主に落葉低木で容易に交雑するため、営利栽培を目的とするラズベリーなどの園芸品種には由来が分からないものがあります。ラズベリーにはヨーロッパキイチゴ（R. idaeus）とアメリカキイチゴ（R. rigosus）の系統があり、熟した実の色は赤、黄です。特に黒く熟すものをブラックラズベリー（R. occidentalis）といって区別しています。北アメリカ原産でつる性のブラックベリー（R. fluticosus、R. allegheniensis など）の実は黒く、とげがない種類もあります。

道内での適性

いずれも夏の暑さを嫌い、冷涼な気候を好みます。道内にも自生するエゾイチゴ（R. idaeus v. aculeatissimus f. concolor）、クマイチゴ（R. crataegifolius）などとラズベリーは耐寒性に優れ全道での栽培が可能です。しかしブラックベリーとブラックラズベリーはやや耐寒性が劣り、積雪が少なく土壌凍結を繰り返す厳寒地では傷みが多くなります。

管理上の注意

土壌に対する適応性は強いのですが、春に植え付けする際、深さ30cm、直径50～60cmの植え穴に堆肥、リン酸肥料を混和します。今年の結果枝は枯れ、それに代わって地中から新しい吸枝が伸びてきます。翌年にその枝から出た新梢に開花結実します。従って夏に込みあった吸枝を地際で間引き、残した枝の先端を少し切り詰めておきます。なお二季成り種は結果枝に再び8～9月に開花、9～11月に結実するので、切らずに残しておきます。植え付けて数年すると、株から離れたところに吸枝を次々発生するので、庭で楽しむときは土中が遮蔽物で区切られた場所に植え付けます。収穫期に雨が多いと灰色かび病の発生があるので、早めに摘果します。また、6～7月にハダニが発生することがあるので殺ダニ剤を散布します。

ラズベリーの実

ブラックベリーの実

庭の環境、条件にあった植物選び

コトネアステル (コトネアスター、シャリントウ) ………… Cotoneaster ／バラ科

コトネアステル属は世界で50種以上が主に中国を中心に分布し、常緑または落葉低木、もしくは高木性で、日本に自生する種はありません。ほふく性のものは、欧米でグラウンドカバーとして用いられますが、さらに耐寒性にも優れた種となるとコトネアスター・ダンメリ（C. dammeri）や、ヤナギバシャリントウ（C. salicifolius）のほふく性園芸品種など、数種しかありません。その中で日本では、赤い果実が美しいベニシタン（C. horizontalis）が一般的に広く栽培されてきましたが、水平に伸びていく枝は、ほふく性とはいえ高さ50cmを超えてしまい、グラウンドカバーとしては、やや使いづらい印象でした。それに比べダンメリは、地面をはうように枝を伸ばしていくので仕上がりがとても素晴らしく、光沢のある暗緑色の葉は構造物とよく調和します。また伸びた枝が地面に接すると、その部分から根を出していき、密閉度が高いので、雑草の進入が極端に少なくなります。さらに下垂もするので、のり面緑化など、さまざまな用途で利用できます。6月に小さめの花をたくさんつけ、その後秋に鮮やかに赤く熟す果実は春まで残るので、観賞価値の高い、とても使いやすい素材といえます。冬季間、雪の下になるところでは常緑を保ち続け、葉の色は、やや紫がかった色に変化します。

道内での適性

耐寒性に非常に優れ、どんな土壌条件でも耐えるので、花付きや実つきを気にしなければ、かなりの日陰でも生育できます。庭木としてはもちろん、条件の悪い公共の場所など、さまざまな場所での植栽が可能です。北海道で冬季間全く雪が積もらない場所、特に南向きの斜面などに植えると、葉を落としダメージを受ける可能性がありますが、通常は全く問題なく植栽できます。

管理上の注意

刈り込みに強く、いつどこから切っても再生してくるので、萌芽性が抜群です。ただ生育が旺盛なため、すぐにお互いの枝が厚く重なりあってしまうために、何年かに1度は、すくような剪定（せんてい）が必須です。病害虫にはほとんど影響を受けないので、剪定さえ定期的に行えば、とてもメンテナンスが楽な植物です。

ダンメリの植栽例

ダンメリの植栽例

ダンメリの植栽例

ダンメリの果実

庭の環境、条件にあった植物選び

シモツケ　　　　　　　　　　　　　　　　　　　　　　　　　Spiraea／バラ科

シモツケ属は世界に約100種ほど分布し、日本には約25種が自生します。原種のまま利用されるのはユキヤナギ（S. thunbergii）や、中国原産のコデマリ（S. cantoniensis）などが有名です。切り花などにも利用されるユキヤナギは早春に咲く代表種で、垂れ下がるように花を咲かせ、とても豪華に見えます。中国原産のコデマリは、かなり古くより渡来し、庭木として使われ丸い房状に咲かせる花はとてもかわいらしい印象です。シモツケ（S. japonica）は道南、本州以南に自生し、淡い紅色の花を咲かせ耐寒性、耐暑性に優れます。シモツケの園芸品種は非常にたくさんつくられ、利用が盛んです。

道内での適性

シモツケ属のどの種も耐寒性に優れ、しかも強健なので、ほぼ全道で植栽可能です。中でも風情のあるユキヤナギ、コデマリは庭木として1株取り入れたい低木です。さらに使いやすいシモツケは、園芸品種がおすすめです。流通している品種は、葉が黄金色となるものが多く、一般にオウゴンシモツケと呼ばれます。主な品種は、わい性で葉が黄緑色、背が高くならない「ゴールデン・プリンセス」（Golden Princess）、開葉時に赤銅色となる「ゴールド・フレーム」（Gold Flame）、樹形が丸くなる「ゴールド・マウンド」（Gold Mound）、新葉時に赤銅色となり黄葉とのコントラストが美しい「マジック・カーペット」（Magic Carpet）などがあり、どの品種も観賞価値が高く樹高が出ない、手がかからない低木です。

管理上の注意

開葉後に、やや食害されることがあるので、定期的な防除が必要です。剪定は、どの時期でも、どこから切っても萌芽してくるので、手入れがしやすいです。特にシモツケの園芸品種は、わい性のものが多いので、ほとんど剪定の必要がありません。

ユキヤナギ

コデマリ

オウゴンシモツケの植栽例

シモツケ'ゴールド・フレーム'

スグリ　　　　　　　　　　　　　　　　　Ribes／ユキノシタ科

スグリ属の大半は北半球の温帯、寒帯に分布する落葉性低木で、次のような種があります。西ヨーロッパ原産のフサスグリ（R. rubrum）は高さ1～1.5mの株になります。5月中旬に淡黄緑色の小さな花を総状花序に咲かせ、7月中～下旬には透明感のある直径0.6～1cmほどの赤または白い実をつけます。またユーラシア大陸に広く分布するクロスグリ（R. nigrum）はカシスとも呼ばれ、フサスグリより少し遅れて開花し7月下旬に直径1～1.5cmの黒紫色の実をつけます。グーズベリーと呼ばれているヨーロッパ産のセイヨウスグリ（R. grossularia）は枝にとげがあり高さ1.2m、北アメリカ産のアメリカスグリ（R. hirtellum）は1mくらいで、どちらも5月に開花し、7～8月に熟します。

道内での適性
耐寒性に優れ冷涼な気候を好む一方、高温多湿を嫌い、全道各地での栽培が可能です。生食できますが多くはジャム、ゼリー、果実酒、肉料理のソースなどに利用します。

管理上の注意
5月中旬までに植え付け、有機質に富み、やや粘質のある土壌を好むので完熟堆肥、腐葉土などを入れます。半日陰でも育ちますが、実つきを良くするためには水はけ良く極端な乾燥のない日当たりの良い場所を選びます。今年伸びた枝に花芽がつき、翌年それが開花、結実します。4～5年たった幹枝は実つきが悪くなるので地際まで切り戻し、あらかじめ新しいひこばえを伸ばしておき更新します。込み合った枝は少し間引き、中まで日が差すようにして実つきを良くします。ナミハダニには発芽前から6月にかけて殺ダニ剤を、うどんこ病にはキノキサリン系殺菌剤を数回散布します。なお病害虫の予防と乾燥防止に根元をチップなどでマルチングしておきます。

多様な果実の色があるスグリ属

スノキ .... Vaccinium／ツツジ科

この属で最も知られている北アメリカ原産のブルーベリー（ヌマスノキ／V. corymbosum）には多くの園芸品種があり、道内で栽培可能な一群をハイブッシュ系ブルーベリーと呼んでいます。5～6月に釣り鐘状の白い花を咲かせ、8～9月に黒紫色の実をつけます。道内にもコケモモ、オオバスノキなどが自生し、そのひとつにナツハゼ（V. oldhamii）がありジャパニーズブルーベリーと呼ばれています。5～6月、枝先に長い花序をつくり、下向きに釣り鐘型の小さな花を列状に咲かせるという違いがあります。

道内での適性

ブルーベリー、ナツハゼのいずれも道央以南と道北南部、十勝での栽培が可能です。ブルーベリーは小果樹として、ナツハゼは自然な形を保ち庭園樹としても利用します。

管理上の注意

極端な乾燥を嫌い、水はけと保水性の良い肥沃な土を好むので、植え付けの際は深めに耕し、酸性土壌を好むのでピートモス、鹿沼土と堆肥、腐葉土を混和します。日当たりの良い場所を選ぶと、実つきが良くなるだけでなく、鮮やかな紅葉を楽しむことができます。その際、乾燥しすぎないよう根元にマルチングを施します。小果樹全般に当てはまることですが、植え付けて2～3年は花芽を摘み取り、強剪定は避けて、根の張りをよくすることが肝要です。それ以降は込みあっている枝を間引き、伸長枝は全体の3分の1ほど切り詰め、不要な吸枝は付け根から取り除きます。

ブルーベリーの果実

ブルーベリーの紅葉

ナツハゼの果実

タニウツギ （ウェイゲラ） ･････････････････････････････････ Weigela ／スイカズラ科

タニウツギ属は、日本に自生する種が多く、道内にもタニウツギ（W. hortensis、日本海側）や小型のウコンウツギ（W. middendorffiana、高山帯）などが自生しています。オオベニウツギ（W. florida）は本州に自生していますが、海外で品種改良されたものが導入され、道内でも多く植栽されています。

道内での適性

タニウツギやオオベニウツギの品種、交雑種は道内の幅広い地域で植栽されていますが、冬季中に枝枯れを起こすことが多く、北風の当たらない場所が適しています。樹高は2～3m程度とそれほど大きくならない品種が多く、地際近くから多数の枝を出して株立ち状に育つので、管理面からも使いやすい種類といえるでしょう。

管理上の注意

もともと山地に自生しており、半日陰でも育てることができますが、暗すぎると花付きが悪くなるので、半日程度は十分な光を当てることが望ましいです。また、湿り気のある土壌を好むので、過乾燥となる場所は避けるようにします。剪定は頻繁には必要としませんが、大きくなりすぎた場合は、地際近くから古い枝を切り取って若い枝に更新するとともに、樹高を下げるとよいでしょう。この枝更新の剪定は花後でも可能ですが、落葉時期の方が枝が見やすいです。また春先の開花前に枯れ枝を切除するようにしましょう。積雪の多い地域では、積雪前に枝をしばって枝折れ対策を行うとよいでしょう。

公園でもよく見るタニウツギ

株全体に花をつける、ふ入りのオオベニウツギ

赤や黄の花色の品種もある

テマリシモツケ ……………………………………… Physocarpus ／バラ科

テマリシモツケ属は世界に約 13 種が、北アメリカと東アジアにかけて分布しています。日本にこの属の自生種はありませんが、アメリカテマリシモツケ（P. opulifolius）の園芸品種で葉が黄色となるタイプが、古くよりキンバコデマリ、キンヨウコデマリなどの名で活け花用として流通していました。花のつき方が似ていますが、コデマリとは別の属となります。アメリカテマリシモツケの基本種は緑色の葉ですが、園芸品種「ルテウス」（Luteus）は、春の芽出しから晩秋にかけて鮮やかな黄色の葉を保ち、後にオリーブグリーン、褐色へと変化していきます。葉が開きかけた後に、手まり状の白い花をたくさんつけるので、花も葉もとても美しい樹木です。枝が立ち上がるように伸びていき、樹皮がはがれやすく裂けることから、ナインバークという英名があります。

道内での適性

アメリカテマリシモツケの仲間は、耐寒性に非常に優れ、刈り込みにも強く、好みの樹形に仕立てられます。適応性も抜群で、群植はもちろんアクセントをつけるデザインなどに、とても重宝します。葉が銅葉色となる園芸品種「ディアボロ」（Diabolo）も人気です。

春のルテウスの葉

管理上の注意

成長が非常に旺盛で、無剪定では 2m 以上にもなりますので、思い切った剪定で新しい枝を出させた方が整った形を維持できます。病害虫の発生は少ないようです。日陰ではやや色あせた葉色となります。

ルテウスの花

ルテウスの植栽例

銅葉色の品種ディアボロ

● 庭の環境、条件にあった植物選び

ドウダンツツジ　　　　　　　　　　　　　　Enkianthus／ツツジ科

ドウダンツツジ属は世界に約10種分布し、日本には北海道南部と本州以南に自生するサラサドウダン（E. campanulatus）や、高知県に自生するドウダンツツジ（E. perulatus）など4種があります。どの種も秋に美しく紅葉します。特にドウダンツツジは個体差のない見事な紅葉が目をひきます。開葉後にスズランに似た白い花をつけ、夏の葉色も建物などにマッチする鮮やかな緑色となります。枝の出方も繊細で、花木としては最高のランクに入ります。サラサドウダンは花に特徴があり、赤みを帯びた筋が縦に入ります。実生などで増殖すると花色に個体差が出やすく、特に花色の濃いものをベニサラサと呼びます。

道内での適性

耐寒性、適応性、耐雪性では、サラサドウダンの方が明らかに優れていますが、使いやすさ、観賞価値からいうと、ドウダンツツジは最も利用しやすい樹木といえます。剪定もしやすく、こまめに切り詰めると玉形にも四角にも形づくれます。

管理上の注意

ドウダンツツジは植え付ける際、日当たりの良い場所を選ぶと美しく紅葉します。通気性が悪いところでは生育が損なわれるので、植え穴を十分に掘り（根鉢より20cm以上広く、10～15cmは深く掘りたい）土壌改良を行います。元の土にはピートモス、火山灰を混ぜて酸度調整をした上に通気性を確保し、さらに腐葉土、元肥を混ぜて植え付けます。また刈り込んで形をつくる場合は小さいうちから行います。刈り込みを繰り返しながら、少しずつ大きくしていきます。花より形を重視するので、春先に出過ぎた部分で切り詰めておき、生育期に全体を刈り込みます。自然な形をつくり花を楽しむ場合は、花芽分化の前に込み合った枝を間引き、春先には徒長した枝を切り詰めます。ドウダンツツジ、サラサドウダンともに剪定にも大変強く、放任の場合でも樹形が整いやすいので扱いが容易な樹木です、サラサドウダンはやや樹高が出ますので、適期に切り詰めると、さらに美しく仕上がります。病害虫もほとんど発生しません。日陰では紅葉があせます。

ドウダンツツジの植栽例

ドウダンツツジの花

ドウダンツツジの紅葉

サラサドウダンの花

ニシキギ .... Euonymus ／ニシキギ科

主に北半球に広く分布する落葉または常緑低木です。日本にも 15 種ほどあり、そのうち道内分布する種は緑化樹、庭園樹として数多く使われています（表参照）。開花は 5 〜 7 月で、淡い黄緑または緑色の花は小さく目立ちませんが、秋の紅葉と実に特徴のあるものが多いです。

和　名	種　名	区　分	紅葉	果実	備　考
ニシキギ	E. alatas	落葉低木	◎	○	
コマユミ	E. alatas f. ciliatodentatus	落葉低木	◎	○	ニシキギの品種
マユミ	E. sieboldiana	落葉低木	○	◎	雌雄異株
ツリバナ	E. oxyphyllus	落葉低木	○	◎	他に 3 種あり
マサキ	E. japonica	常緑低木	−	△	園芸品種あり
ツルマサキ	E. fortunei v. radicans	常緑つる性	−	△	園芸品種あり

道内での適性

道内全域でよく育ち、ツルマサキは常緑性広葉樹として最も優れた耐寒性を持っています。しかしマサキとツルマサキの園芸品種は道南と温暖な多雪地域以外では枯死するか枯れ込みます。それぞれ単独で使うほか、ニシキギ、マサキは生け垣として、ツルマサキは他の木に登りますが塀の上に誘引してはわすこともできます。またツルマサキの園芸品種は群植してグラウンドカバーとして利用できます。

管理上の注意

おおむね半日陰でも育ちますが、実づきよく紅葉を楽しむためには日当たりの良い場所を選びます。ニシキギ、マユミ、ツリバナはオオボシオオスガの幼虫などの食害を受けることがあるので早期に殺虫剤を散布します。剪定は春先に込み合った枝を間引く、または全体を刈り込んで整形します。生け垣の場合は成長期（6 〜 7 月）に再度刈り込むと仕上がりが早くなります。

マユミの実

ヒロハツリバナの実

庭の環境、条件にあった植物選び

バイカウツギ　　Philadelphus ／アジサイ科

バイカウツギ属はアメリカやメキシコ、ヨーロッパ、アジアに30種程度が自生し、海外の庭園でもおなじみです。道内でも本州に自生するバイカウツギ（P. satsumi）のほか、コロナリウス（P. coronarius）やセイヨウバイカウツギ（P. grandiflorus）、さらには園芸品種が海外から導入され、植栽されています。樹高は種、品種による違いはあるものの2～3m程度と低く、比較的小さなスペースでも使うことができます。

道内での適性

ハーディネスゾーンは5程度とされていますが、道内の多くの地域で植栽されています。ただ特別に耐寒性が強いわけではないので、寒風の強く吹き付ける場所では枝枯れを起こすでしょう。

管理上の注意

タニウツギ属と同じように地際から多くの枝を出して株立ち状に成長します。これらの枝が老化すると枝や花のつきが悪くなるので、定期的に地際で切除して若い枝と更新するとよいでしょう。また花後に前年伸びた枝を切り戻すことによって樹高を調整することもできます。花芽は秋までにつくられるので、若い枝の切り戻しは花後に行います。冬の間に枯れた枝は春先に切除します。ある程度の耐陰性がありますが、日当たりの良い方が成長、開花ともに良い結果となります。枝はやや硬く、積雪によって折れることもあるので枝同士を冬前にしばるなどの対策が有効です。

フィラデルフス・コロナリウス

ペキネンシスの花

国内ではマイナーなフィラデルフス・ペキネンシス（P. pekinensis）

花の豪華な園芸品種

庭の環境、条件にあった植物選び

ハギ　　Lespedeza／マメ科

ハギ属は日本を含む東アジアと北アメリカに自生しています。北海道にもエゾヤマハギ（L. bicolor）が見られ、のり面などの緑化にも使われています。よく知られているのが、最も枝の垂れ下がるミヤギノハギ（L. thunbergii）です。その他、シラハギ（L. japonica）やニシキハギ（L. japonica v. japonica f. angustifolia）、マルバハギ（L. cyrtobotrya）などが知られています。冬芽の位置については、ミヤギノハギやシラハギ、ニシキハギは地上部が完全に枯死し、春になると地際から新しい芽を出してきます。従って宿根草に似た動きをします。一方、エゾヤマハギは地上部がある程度残り（寒さの厳しい地域では枯れることもある）、地際だけでなく前年の枝からも新しい芽を出します。

道内での適性
エゾヤマハギが最も寒さに強く、どの地域でも植栽することができます。道東や道北など雪が少なく寒さの厳しい地域で、ミヤギノハギなどが育たない場合は、エゾヤマハギが適しているといえます。

管理上の注意
剪定について、地上部が完全に枯死する種類は、秋または新芽が出る前の早春に地際近くから枝を切除します。枝の残る種類は、樹形が乱れがちになるので、前年枝を数十センチ残して剪定すると形がまとまります。古い枝を何年も残しておいても樹形が乱れる原因となるので、気になったら地際から切除して若い枝との更新をはかるとよいでしょう。

どの種類も非常に大きくなるので、十分な場所を確保して植えることをおすすめします。また、やせ地で少々乾燥する場所でも生育するので、他の樹木が育ちにくい場所で真価を発揮します。

地際から新しい枝を出させると樹形が安定する

おなじみのミヤギノハギ

● 庭の環境、条件にあった植物選び

ハグマノキ　　　　　　　　　　　　　　　　　　　　　　　Cotinus／ウルシ科

ハグマノキ属を代表する種であるスモークツリー（C. coggygria）は南ヨーロッパからヒマラヤ、中国に自生しており、ケムリノキや属名と同じハグマノキとも呼ばれます。樹高4～5mになる低木で、銅葉や黄葉のカラーリーフやわい性の品種もつくられています。けむりのように見えるのは花が終わって伸び出した花梗（茎と花をつないでいるもの）で、独特の存在感があります。

道内での適性

ハーディネスゾーンは4程度とされ、比較的耐寒性は強く、道内でもZ4地域の寒風吹きすさぶ場所にも植えられています。ただ、そのような場所では多少の枝枯れを起こすようですので、寒い地域で植栽する場合は注意したいところです。

銅葉の品種

管理上の注意

雌雄異株で雄株には花が咲きません。まれに雄株が販売されているので、購入時には開花する雌株であることを確認しましょう。特別に剪定をしなくても樹形は整いやすいですが、大きくなった場合は必要に応じて剪定を行います。剪定する場合、花芽は前年の夏ごろにつくられているので、花後すぐに行うのがよいですが、花梗（スモークの部分にあたる）は少なくなります。思い切って切り詰める場合は、晩秋～早春も可能ですが、花芽をかなり切ることになります。花後の姿を楽しむ種類なので、剪定時期には迷いやすいですが、小さくしたい場合はスモークの部分が減っても仕方がないと考えましょう。

花のアップ。花自体はとても地味

スモークツリーの樹形（株立ちの仕立て）

ブッドレヤ（ブッドレア、バドレヤ、フジウツギ）　　　　　Buddleja／ゴマノハグサ科

ブッドレヤ属はアメリカ大陸やアジアに約100種が自生していますが、中国原産のダヴィディー（B. davidii）の園芸品種を中心に販売されています。花色は紫を中心に、白、紅色などが知られています。花や葉には独特の香りがあって、チョウやガが集まることからバタフライブッシュとも呼ばれています。おおむね3m程度になる低木で、夏季に開花します。

道内での適性

ダヴィディーはハーディネスゾーンが5～6とされますが、もともとは温暖な気候を好む種類で、気温が高いと成長も早いです。従って道南などの地域や札幌近郊では成長しますが、寒さの厳しい地域では枝枯れを起こすと考えられ、夏の気温の低い地域では成長はゆっくりとなります。ただ春に枝を伸ばしてつぼみを作る当年枝咲きなので、コンパクトに仕立てることも可能です。

紫花のブッドレヤ

管理上の注意

日当たりの良い、どちらかと言えばやや乾き気味の場所を好みます。剪定(せんてい)は冬～春にかけて行いますが、枝枯れを考慮すると春の方がよいでしょう。若い枝を数節は残すようにして任意の位置まで切り戻します。樹高の調整は自由に行うことができ、大きくしたければある程度大きくしてから、コンパクトにしたい場合は大きくならないうちに毎年強剪定を行います。

白花のブッドレヤ

フヨウ　　　　　　　　　　　Hibiscus／アオイ科

フヨウ属の学名の英語読みハイビスカスと言えば、鉢植えにされる華やかな南国の花をイメージしますが、道南や道央ではなじみ深いムクゲ（H. stliacus）もこの属で、北海道で咲くフヨウ属を代表する植物です。ムクゲは中国が原産とされアジア各地に分布し、国内にも自生していることが知られています。真夏を彩る数少ない花木の一つです。樹高は4m程度までで開花期は比較的長く、古くから多くの品種が植栽されています。

ムクゲは当年枝開花なので剪定はしやすく、樹形も整えやすい

道内での適性

ムクゲはハーディネスゾーンは5とされ、道南や札幌近郊では多く植栽されていますが、寒さの厳しい地域や寒風の強い場所では枝枯れを起こすと思われます。ただ、ムクゲは春に伸び出した枝の先端部と上位節の葉腋(ようえき)（葉の付け根）に花芽を付ける当年枝咲きの性質があるので、少々枝が枯れても開花します。冬の気温がそれほど下がらない道東や道北の一部でも植栽され、開花しています。

庭の環境、条件にあった植物選び

管理上の注意 ある程度の耐陰性はありますが、日陰では花付きが悪く、樹形も乱れがちになるので、日当たりの良い場所への植え付けが望ましいです。土壌は養分が十分にあり、過乾燥にならない場所が適していますが、適応性は広いと言えます。剪定は、当年枝開花なので、晩秋～春にかけて（寒さの厳しい場所では春が望ましい）、若い枝を残すようにして行います。

ムクゲの花色は紫、白を中心に紅色などが知られている

ホザキナナカマド ……… Sorbaria／バラ科

属名と同じ名であるホザキナナカマド（S. sorbifolia v. stelliphia）は東アジア北部に分布している基本種に対し、北海道、本州北部に自生する変種として扱われています。葉が羽状複葉でナナカマドに似ていることからこの名がありますが、背丈は高くはならず3m程度。開花する花木が少なくなった7月、円錐花序に白い花を咲かせます。ナナカマドのように幹は直立せず、どちらかといえば分枝して株状に広がります。近縁種にチンシバイとも呼ばれる中国原産のニワナナカマド（S. kirilowii）があり、この両者はしばしば混同されることがあります。性質はほぼ同じですが、ホザキナナカマドに比べ雄しべが短く花弁ほどの長さ、小葉は無毛で数が15～21枚と多いのが特徴です。

ホザキナナカマドの樹形

道内での適性 耐寒性に優れ全道各地で育ち、本州などの暖地とは異なり紅葉が鮮やかです。公園や庭の背景木とするときは適度な剪定をして自然な形を保ち、鉢植えまたはコンパクトにまとめるときは幹枝の更新を含む剪定が必要になります。

ホザキナナカマドの花

庭の環境、条件にあった植物選び

管理上の注意 　一般的な花木が育つ土地であれば問題はありませんが、植え付ける際に堆肥、腐葉土を混ぜ、紅葉を楽しむ場合は日当たりの良い場所を選び、その後の肥料は控えめにすることが大切です。ひこばえは発生初期または落葉後に地際で取り除きます。背丈を低く株の広がりを抑えたい場合は落葉後に切り詰め、混み合っている枝を少し間引き剪定します。ただし枝先を刈り込むような方法は、翌年の花芽になるところを失うことになるので注意が必要です。病害虫の発生は極めて少ないです。

ボタン　　　　　　　　　　　　　　　　　　　　　*Paeonia*／ボタン科

ボタン属はシャクヤクをはじめとして草本性の種が中心となりますが、ここでは落葉低木のボタン（P. suffruticosa）について紹介します。ボタンは古来より国内で栽培されて江戸時代に大きく発展し、海外でも草本性の種との交雑により多くの園芸品種がつくられてきました。従って、正式には P. suffruticosa ではありませんが、木本性となる品種を総称してボタンと呼んでいます。

道内での適性 　ボタンは本州の花と思われがちですが、暑さを苦手とし耐寒性も強いので、道内の多くの地域で植栽可能です。

大きな花を咲かせるボタン

管理上の注意 　明るい半日陰でも栽培可能ですが、道内ではできるだけ日当たりの良い場所を選びます。また養分を必要とするので、堆肥を入れるなどの土壌改良が望ましいです。開花はおおむね6月ですが、花がら摘みは確実に行います。当年枝のわき芽（葉の付け根につく芽）に秋までに花芽が作られますが、あれほど大きな花を咲かせるので、一つの枝につき下位節の側芽2芽を残し、あとの上側の芽を切除する「芽かき」作業を行います。時期としては芽がある程度ふくらんだころ（6月中旬ごろだが地域によって異なる）に行うのが一般的です。下側の芽を残すのは、丈が高くなりすぎないようにするための方法で、古典園芸植物らしくボタン園ではそのような方法が行われています。庭植えでは厳密に行う必要はありませんが、枝数の増加によって枝それぞれが充実しなくなり、花つきに影響しますので、枝数を制限することは意識しましょう。冬については、枝折れや芽の枯死防止のために冬囲いを適宜行います。

マルメロ　　　　　　　　　　　　　　Cydonia／バラ科

中央アジア・イラン原産のマルメロ（C. oblonga）は1属1種で、高さ3mほどの落葉性中木です。道内では5月に白または桜色の花を咲かせ、10月中旬に洋ナシ型で長さ10cmほどの黄色い実をつけます。園芸品種には実がなりやすく幹が直立性の「スミルナ」がありますが、自家結実性が弱く、もう1本別な種類を植えておきます。付近にナシがあればそれでも構いません。マルメロと混同される中国原産のカリン（Chaenomeles sinensis）は5月に桜色ないし淡桃色の花を咲かせ、11月中旬に光沢があり黄熟した実をつけます。こちらは自家結実性に富み、一本で問題がなく結実し紅葉も美しい落葉性高木です。

道内での適性

マルメロ、カリンのどちらも冷涼な夏を好み、日当たりと水はけがよく、保水性のある土質が適しています。道央以南での栽培が可能ですが、風当たりの強い場所は避けてください。いずれも実は硬く生食できませんが芳香があり、シロップ漬け、ジャム、果実酒にするほか、部屋、玄関に置いて香りを楽しみます。

管理上の注意

花芽分化は7～8月なので、剪定は春先に行い、形を整えながら込み合った枝を透かします。それ以後は結果枝を切り返さず、徒長枝を3分の1ほど切り詰める程度にします。マルメロはカリンより根が浅いので、植え付けて3～4年は支柱をして倒れるのを防ぎます。成育期にはアブラムシ、カイガラムシ、黒星病などが発生することがあります。他の果樹に準じて防除して下さい。カリンは多量に実をつけないのでマルメロのように摘果しませんが、不良なものを取り除いた後に袋かけしておくとよいでしょう。

カリンの花

マルメロの実

カリンの実

ミヤマシキミ ･･･ Skimmia ／ミカン科

ミヤマシキミ属は東アジア、日本に分布する常緑低木。道内にはほふくして横に広がるツルシキミ（S. repens）があり、ミヤマシキミより小型で、その変種（S. japonica v. intermedia）ともいわれています。ミヤマシキミは高さが最大でも50cm前後。雌雄異株で5月に4弁の小さな花を円錐花序に咲かせ、実は秋に赤く熟しますが有毒です。

道内での適性　ツルシキミ、ミヤマシキミのいずれも耐寒性に優れていますが、土壌凍結する厳寒地では傷むことがあります。

管理上の注意　湿潤で肥沃な土地を好み、半日陰、樹下など終日直射日光の当らないところに植え付けます。特に剪定しなくても自然に形がまとまるので、徒長枝があれば切り戻す程度とします。まれにハダニが発生しますが、早春に石灰硫黄合剤を葉の裏側にもまんべんなく散布し、成育期であれば殺ダニ剤を数回散布します。カラスアゲハの幼虫の食害を受けることがあります。

ミヤマシキミの植栽例

ミヤマシキミの花

メギ ･･･ Berberis ／メギ科

メギ属は南アメリカ、東アジアなど幅広い地域に約500種も分布しています。しかし、よく見かけるのは本州に自生するメギ（B. thunbergii）で日本からヨーロッパに渡って品種改良され、葉色の異なる品種もつくられています。また、道内にはヒロハヘビノボラズ（B. amurensis v. japonica）が自生し、植栽されています。

道内での適性　メギの耐寒性は非常に強く、道内全域での植栽が可能です。性質は非常に強く、風に対する抵抗性も強いようです。とげが多く、萌芽力が強いので生け垣としての使い方が多いです。また、カラーリーフの材料として花壇に使われたり、コニファー類とともに植え込まれたりしています。

メギ'オーレア'（B. thunbergii cv. Aurea）

庭の環境、条件にあった植物選び

| 管理上の注意 | 日当たりを好み、カラーリーフの品種は日陰では本来の色が出にくくなります。

樹高はせいぜい2m程度までの品種が多く、わい性品種もあります、さらに刈り込みのしやすい種類なので、扱いやすい樹種といえます。しかし、とげは細長く刺さりやすいので、子どもが普段歩くような場所での使用には注意が必要です。刈り込みは冬季または夏季に行います。年数をへると地際からの枝が多くなって込み合うので、古い枝を切除して間引くとよいでしょう。

メギの植え込み

メギ'ゴールデン・リング'（B. thunbergii cv. Golden Ring)

ヤナギ　　Salix／ヤナギ科

ヤナギ属は主に北半球に350種ほど分布していますが、成長が早いものが多く、緑化、切り枝用を除き、庭園樹として利用される種類はごくわずかです。これに該当するものとして、イヌコリヤナギの園芸品種「ハクロニシキ（白露錦）」（S. integra cv. Hakuro-nishiki）とヨーロッパ原産で高接ぎされたしだれ性のカプレアヤナギ「キルマーノック」（S. caprea cv. Kilmarnock）、成長が遅く横に広がるラナタヤナギ（S. lanata）があります。

| 道内での適性 | いずれも道内全域で生育します。接ぎ木されたものは単独でスタンダード仕立てに、それ以外は背景木または下木として、また列植して生け垣にすることができます。

イヌコリヤナギ'ハクロニシキ'の植栽

ハクロニシキの若葉

| 管理上の注意 | 春に土をよくほぐし、堆肥、腐葉土を混ぜて日当たりの良い場所に植え付けます。当初は乾燥しないように水を与えておけば、それ以降の水やり、施肥は特に必要ありません。春から夏にかけて |

葉に白と肌色のふが入るハクロニシキは、その時期に枝を切り詰めると、以後伸びた枝には緑葉が出現するので、剪定は春早めに行います。夏は混みあった枝を地際で切り風通しを良くして、害虫の発生を軽減する程度とします。カイガラムシがまれに発生するので早めに防除します。接ぎ木されたものを除き、数年に一度、春に株全体を高さ20cmくらいのところまで刈り取る方法もあります。

ヤマブキ　　　　　　　　　　　　　　　　　　　　　　Kerria／バラ科

日本、中国に分布する高さ2m以下の低木です。1属1種（K. japonica）でいくつかの園芸品種があります。5～6月に直径3～4cmの黄色い花が咲き、花弁は5枚。葉は互生し、葉脈部分との凹凸が鮮明。園芸品種として花が八重咲きのヤエヤマブキ（K. japonica cv. Pleniflora）、白花のシロバナヤマブキ（K. japonica cv. Albescens）などがあります。別属のシロヤマブキ（Rhodotypos scandens）は、ヤマブキと似ているためその名がありますが、花弁が4枚で葉は対生するという違いがあり、西日本と朝鮮半島、中国の一部に分布しています。

| 道内での適性 | ヤマブキは道内全域で育ち、シロヤマブキは少雪、厳寒地では先枯れすることがありますが道央以 |

南、道北南部などで育ちます。いずれも半日陰に耐えることから、大きな木の周りでも植え付けることができ適応範囲の広い花木のひとつです。

ヤマブキ

| 管理上の注意 | 幹枝は古くなると花つきが悪くなります。3～5年で更新するため、地際から出た一部の新梢を順次残しておきます。株全体を |

単純に刈り込むと新梢が多発して込み合い、自然な姿が損なわれるのでこの方法は避けてください。花芽は8月ころ当年枝の葉の付け根に作られるので、それ以降は込みすぎた枝を間引く程度とし、株の上部で枝分かれし伸びすぎた枝はその付け根で剪定します。株から離れたところから出るひこばえは放置せず取り除きますが、落葉期にスコップで根を切り、株分けすることができます。

ヤエヤマブキ 　　　　　　　　シロヤマブキ

レンギョウ ……………………………… Forsythia／モクセイ科

レンギョウ属は世界に8種あり、日本、中国、朝鮮半島などに分布します。日本にはヤマトレンギョウ（F. japonica）などが自生しますが、栽培はされていません。一般にレンギョウとして植栽されているものは、中国原産のレンギョウ（F. suspensa）と、朝鮮半島原産のシナレンギョウ（F. viridissima）、チョウセンレンギョウ（F. viridissima v. koreana）などを含めているようです。ウツギのように、枝の節の部分以外が中空となる特徴があります。早春に葉が出るよりも早く、鮮やかな黄色の花が枝を埋め尽くす、高さ2mを超える低木です。樹形は基本的には株立ち状となり、枝が直立するものや、横に広がるもの、下垂するタイプがあります。4月下旬から5月下旬までと花期も長いので、観賞価値の高い樹木です。

道内での適性

耐寒性、適応性は抜群で、どんな環境でも生育できます。生命力も旺盛で、枝が地面に触れたところでは根が出てきます。また萌芽力も強く、スタンダード、生け垣など、思い通りの樹形に作り上げられる樹木です。園芸品種も多数あり、アイノコレンギョウ（F. × intermedia）から作出されたものが入手できます。

スタンダード仕立てのレンギョウ

管理上の注意

特に成長の良い樹木で、やや枝が暴れ気味になるので、定期的な剪定が必要です。基本的にはどこを切っても枝が出てきますが、夏場を過ぎて刈り込むと花芽も切られますので注意が必要です。病害虫はあまり発生しませんが、庭木などでは念のため防除を心がけましょう。

レンギョウの花

レンギョウの植栽例

つるもの

クレマチス（センニンソウ）　　Clematis／キンポウゲ科

クレマチス属は約250種が知られ、世界の至る所に自生しています。園芸品種も非常に多く、多くの庭園や家庭で使われています。道内にも自生の種があり、ミヤマハンショウヅル（C. ochotensis）やクロバナハンショウヅル（C. fusca）は山野草として、センニンソウ（C. terniflora）は庭植えされています。系統の説明や管理方法についてはⅣ章の「クレマチスの管理」をご覧ください。

マージョリー（Marjorie、モンタナ系）

道内での適性

次ページの表に各系統のハーディネスゾーン、開花期の目安を記載しました。人気のクレマチスは道内の幅広い地域で植栽されており、品種によって多少の差はありますが、おおむねどの系統も耐寒性が強いです。ただ前年枝咲きのパテンス系やモンタナ系などでは寒風が吹き抜ける場所では枝枯れを起こし、花つきが悪くなる場合もあるので注意が必要です。壁面にはわせる場合は、ある程度風の影響も和らぐようですが、ネットやオベリスクにからませた場合には枝枯れを起こしやすくなるようなので、防風ネットなどによる対策も選択肢の一つです。逆に当年枝咲きのウィチケラ系やテクセンシス系は宿根草のような扱いができるので、前年枝咲きで苦戦しているときは有力な選択肢となり得ます。もちろん花の形や色、開花期は大切ですが、クレマチスの場合は系統に対する意識を持ちたいものです。

花後のわたげ（タングチカ系）

ブロートン・スター（Broughton Star、モンタナ系）

アルバ・ラグジュリアンス（Alba Luxurians、ウィチケラ系）

ソダーテイヤ（Södertälje、ウィチケラ系）

庭の環境、条件にあった植物選び

101

系統名	ハーディネスゾーン	開花期
パテンス系	5	初夏（早咲き、返り咲きする）
ウィチケラ（ビチセラ）系	4～5	夏（返り咲きする）
テクセンシス系	4～5	夏（返り咲きする）
モンタナ系	5	初夏（早咲き、一季咲き）
ジャックマニー系	4～5	夏（返り咲きする）
インテグリフォリア系	4	夏（返り咲きする）
アトラゲネ系	2～3	初夏（早咲き、基本的に一季咲き）
ヘラクレイフォリア系	4～5	夏（一季咲き）
フラミュラ系	4～5	晩夏（一季咲き）
オリエンタリス系 タングチカ系	4～5	夏（基本的に一季咲き）

セミュ（Semu、ジャックマニー系）

ミセス・ロバート・ブライドン（Mrs. Robert Brydon、ヘラクレイフォリア系）

センニンソウ（フラミュラ系）

庭の環境、条件にあった植物選び

アケビ　　　　　　　　　　　　　　　　　　Akebia／アケビ科

アケビ属は4種が中国や朝鮮半島、日本に自生しており、これらのうちミツバアケビ（A. trifoliata）が道南地方にも自生しています。つるは古来より編み物の材料として使われているほか、リースの材料としても利用できます。

ミツバアケビの果実

ミツバアケビの花

道内での適性

道内では、ミツバアケビが植栽されています。葉が三つの小葉で構成されていること、花の色がチョコレート色であることから判断できます。耐寒性はZ5から6とされ、寒さの厳しくない地域では問題なく植栽できます。あまり多く植栽されてはいないので、お住まいの地域の最低気温をもとに判断するとよいでしょう。

管理上の注意

棚仕立てや生け垣仕立てなどにされます。つるは旺盛に成長するので、大きくなった場合は定期的に剪定（せんてい）してもよいでしょう。剪定する場合は、以下の方法が使えます。

・冬に弱い枝や込み合った枝を切除する（不要な枝の切除）
・冬に充実した若い枝の基部から5～6芽以上を残して切除する

アケビは雌雄同株（しゆうどうしゅ）で、一つの株で雄花と雌花が咲くのですが、自家受粉しにくいので2株を同時に植えると実つきが良くなります。

屋上まで伸びるミツバアケビ

庭の環境、条件にあった植物選び

ソバカズラ　Fallopia／タデ科

ソバカズラ属のうち、ここではナツユキカズラ（F. aubertii）を紹介します。もともとはミチヤナギ属（Polygonum）でしたが、現在は変更されています。ナツユキカズラは中国やチベットに自生しており、晩夏〜初秋にかけて一面に真っ白な花を咲かせます。

旺盛に育つナツユキカズラ

庭の環境、条件にあった植物選び

道内での適性

ハーディネスゾーンは4とされ、耐寒性は強い種類です。道内の寒さの厳しい地域でも植栽されています。また春に枝を伸ばしてからつぼみをつくる当年枝咲きなので、少々の枝枯れを起こしても十分開花するとともに、刈り込んで丈を調整することも可能です。真っ白な花と数少ない遅咲きのつる植物であることから人気があり、開花した姿は遠目からでも一目で分かります。

ナツユキカズラの花

管理上の注意

日当たりの良い場所と湿り気のある土壌を好み、過乾燥の場所は避けるようにします。壁面にはわせたり、パーゴラにからませたりしますが、年数をへると10mにもなり、株元には枝が少なくなるので、はわせたい範囲を考慮して剪定を行ってもよいでしょう。時期としては冬〜春の萌芽前に行うようにし、任意の位置で切り詰めます。ただし若い枝から芽が出ますので、適度に残すように意識しましょう。

ノウゼンカズラ……………………………………… Campsis／ノウゼンカズラ科

ノウゼンカズラ属は中国原産のノウゼンカズラ（C. grandiflora）とアメリカノウゼンカズラ（C. radicans）の2種が知られています。真夏の花の少ない時期に咲き、開花期も比較的長いのが特徴です。道内では、より耐寒性の強いアメリカノウゼンカズラと両者の交雑種（C. × tagliabuana）が主に植栽されています。

道内での適性

札幌近郊では比較的見かけますが、ハーディネスゾーンは5～6とされており、特別耐寒性が強いとはいえません。札幌でも場所によっては枝枯れを起こすことがあります。成長は旺盛で、つるの長さは10mにもなります。その年に伸ばした枝につぼみを作る当年枝咲きなので、剪定によってコンパクトな姿とすることも可能です。

管理上の注意

性質は強く、日当たりと水はけさえ良ければ旺盛に成長します。ナツヅタのように、つるから気根を出すことによって自力で壁をよじ登ることができますが、跡がつくので注意が必要です。あまりつるを伸ばしたくない場合は、春先に若い枝を数節は残すようにして切り戻すとよいでしょう。

壁面に自由に伸び花を咲かせるアメリカノウゼンカズラ

毎年剪定することによってアメリカノウゼンカズラをコンパクトに開花させている

アメリカノウゼンカズラはつぼみも多く、順次開花するので開花期は長い

庭の環境、条件にあった植物選び

105

フジ　　　　　　　　　　　　　　　　　　　　　　Wisteria／マメ科

フジ属は北アメリカ、東アジアに自生していますが、多く見かけるのはフジ（W. floribunda）で、ノダフジとも呼ばれます。棚仕立てされるのが一般的で、公共の公園などではおなじみの種類です。海外では壁面にはわせたり、コンパクトに仕立てられたりもします。フジは大変古くから栽培されており、本州には有名な巨木もあります。

道内での適性
耐寒性は強く、道内の大半の地域で植栽されています。旺盛につるを伸ばすので、広いスペースを確保する必要があり根も大きく広がります。十分なスペースがあるにせよ、コンパクトに仕立てるにせよ、剪定作業は必須となります。

最も一般的なフジ

管理上の注意
もともとは山林に自生しますが、日の当たる場所までよじ登るように日光を好みます。従って植え付け場所は日陰でも問題ありませんが、最終的に日当たりの良い場所へ誘引します。剪定方法については「樹木の管理」に記載されていますが、花芽は新しく伸びたつるの基部近くに秋にはつくられています。従って、基部さえ残しておけば強く切り戻すことができ、その作業によって繁茂しすぎないように制御していきます。まれに花がほとんど咲かない場合があります。フジは接ぎ木（棚仕立て用は2mくらいの位置で高接ぎされる）によって繁殖されており、接ぎ穂（台木に接いだ方の枝）部分が何らかの原因でなくなると花がなかなか咲かなくなります。

岩にはって咲くピンクのフジ

ロニケラ（スイカズラ） ……………………………………… Lonicera／スイカズラ科

ロニケラ属は、北半球に 180 種程度が自生し、低木やつる状となる種が知られています。道内にはヒョウタンボク＝キンギンボク（L. morrowii）やハスカップ＝クロミノウグイスカグラ（L. caerulea v. emphyllocalyx）など、多くの低木が自生し、庭木として使われていますが、ここではつる性の種、品種について紹介します。ハニーサックルはロニケラ属の総称ですが、一般にはツキヌキニンドウ（L. sempervirens）やニオイニンドウ（L. periclymenum）、それらからの交雑種からつくられた品種を含むつる性種の総称として使われることが多いです。寒冷地の植物とは思えない鮮やかな花色が特徴です。

道内での適性　ハーディネスゾーンは 4 から 5 とされ、多くの地域で植栽が可能で、道北の内陸部でも植栽されているのですが、寒さの厳しい地域や北風の強く吹く場所では、冬季中に枝枯れを起こすこともあるようです。従って枝枯れを起こす場合は、低く仕立てて防寒対策を行ったり、雪に隠れるようにすることも考えます。幸い、春に新しく枝を伸ばしてからつぼみをつくるので剪定しやすく、枝枯れしてもきちんと花が咲いてくれます。

管理上の注意　新しく枝を伸ばしてからつぼみをつくるので、大きさを自由に制御することができます。晩秋から早春の発芽するころまでに若い枝を任意の長さで切り戻すとよいです。ただし寒さの厳しい地域では、枝枯れの危険を避けるため、春に行った方がよいでしょう。

玄関前で咲くロニケラ

鮮やかな花色が目を引く

庭での宿根草の利用

1 宿根草を選ぶ

　庭で使われる種類の最も多い植物が宿根草です。宿根草は、海外、特にヨーロッパで育種され、その後日本へ導入されたものがほとんどで、北海道の環境に適しているものが多いです。北海道はヨーロッパと比べ、多くの地域で生育期間中の日照量が多いという有利な点もありますが、冬の気候が厳しく、生育期間中においては、降水量が多く、特に内陸部では夏季の気温が高くなるという特徴もあります。

　宿根草を選ぶ際には、越冬するだけの耐寒性があるかの判断が最も重要です。また、ヨーロッパでは、ドライガーデンと呼ぶ乾燥地の植物によって構成される庭があるように、多雨、過湿を苦手とする宿根草も多くあります。それらは、土壌条件によっては、時に根腐れを起こして枯死することもあります。

　また、種類によって、あまり広がらなかったり、地下茎を伸ばして旺盛に広がったりと株の肥大速度には大きな差が見られます。種類の選択によっては、庭のバランスが崩れやすく、植え替えなどの手間が増えることにもなりますので、庭仕事をできる頻度によっては、植物構成を考慮する必要があるでしょう。

　もちろん、デザインする点では、一季咲きの種類が多いことから、花色や草丈の他に開花期も意識します。

　宿根草は私たちが手にする植物の中では最も属（ノコギリソウ属など）の数が多く、性質は千差万別です。種、品種までの特徴を理解することは大変ですが、属のおおまかな性質を知っておくだけでも今後の植栽に役立つと思います。

● 庭の環境、条件にあった植物選び

2 さまざまな宿根草

属名……学名／科名

アストランティア ·················· Astrantia ／セリ科

女性に人気がある種類です。やや湿り気のある土壌を好み、乾燥は苦手です。明るい半日陰でも順調に育ちます。こぼれ種で増えるところはありますが、広がりすぎず、扱いやすい種類です。

▲アストランティア・マイヨル（Astrantia major）

▲アストランティア・マイヨル'ローマ'（Astrantia major cv. Roma）

代表種 マイヨル（major）／50〜80cm／夏／白、ピンクなど／日当たり〜半日陰／Z4

エキナケア（エキナセア） ·················· Echinacea ／キク科

やや遅咲きのプルプレアでは、わい性〜高性まで、色もグリーンやパステル調などさまざまなものが見られます。その他、細く風にそよぐような花弁を持つパリダ（pallida）や印象的な黄色のパラドクサ（paradoxa）などもあります。暴れず、性質も強いので、気軽に使うことができます。また、種子のできる子房がとても目立ち、秋になって茶色くなった姿も風情があるので、秋を彩る材料としても人気があります。

▲エキナケア・プルプレア'ホワイトスワン'（Echinacea purpurea cv. White Swan）

代表種 プルプレア（purpurea）／50〜100cm／夏／赤紫、白など／日当たり／Z3

代表種凡例 種名（学名）／草丈（目安）／開花期／花色／日照／耐寒性（ハーディネスゾーン）

● 庭の環境、条件にあった植物選び

カムパヌラ　　　　　　　　　　　　Campanula ／キキョウ科

わい性で横に広がるカルパチカ（carpatica）や中くらいのホタルブクロ（punctata）、高性のラクティフロラ（lactiflora）など種はさまざまで園芸品種も多いことから、どのような庭でもいずれかの種類は使うことができるでしょう。モモバキキョウやラクティフロラは広がりにくく、安定感がありますが、ラプンクロイデス（rapuncloides）のように地下茎を伸ばす種類は、広がりやすく、こぼれ種によっても自然繁殖しますので、注意が必要です。わい性種ほど、水はけの良さを求めます。道内にもイワギキョウなどが自生しますが高山性種は難しいです。

▲モモバキキョウ'アルバ'（Campanula persicifolia cv.Alba）

代表種｜モモバキキョウ（persicifolia）／60〜100cm／夏／青紫、白など／日当たり／Z3

ゲラニウム（フウロソウ）　　　　　　Geranium ／フウロソウ科

大変多くの種、品種が海外から導入されています。大型種は性質が強く、草姿もまとまるので使いやすいです。太い根茎を持つわい性種は、やや乾燥地タイプで大型種より水はけの良い場所を好みます。マクロリズム（macrorrhizum）は根茎を持ちグラウンドカバーとしても使われますが、明るい半日陰で旺盛に成長します。すべての種が涼しい気候を好むので、北国ならではの植物といえ、その使いやすさからも初めての方にもおすすめできます。道内にもチシマフウロやエゾフウロなどが自生し、販売されているので、庭にも使うことができます。

▲ゲラニウム・プラテンセ'スプリッシュ・スプラッシュ'（Geranium pratense cv. Splish Splash）

代表種｜プラテンセ（pratense）／40〜50cm／初夏／青紫など／日当たり〜半日陰／Z5

庭の環境、条件にあった植物選び

サルビア ……………………………………………… Salvia ／シソ科

種、品種ともに豊富で、スペルバ（× superba）、プラテンシス（pratensis）のような早咲きで比較的小型の種から100cm前後になる存在感ある大型種まで用途に合わせて幅広く選ぶことになります。よく見かける種類は性質が強いものがほとんどなので、使いやすいといえるでしょう。

▲サルビア・ネモロサ'カラドンナ'（Salvia nemorosa cv. Caladonna）

▲サルビア・プラテンシス'スワンレイク'（Salvia pratensis cv. Swan Lake）

代表種 **ネモロサ**（nemorosa）／40〜60cm／初夏〜夏／紫、ピンク、白など／日当たり／Z4

スカビオサ ……………………………………………… Scabiosa ／スイカズラ科

最も見かけるカウカシカは、品種も多く性質も強いので使いやすい種類となります。他に小型のコルムバリア（columbaria）や黄花でやや高性となるオクロレウカ（ochroleuca）が知られます。葉の表面に毛の生える種類は、条件が悪ければうどんこ病にかかりやすいようです。

▲スカビオサ・カウカシカ（Scabiosa caucasica）

▲スカビオサ・コルムバリア・ナナ（Scabiosa columbaria f. nana）

代表種 **カウカシカ＝コーカシカ**（caucasica）／50〜60cm／夏／青、紫、白など／日当たり／Z4

● 庭の環境、条件にあった植物選び

セドゥム　　　　　　　　　　　　　　　　Sedum／ベンケイソウ科

夏の終わりに咲く花として重宝され、道内にも自生するムラサキベンケイソウの血が入った高性の園芸品種も庭に植えられています。これらは性質は強く、土壌適応性も広いので使いやすいです。ただ、多肉質の葉を持ちながらも長期間の乾燥はあまり得意ではなく、ケムシによる食害が時に見られます。一方、小型の種類は屋上緑化にも使われるほど乾燥に強い種類があるように、過湿が非常に苦手です。山野草として扱われるヒダカミセバヤなどは保水性がありながらも十分な水はけを必要とします。

▲オオベンケイソウ'ブリリアント'（Sedum spectabile cv.Brilliant）

代表種　オオベンケイソウ（spectabile）／30〜70cm／夏〜秋／赤、ピンク、白など／日当たり／Z4

トロリウス　　　　　　　　　　　　　　　Trollius／キンポウゲ科

やや湿った場所を好み、乾燥は苦手としています。条件に合った場所だと大きくなりますが、合わなければ衰えてしまうので、土壌条件は大切です。北海道に自生しているチシマノキンバイソウやボタンキンバイも庭植えできます。より涼しい地域で生育は安定するように思います。

◀トロリウス・エウロパエウス（Trollius europaeus）

▲トロリウス・クルトルム'チェダー'（Trollius × cultorum cv. Cheddar）

代表種　クルトルム（×cultorum）／50〜90cm／初夏〜夏／黄、オレンジ／日当たり／Z5

庭の環境、条件にあった植物選び

ヒューケラ（ホイヘラ、ツボサンゴ） Heuchera ／ユキノシタ科

さまざまな葉の色をした品種がつくられており、寄せ植えでもおなじみです。黄葉や銅葉など葉色の変化の著しいものの多くは、半日陰が適していますが、緑葉系は特に夏季も冷涼な地域では、直射日光にも耐えるものもあります。乾燥は苦手で、常に水分のある場所を好みます。

◀ヒューケラ・ウィロサ・マクロリザ（Heuchera villosa v. macrorrhiza）

▲ヒューケラ・ミクランタ'オブシディアン'（Heuchera micrantha cv. Obsidian）

代表種 ミクランタ（micrantha）／40～50cm／初夏／赤／日当たり～半日陰／Z3

庭の環境、条件にあった植物選び

ヘレボルス Helleborus ／キンポウゲ科

一般に「クリスマスローズ」の呼称でも知られ、オリエンタリス系を中心とする交配種を多く見かけます。この系の品種は少々日当たりが良くても、土壌が乾燥せず、周囲が草花などで守られていれば問題なく生育することが多いです。逆に日陰が強いと花付きがよくないので、本州の日照条件とは違うといえます。一方、ニゲルについては、やや半日陰が適しています。土質の適応性は広いので、道内では育てやすいといえるでしょう。植え替えをする場合は、開花後すぐに行うのが最も手堅いでしょう。

▲ヘレボルス・ニゲル（Helleborus niger）

代表種 ニゲル（niger）／30cm／春／白／半日陰／Z3

庭の環境、条件にあった植物選び

モナルダ　　Monarda ／シソ科

種間交雑による品種がつくられており、紫、ピンク、白花などが知られています。地下茎を伸ばして横へ広がっていき、大きな株となるので、定期的な植え替えなどの管理が必要となります。水はけの良い土壌を好みますが、条件が悪い場合だと、いや地現象が起き、最初に植えた場所から衰退します。基本的には極めて強健な種類です。

▲モナルダ 'ガーデンビュー・スカーレット'（Monarda cv. Gardenview Scarlet）

▲モナルダ・ディディマ 'シュネーヴィットヒェン'（Monarda didyma cv.Schneewittchen）

代表種 ディディマ＝タイマツバナ（didyma）／70～100cm／夏／赤など／日当たり／Z4

ユーフォルビア　　Euphorbia ／トウダイグサ科

グリフィティ（griffithii）やアミグダロイデス（amygdaloides）など耐寒性種のいくつかが植栽されます。水はけの良い場所が大切な条件で、乾燥気味の場所が安定します。小型のキパリシアス（cyparissias）やミルシニテス（myrsinites）は地下茎やこぼれ種で広がるので管理が必要です。早咲きの種が多いのも特徴です。

▲ユーフォルビア・ポリクロマ（Euphorbia polychroma）

代表種 ポリクロマ（polychroma）／30～40cm／春～初夏／黄／日当たり／Z5

アガスタケ　　　　　　　　　　　　　Agastache ／シソ科

紫や白の穂が印象的なフォエニクルム（foeniculum）の他、秋らしい色合いのルペストリス（rupestris）やメキシカナ（mexicana）の品種も多く使われます。フォエニクルムは、こぼれ種で増えるので注意が必要です。秋咲き種は、やや耐寒性に劣るので防寒対策が必要な場合もあります。道内にも自生するカワミドリ（rugosa）もアガスタケの仲間です。

代表種 アウランティアカ（aurantiaca）／50～60cm／夏～秋／オレンジ／日当たり／Z5

▲アガスタケ・フォエニクルム'ゴールデンジュビリー'（Agastache foeniculum cv. Golden Jubilee）

アガパンツス　　　　　　　　　　　Agapanthus ／ムラサキクンシラン科

盛夏に涼しげな花を咲かせ、多くの庭で使われています。50cmに満たない小型品種も知られています。もともとは南アフリカに原産しており、本州より生育は遅く、寒さの厳しい地域、特に積雪の遅い地域では越冬しない場合が多くなります。従って、植え場所は雪解け水がたまらない場所とし、晩秋にはマルチング等の防寒対策を施し、特に寒さの厳しい地域での植え替えは秋ではなく春に行うなどの対策も必要です。

代表種 プラエコクス・オリエンタリス（praecox ssp. orientalis）／80～100cm／夏／紫、白など／日当たり／Z6

▲アガパンツス'ロッテルダム'（Agapanthus cv. Rotterdam）

アカンツス　　　　　　　　　　　　　Acanthus ／キツネノマゴ科

ギリシャ建築の模様にも使われたアザミのような切れ込みの入った大きな葉から長い花茎を出す存在感のある種類です。最も知られるモリスの他、スピノスス（spinosus）というより切れ込みの深い種も見かけます。根を深く伸ばすので、滞水するところを嫌います。どちらかといえばやや乾燥地向けの種類となります。条件が良ければ長期間植え替えしなくても健全に育ちます。

代表種 モリス（mollis）／100cm／夏／白に淡ピンク色／日当たり／Z6

▲アカンツス・スピノスス（Acanthus spinosus）

庭の環境、条件にあった植物選び

115

アキレア　　　　　　　　　　　　　　　　　　　Achillea／キク科

多くの園芸品種があります。シルバーリーフも魅力の一つです。野生化しているものもあるくらい性質は強く、やせた土地でも旺盛に育ちます。草丈が20cmくらいと小型のアルゲンテア（argentea）やトメントスム（tomentosum）はややデリケートです。アキレアは何年もたつといや地を起こす傾向が強いので、花つきが少し悪くなったら植え替えた方がよいでしょう。株分けも容易です。

代表種　セイヨウノコギリソウ（mllefolium）／70cm／夏／ピンク、赤など／日当たり／Z4

▲アキレア'ムーンシャイン'（Achillea cv. Moon Shine）

アジュガ（アユガ）　　　　　　　　　　　　　　Ajuga／シソ科

グラウンドカバーとして使われています。レプタンスは最も知られており、横に枝を伸ばして大きく広がっていきます。乾燥は苦手で、湿り気のある土壌を好み、特にふ入り品種では半日陰地が適する傾向にあります。しかし、一日中日の当たる場所は好みませんが、比較的光にも耐えます。葉の色の異なる品種がつくられています。

代表種　レプタンス（reptans）／10〜15cm／初夏／青紫／日当たり〜半日陰／Z5

▲アジュガ・レプタンス（Ajuga reptans）

アスクレピアス　　　　　　　　　　　　　　　Asclepias／キョウチクトウ科

種子にははっきりと分かる綿毛がついており、トウワタ（唐綿）属の属名がついています。最も古くから栽培されている種がツベロサ（tuberosa）で、鮮やかなオレンジ色の花が咲きます。インカルナタの品種も見ることができます。横に広がりすぎない点では扱いやすいですが、インカルナタは、こぼれ種で繁殖するようです。

代表種　インカルナタ（incarnata）／120cm／夏／紅、白など／日当たり／Z3

▲アスクレピアス・インカルナタ'ホワイトサペリアー'（Asclepias incarnata cv. White Superior）

庭の環境、条件にあった植物選び

アスター（アステル） Aster
／キク科

秋に開花する宿根草の代表格で、多くの園芸品種がつくられています。一部の種類は野生化しており、代表種のユウゼンギクなども問題となっているので、自然の豊富な場所での植栽には気を使います。非常に広がりやすく、他種の株にも入り込むので、株分けなどによって常に管理していくことが大切です。強健で、幅広い土質に適応します。道内にもエゾノコンギクなどが自生しています。

▲アスター・ドゥモスス 'レディ・イン・ブルー'（Aster dumosus cv. Lady in Blue）

代表種 ユウゼンギク（novi-belgii）／100cm／秋／紫、紅、桃、白など／日当たり〜半日陰／Z2

アスチルベ Astilbe
／ユキノシタ科

さまざまな種を使って交配された品種があり、草丈も30cmに満たないわい性種から背丈以上になるものまであります。耐寒性が強く、シェードガーデン（日陰の庭）の材料としてもおなじみです。時々大きな株を見かけるように、長期間同じ場所で育ち続けるので、根付きさえすればメンテナンスが少なくて済む材料です。根は直根性で湿り気のある深い土を好みます。道内や本州にも多くの種類が自生しています。

▲ヒトツバショウマ 'スプライト'（Astilbe simplicifolia cv. Sprite）

代表種 アレンドシィ（× arendsii）／80cm／夏／紅、白、桃など／半日陰／Z4

アティリウム Athyrium
／メシダ科

シダの仲間でカラーリーフプランツとして半日陰〜日陰の湿った場所に植えられます。最も見かけるニシキシダは日本各地に自生する野生のシダで、白に暗赤色のふが入ります。海外では他の種でも園芸品種がつくられており、国内でも販売されています。

▲ニシキシダ

代表種 ニシキシダ（niponicum f. metallicum）／30〜40cm／－／－／半日陰〜日陰／Z4

庭の環境、条件にあった植物選び

アネモネ　Anemone
／キンポウゲ科

秋の定番として見かけるシュウメイギクの他、純白のシルウェストリスや黄色のムルチフィダ（multifida）などが知られています。シュウメイギクはとても頑丈ですが、他の種は厳しい環境では育たないこともあり、重い土や水はけの悪い場所を苦手とするので、腐植が十分に混ざった土壌の木陰や午前中のみ光の当たるような場所で生育が安定します。なお、シュウメイギクとして売られているものは、厳密には交雑種となります。

代表種 シルウェストリス（sylvestris）／30cm／初夏／白／日当たり～半日陰／Z4

▲アネモネ・ウィルギニアナ（Anemone virginiana）

アラビス　Arabis
／アブラナ科

ほとんどの種は草丈が高くならず、横に広がり、グラウンドカバーとして使われています。ふ入り品種で知られるフェルディナンディーコブルギ（ferdinandi-coburgi）も見かける種類です。乾燥すると広がりが良くありませんが、滞水すると枯れ込むので、注意したいところです。道内にも自生する種類があります。

代表種 カウカシカ（コーカシカ）（caucasica）／20cm／晩春／ピンク、白など／日当たり／Z4

▲アラビス・カウカシカ'ロセア'（Arabis caucasica cv. Rosea）

アルケミラ　Alchemilla
／バラ科

明るい薄緑の葉が印象的で、グラウンドカバーや花壇の縁取りに多用されています。性質は強くて、特に土壌に湿り気があると旺盛に広がっていき、葉もより美しい色となります。乾燥した場所では、葉が傷みがちとなることもあるのですが、やや半日陰気味で生育が良くなります。小型の種も知られています。道内にはモリスによく似たハゴロモグサが自生しており、モリス種に負けないくらいの観賞価値があります。

代表種 モリス（mollis）／40～60cm／初夏／黄／日当たり～半日陰／Z4

▲アルケミラ・モリス（Alchemilla mollis）

庭の環境、条件にあった植物選び

アルテミシア（ヨモギ）・・・・・・・・・・・・・・・・・・・・・Artemisia
／キク科

約250種あるとされる大きな属で、シルバーリーフが美しいため葉を観賞対象として植栽されています。過湿は苦手で、地面をはう種類では長雨が続くと葉が傷んでしまうこともあるため、風通しを良くするとともに、他の植物に覆い隠されないように注意します。北海道に自生するアサギリソウは、庭でも多く植えられ、その他、シロヨモギやエゾハハコヨモギなどの自生種も利用価値があります。

▲アサギリソウ（Artemisia schmidtiana）

代表種 アサギリソウ（schmidtiana）／30cm／夏／黄／日当たり／Z4

アルメリア（ハマカンザシ）・・・・・・・・・・・・・・・・・・・・・Armeria／イソマツ科

マリティマは、育てやすく市場に流通もしていて、多く見かけます。また、寒さに強く、潮風にも強いので海岸地でも植栽され、宗谷岬に咲く花としておなじみです。もう少し丈の高い別種も見かけますが、初心者でも安心して植えることができます。ただ、光を好みますので、他の植物の陰とならないように植える位置に気を付けたいです。

▲アルメリア・マリティマ（Armeria maritima）

代表種 マリティマ（maritima）／20cm／初夏〜夏／ピンク、白など／日当たり／Z3

アレナリア・・・・・・・・・・・・・・・・・・・・・Arenaria
／ナデシコ科

グラウンドカバーとして使われています。モンタナは多くの苗が作られていますが、重い土を大変苦手としています。大きく育てるには土壌が軽くて、水はけが良いことが必要になります。また、酸性の強い土壌も苦手としています。雪蒸れによって、部分的に枯れることもありますが、適切な植栽場所ならば、短期間で回復します。他の種については、道内自生種も含め高山植物として扱われるものがほとんどで、特殊な管理となります。

▲アレナリア・モンタナ（Arenaria montana）

代表種 モンタナ（montana）／10cm／初夏／白／日当たり／Z4

庭の環境、条件にあった植物選び

アンクサ　　Anchusa
/ムラサキ科

雨には強くなく、どちらかというと乾燥地を好みます。もともと短命の宿根草で何年も開花し続けはしません。こぼれ種でも増えるので、少し弱ったと思えば更新するくらいでよいでしょう。ただし、いや地を起こしやすいようなので、同じ場所に繰り返し植栽することは避けた方がよいでしょう。根は直根性で移植を好まないので、移動の際は深く掘りとるようにします。

▲アンクサ・アズレア（Anchusa azurea）

代表種 アズレア（azurea）／100cm／初夏〜夏／青紫／日当たり／Z4

アンテミス　　Anthemis
/キク科

どちらかと言えば乾燥地に強い植物です。白、クリーム色などの品種もつくられています。ローマカミツレ（nobilis）は草丈が低く、ハーブティーとしてのほか、抽出した精油は医薬品の原料としても使用されています。ティンクトリアは大きな株となりますが、自然に草姿がまとまってくれ、ドライフラワーなどにも利用されています。特に、管理も難しくなく、病虫害もほとんどないようです。

▲アンテミス・ティンクトリア'アルバ'（Anthemis tinctoria cv. Alba）

代表種 ティンクトリア＝ダイヤーズカモミール（tinctoria）／50cm／初夏〜夏／黄など／日当たり／Z6

アンテリクム　　Anthericum
/ユリ科

非常に強健で植え替えしなくても長年衰えることはありません。地際から出た花茎にはたくさんのつぼみがつくので、比較的長い期間純白の花を咲かせ続けます。土質もあまりこだわらなく、やせ地でも耐えるので扱いやすい材料です。こぼれ種で広がる傾向があるので、開花期が終わったら花茎は切除すると良いでしょう。

▲アンテリクム・リリアゴ（Anthericum liliago）

代表種 リリアゴ（liliago）／60cm／夏／白／日当たり／Z6

庭の環境、条件にあった植物選び

イカリソウ　　Epimedium／メギ科

イカリソウの名は、花の形が船の碇に似ていることにちなんでいます。北海道から九州にかけて多くの変種が分布しており、園芸品種の親となっています。国内でも作出された品種は多数あり、山草店では100以上の品種が販売されることも普通です。樹陰地など半日陰の腐植の多い湿った場所を好みます。条件が合うと長期間植え替えなしで元気に花を咲かせますので、使いやすい植物と言えます。

▲エピメディウム・ヨウンギアヌム'ニベウム'（Epimedium × youngianum cv. Niveum）

代表種 イカリソウ（grandiflorum）／30〜40cm／春／淡紫など／半日陰／Z5

イベリス　　Iberis／アブラナ科

横に広がる性質でグラウンドカバーとして使われています。水はけの良い軽めの土を好みます。茎は木質化しており、冬も枝を残して越冬するので、切らないように注意します。まれに草丈、幅とも小型の種類を見かけますが、より排水性を求めるなど、やや繊細な面があります。

▲イベリス・セムペルウィレンス（Iberis sempervirens）

代表種 セムペルウィレンス（sempervirens）／20〜30cm／初夏／白／日当たり／Z4

イリス（アイリス）　　Iris／アヤメ科

シベリアアヤメは、学名のシビリカの名で呼ばれることもあり、ジャーマンアイリスとともに非湿潤地性の種類です。葉や花茎は細くまっすぐ立ち上がり、花も小さいのでイリスの中ではスマートな印象を受けます。芽が密に出るので草姿もまとまってくれます。イリスはショウブやアヤメも含め多くの種類が植栽されています。

▲シベリアアヤメ'アルバ'（Iris sibirica cv. Alba）

代表種 シベリアアヤメ（sibirica）／100cm／初夏〜夏／青紫、紫、白など／日当たり／Z3

●庭の環境、条件にあった植物選び

ウラハグサ（ハコネクロマ） Hakonechloa／イネ科

ある程度湿り気のある場所を好みますが、乾燥にも耐える強健な種類です。日本特産で海外にも紹介されています。緑葉、黄金色、紅色、ふ入りなどの種類が知られています。ふ入り種は、一日中直射日光よりも多少光の遮られる場所で発色が良いとされますが、涼しい道内では比較的影響は小さいようです。

▲オウゴンフウチソウ（Hakonechloa macta cv. Aureola）

代表種 フウチソウ（macta）／50cm／－／－／日当たり～半日陰／Z5

エキノプス Echinops／キク科

まん丸の花と銀色がかった葉が目につき、多くの庭で使われています。耐寒性が非常に強いことも特徴です。根は直根性で深く張るので、深めの土壌とどちらかといえば乾き気味の場所を好みます。頻繁に乾き、困っているような場所で強味を発揮するかもしれません。逆に、滞水しやすい場所では、成長は良くありません。土壌条件によってはっきり分かれる種類です。花はドライフラワーの材料としても人気です。

▲ルリタマアザミ 'バーチスブルー'（Echinops ritro cv. Veitch's Blue）

代表種 ルリタマアザミ（ritro）／70～100cm／夏／淡紫／日当たり／Z3

エリゲロン Erigeron／キク科

多くの種は小型で庭の前面に使われます。水はけのよい土地を好み、蒸れにはあまり強くありません。最もよく見るのはゲンペイコギク＝カルウィンスキアヌス（karvinskianus）ですが、耐寒性が弱く一年草扱いとなります。道内にもミヤマアズマギクなどが自生していますが、高山植物として扱われ、鉢植えが中心になっています。

▲エリゲロン・スペキオスス 'アズルフィー'（Erigeron speciosus cv. Azurfee）

代表種 スペキオスス（speciosus）／60cm／初夏～夏／紫、ピンクなど／日当たり／Z3

エリムス · Elymus／イネ科

マゲラニクスはシルバーの葉を持つグラス類です。葉の長さは50cm程度となります。成長も早くないので逆に使いやすいかもしれません。乾燥にも比較的強いです。新葉と枯れ葉が混ざると見苦しいので、晩秋か早春には地際からばっさり刈り込みます。道内にもハマニンニクやタカネエゾムギが自生しています。

▲エリムス・マゲラニクス（Elymus magellanicus）

代表種 マゲラニクス (magellanicus)／50～60cm／－／－／日当たり／Z6

エリンギウム · Eryngium／セリ科

細かいとげのついたガクが特徴的で、メタリックな感じのする植物です。十分に太陽光の当たる、水はけの良い場所を好み、根は直根性ですので、植え替えは慎重に掘りあげて行います。エキノプスと同じく、典型的な乾燥地性の植物で、歩道のちょっとしたすき間でも元気に育ったりします。また、海外ではドライガーデンの材料としてもおなじみです。プラヌム（planum）は花は小さいのですが、育てやすい種になります。

▲エリンギウム・アルピヌム'ブルースター'（Eryngium alpinum cv. Blue Star）

代表種 アルピヌム (alpinum)／60～90cm／夏／青紫／日当たり／Z5

オエノテラ · Oenothera／アカバナ科

100cmにもなる種類もあれば15cmぐらいで横に広がる種類（macrocarpaなど）もあります。ほとんどが性質が強く、厳しい環境でも育ち、こぼれ種で増える種類もあります。ヒルザキツキミソウは、古くから植えられており、グラウンドカバープランツとして利用されています。道内には、海外のオオマツヨイグサやコマツヨイグサが帰化しています。

▲ヒルザキツキミソウ（Oenothera speciosa）

代表種 ヒルザキツキミソウ＝スペキオサ (speciosa)／30～40cm／初夏～夏／白～ピンク／日当たり／Z5

庭の環境、条件にあった植物選び

オダマキ　　Aquilegia
／キンポウゲ科

セイヨウオダマキはもちろん、黄花で高性のクリサンタ (chrysantha) やオレンジ色のカナデンシス (canadensis) さらに、それらから作られた園芸品種など多くの種類を見ることができます。水はけが良ければ乾燥にも強く、石のすき間などにもこぼれ種が飛散し株が増えていきます。道内にもわい性種のミヤマオダマキ (fllabellata v. pumila) などが自生しています。種によっては、短命の傾向があります。

▲セイヨウオダマキ'ブラックバーロー' (Aquilegia vulgaris cv. Black Barlow)

代表種 セイヨウオダマキ (vulgaris) ／50〜60cm／初夏／青紫、赤紫、白など／日当たり〜半日陰／Z4

オフィオポゴン　　Ophiopogon ／キジカクシ科

和風の庭でもおなじみで、「黒竜」という品種が有名なオオバジャノヒゲはジャノヒゲとともに日陰のグラウンドカバーとして使われます。ジャノヒゲは漢方薬の原料として現在も使われています。清楚に咲く花と青みがかった実もよく知られています。湿った土壌を好み、成長はややゆっくりですので密植気味に植えると良いでしょう。

▲オオバジャノヒゲ'黒竜' (Ophiopogon planiscapus cv. Kokuryu)

代表種 ジャノヒゲ＝リュウノヒゲ (japonicus) ／20cm／夏／淡紫、白／半日陰〜日陰／Z6

オムファロデス　　Omphalodes ／ムラサキ科

日陰向きのグラウンドカバープランツで春一番に開花します。耐陰性は非常に強く、薄暗いところでも広がっていきます。乾燥は苦手で湿った場所を好みます。ランナーを出して急激に広がっていくので、ある程度広い場所を覆うのに向いています。カッパドキア (cappadocia) や園芸品種もたまに見かけます。

▲オムファロデス・ウェルナ (Omphalodes verna)

代表種 ウェルナ (verna) ／20cm／春／青、白など／半日陰〜日陰／Z5

庭の環境、条件にあった植物選び

オリガヌム（オレガノ、ハナハッカ）……Origanum
／シソ科

一般にオレガノと言えば、香辛料などに使われるウルガレ種を指します。これら、高性の種は乾燥した荒れ地のような場所でも育ち、生育は旺盛です。最も多く流通するロツンディフォリア（rotundifolia）のようにホップのような大きな苞を持つ種類は、グラウンドカバーとして使われます。これらは、やや乾燥を好む傾向はあるものの、高性種ほどに性質は強くありません。いずれも地下茎を出して大きくなっていきます。

代表種 ウルガレ＝マジョラム（vulgare）／60cm／夏／ピンク／日当たり／Z4

▲オリガヌム・ウルガレ 'アウレウム'（Origanum vulgare cv. Aureum）

ガウラ ……………………………………… Gaura
／アカバナ科

しなやかな花茎が風に揺れる姿と長期間開花する性質が好まれ、広く使われています。花は咲き始めると寒くならない限り咲き続けます。白花種では、ややピンク色が入る傾向にありますが、純白の苗も出回っています。根は直根性でやや乾燥気味を好み、雪解け水が滞水する場所では越冬しないことも多いです。冬の気温が低い地域では越冬しないという話も聞きますが、思い切ったマルチングなど防寒対策を十分に行ってみるとよいでしょう。

代表種 ハクチョウソウ（lindheimeri）／50〜150cm／夏〜秋／白、淡ピンク／日当たり／Z5

▲ハクチョウソウ（Gaura lindheimeri）

カラマグロスティス ……………………………… Calamagrostis ／イネ科

高性のグラス類です。穂も含めすらっとした立ち姿となります。グラス類の中では、湿り気のある土壌を好む種類です。ふ入り葉の品種も知られています。とても大きくなるので、家庭に植えた場合は定期的に株分けをするとよいでしょう。

代表種 アクティフロラ（× acutiflora）／100〜200cm／夏／－／日当たり／Z5

▲カラマグロスティス・アクティフロラ 'カール・フォスター'（Calamagrostis × acutiflora cv. Karl Foerster）

●庭の環境、条件にあった植物選び

カラミンタ　Calamintha／シソ科

非常に強健な宿根草で、植えても他の場所に移動することなく、長年育ち続け、草姿も自然に丸みを帯びた形となります。乾燥した土地でも問題ありません。安心して使える材料ですが、こぼれ種による繁殖力が強いので注意したいです。やや花が大きくなるグランディフローラ（grandiflora）も知られていますが、こちらは草丈30cm程度の小型種です。

代表種 ネペタ（nepeta）／50〜70cm／夏／淡紫／日当たり／Z5

▲カラミンタ・ネペタ（Calamintha nepeta）

カレクス（スゲ）　Carex／カヤツリグサ科

銅葉の種類を中心によく知られるグラス類で、寄せ植え材料としても使われています。見かけるものはニュージーランド原産種が多く、耐寒性に不安があるので、地植えの場合は、水はけの良い場所に植える、晩秋にマルチングで保護するなどの対策を講じます。地域によっては、鉢植えなどにより、室内保管することが必要となるでしょう。

代表種 ブカナニィ（ブキャナニー，buchananii）／30cm／ー／ー／日当たり〜半日陰／Z7

▲カレクス・コマンス'フロスティッド カールス'（Carex comans cv. Frosted Curls）

ギプソフィラ　Gypsophila／ナデシコ科

切り花でもおなじみのシュッコンカスミソウの根は直根性で深く伸び、じめじめした場所を嫌う乾燥地系の種類です。より適応力があると言えるレペンス（repens）は、横に広がる種で白やピンクの花色があり、グラウンドカバーとして使われています。有効土層がある程度深ければそれほど苦労することはありません。

代表種 シュッコンカスミソウ（paniculata）／80〜100cm／夏／白、ピンク／日当たり／Z4

▲ギプソフィラ・レペンス（Gypsophila repens）

ギボウシ（ホスタ） — Hosta ／キジカクシ科

草丈20〜30cmで葉も小さい品種から顔が隠れるくらい大きな葉の品種までさまざまです。花よりも葉が重要な植物で、ふ入り品種も多数つくられています。日本でも江戸時代から作出が進んでいますが、現在は海外から逆輸入されています。湿った場所を好み、ふの強い品種ほど半日陰で管理します。道内にも自生する種があります。

▲ホスタ'フライド・バナナス'（Hosta cv. Fried Bananas）

代表種 オオバギボウシ (sieboldiana) ／80〜100cm／夏／赤紫／日当たり〜半日陰／Z3

キミキフガ（サラシナショウマ） — Cimicifuga ／キンポウゲ科

どちらかと言えば半日陰を好みます。直射日光下でも育つのですが、気温が高くてあまりに光が強く、乾燥すると葉が褐色になることがあるようです。従って、地域によっても日照条件が変わります。サラシナショウマは道内にも自生しますが、海外では銅葉の品種がつくられており、これらの品種はより日陰を好む傾向にあります。時にアクタエア（Actaea）の属名で販売されることもあります。湿り気が好きなので乾いた土地には向きません。

▲サラシナショウマ'ブルネット'（Cimicifuga simplex cv. Brunette）

代表種 サラシナショウマ (simplex) ／100〜200cm／夏／白／日当たり〜半日陰／Z4

クナウティア — Knautia ／スイカズラ科

スカビオサに非常によく似ています。性質は非常に強くて、少々の荒れ地でもたくましく育ち、1カ月以上開花が続きます。どちらかと言えば乾燥した土地で強みを発揮します。淡紫色の花が咲く種も知られています。花がらも見苦しくはなく、切除しなくて良い程です。ただ、こぼれ種で増えることもあるので、その点の管理は必要です。

▲クナウティア・マケドニカ（Knautia macedonica）

代表種 マケドニカ (macedonica) ／30〜70cm／夏／赤／日当たり／Z5

庭の環境、条件にあった植物選び

庭の環境、条件にあった植物選び

クニフォフィア　Kniphofia
/ツルボラン科

▲クニフォフィア 'リトルメイド'（Kniphofia cv. Little Maid）

南アフリカの乾燥した高地に自生する種類で、たくさんの交雑種がつくられており、エキゾチックな雰囲気の漂う花を咲かせます。種によっては耐寒性が厳しいものがあり、特に黄花系の品種はやや劣るようです。本州の方が成長が良く、本来は温暖を好む植物なので、冬に滞水しない場所に植え、晩秋にはマルチングでの保護が望ましいです。また根は太く、植え替え時に傷めやすいので、地域によっては晩秋の株分けにリスクがあります。

代表種 ウウァリア（uvaria）／50～70cm／夏～秋／赤／日当たり／Z5

ゲウム　Geum
/バラ科

▲ゲウム・キロエンセ 'ミセス・ブラッドショウ'（Geum chiloense cv. Mrs. Bradshow）

いくつかの種からの交雑種がつくられていますが、それらは比較的性質も強く扱いやすいです。太い茎状の根を横に伸ばして広がる種類が多いです。生育はゆっくりで、一気に大きくはなりません。水はけの良い土壌を好み、小型種（リワレ　rivale など）ほどその傾向が強いです。葉は地面近くにあるので、他の植物に被圧されないように注意します。道内にもダイコンソウ（japonicum）や木本のチングルマ（pentapetalum）が自生します。

代表種 コッキネウム（coccineum）／40cm／初夏／赤／日当たり／Z5

ケファラリア　Cephalaria
/レンプクソウ科

▲ケファラリア・ギガンテア（Cephalaria gigantea）

ギガンテアの花はスカビオサに似ていますが、草丈は人の身長をはるかに超え、非常に目立つ存在となるので、植栽すると花壇にメリハリがつきます。十分なスペースのある花壇に植えると良いでしょう。アルピナ（alpina）も身長に近い高さまで伸びます。いずれの種も性質は強く、特に問題が出ることはありません。

代表種 ギガンテア（gigantea）／200cm／夏／黄／日当たり／Z4

ケラスチウム ······ Cerastium／ナデシコ科

葉の表面が繊毛で覆われた銀葉を持つ種類が主に庭植えされます。乾燥を好み、過湿を大変嫌うことから雨が続くと蒸れで株の一部が枯死することもありますので、植栽場所に注意します。傾斜地へ植栽したり、石垣から垂らすと安全です。光を大変好み、半日陰地では花付きが悪くなり、草姿にしまりがなくなります。道内に自生する種もあります。

代表種 トメントスム・コルムナエ (tomentosum v. columnae)／15cm／初夏／白／日当たり／Z4

▲ケラスチウム・トメントスム（Cerastium tomentosum）

ケロネ ······ Chelone／オオバコ科

リオンやスピードリオンの名でも知られます。本州では古くから栽培され、切り花としても流通しています。道内では盛んに植えられてはいませんが強健で、あまり土質を選ばない種類です。茎は硬くて直立しますので、やや風が強い地域でも倒伏しにくい特徴があります。やや湿り気のある土で生育はより良好となります。リオニィの他にオブリカ（obliqua）も植栽されています。

代表種 リオニィ (lyonii)／70〜90cm／夏／ピンク、白／日当たり／Z4

▲ケロネ・オブリカ（Chelone obliqua）

ケンタウレア ······ Centaurea／キク科

花色違いの園芸品種が知られるモンタナは、コンパクトに草姿がまとまり最も使われています。滞水は苦手とし、軽めの土壌を好む傾向にあります。開花は主に初夏で、その後は葉が傷んでくるのですが、切り戻すと再度開花することもあります。他に黄花のオウゴンヤグルマソウ（macrocephala）、ルペストリス（rupestris）や紅色のデアルバタ（dealbata）などが知られますが、モンタナより強健な種です。

代表種 モンタナ(montana)／30〜50cm／初夏〜夏／紫、白など／日当たり／Z3

▲ケンタウレア・モンタナ'アルバ'（Centaurea montana cv. Alba）

庭の環境、条件にあった植物選び

ゲンチアナ（リンドウ） Gentiana ／リンドウ科

高山植物として扱われるアカウリス（acaulis）やシノオルナタ（sino-ornata）、ウェルナ（verna）や道内にも自生するクモイリンドウなどの小型種は、デリケートな性質のものが多いです。40cm程度になるアスクレピアデア（asclepiadea）や改良種が切り花栽培されているエゾリンドウ、珍しい黄色の花を咲かせるルテア（lutea）などが庭植え用となりある程度まとまった数を植えると良いでしょう。やや湿った土壌を好みます。

代表種 エゾリンドウ（triflora v. japonica）／80cm／秋／紫／日当たり／Z4

▲ゲンチアナ・アスクレピアデア（Gentiana asclepiadea）

コリダリス Corydalis ／ケシ科

半日陰を好みますが、暗くなりすぎない場所を好みます。また、腐植十分の柔らかくて、常に湿り気のある土壌を好みます。宿根性や球根性もありますが、小型の種類を長年育て続けるには、良い環境に植栽することが重要となります。やや草丈の高くなるルテア（lutea）などは強健です。道内にはエゾエンゴサクやムラサキケマンなどが自生します。

代表種 フレクスオサ＝ヒマラヤエンゴサク（flexuosa）／20cm／初夏／青／半日陰／Z6

▲コリダリス・ルテア（Corydalis lutea）

コレオプシス Coreopsis ／キク科

非常に強健な種類で、乾燥した荒れ地のような場所でも育ち、土壌の適応性も広いです。地下茎を伸ばして広がっていきますが、根は深くなく、株分けなどの対処も難しくありません。ピンクのロセア（rosea）やオオキンケイギク（grandiflora）も知られますが、後者は特定外来生物に指定されており、栽培できません。

代表種 イトバハルシャギク（verticillata）／40～50cm／夏／黄／日当たり／Z6

▲コレオプシス 'ムーンビーム'（Coreopsis cv. Moon Beam）

庭の環境、条件にあった植物選び

サポナリア　　　　　　Saponaria ／ナデシコ科

シャボンソウは、その名の通り、根に洗浄成分があり、ヨーロッパでは古くから洗剤として利用されてきました。土質を選ばない強健な種で、地下茎を縦横無尽に伸ばして大きくなるので、定期的な植え替えが必須です。逆に、一面に広がらせることは容易です。オキモイデス（ocymoides）も扱いやすいですが、横に広がるグラウンドカバータイプの種となります。

▲シャボンソウ（Saponaria officinalis）

代表種 シャボンソウ（officinalis）／50〜80cm／夏／ピンク、白／日当たり／Z4

ジギタリス（ディギタリス）　　　　Digitalis ／オオバコ科

比較的短命の種類です。プルプレア（キツネノテブクロ）では多くの園芸品種がつくられ幅広い花色を目にすることができます。横にはあまり広がらず、まっすぐ上に伸びて開花するので使いやすいです。水はけの良さを求めますが、乾燥も苦手です。こぼれ種でどんどん増えるので、種を落とさないなどの対処が必要です。

▲ジギタリス・タプシ（Digitalis thapsi）

代表種 プルプレア（purpurea）／150cm／夏／ピンク、白など／日当たり〜半日陰／Z5

シャクヤク　　　　　　Paeonia ／ボタン科

桃山時代には栽培されていたと考えられ、多くの品種が存在します。また、北海道は栽培に適しているので、かなり以前に植えられたと思われる株を多く見かけます。特に乾燥する場所では、うどんこ病にかかりやすいところが難点です。ひどくなると、生育にも影響が出るので、冬前に枯れた茎葉はきれいに取り除くことが最低限必要です。植え替えする場合は、秋の早めに行うことが望ましいです。

▲シャクヤク'ローラ・デザート'（Paeonia cv. Laura Dessert）

代表種 シャクヤク（lactiflora）／50〜90cm／初夏〜夏／赤、ピンク、白など／日当たり／Z5

● 庭の環境、条件にあった植物選び

シレネ — Silene ／ナデシコ科

主にグラウンドカバープランツとして知られています。最も流通しているウニフロラ（マリティマ）には八重咲きも知られ、性質も非常に強く、幅広い土質で育ち、開花期も長いのが特徴です。こぼれ種で広がりやすいところもあります。道内にも高山植物として扱われる種類が自生していますが、性質はややデリケートです。

▲シレネ・ウニフロラ（Silene uniflora）

代表種 ウニフロラ（uniflora）／20cm／初夏〜秋／白／日当たり／Z3

ススキ — Miscanthus ／イネ科

ふ入りのタカノハススキやシマススキは古くから育てられ、葉の細くなるイトススキ（sinensis v. gracillimus）や葉が細く、1mくらいにしかならないヤクシマススキなども使われています。海外からの園芸品種もあります。日当たりや水はけが良ければ、やせ地でも育ちますが、根は非常に硬く、大株になるとノコギリなどを使わなければ切れなくなります。早めの株分けで大きさを制御した方がよいでしょう。

▲ススキ'フェルナーオステン'（Miscanthus sinensis cv. Ferner Osten）

代表種 ススキ（sinensis）／250cm／晩夏／−／日当たり／Z3

ストケシア — Stokesia ／キク科

一属一種でスカビオサにも似た涼しげな花を咲かせます。約100年前に国内に入ったとされ、本州では古くから栽培されている宿根草です。水はけが良く、乾燥しなければ丈夫な種類で、耐寒性も一部の地域を除いて問題ないと思われます。特に広がりすぎることもないので、管理上難しいことはありません。国内外で多くの園芸品種がつくられています。

▲ストケシア・ラエウィス'ホワイトスター'（Stokesia laevis cv. White Star）

代表種 ラエウィス（laevis）／30〜50cm／夏／青、紫、赤、白など／日当たり／Z5

● 庭の環境、条件にあった植物選び

タチアオイ　Alcea
／アオイ科

街路にも植えられているおなじみの植物で、コケコッコー花の名でも知られています。乾燥に非常に強く、アスファルトのすき間で大株になっている姿も見かけます。幅広い土質に適応するので、過湿でなければ簡単に育ってくれます。比較的短命な傾向にあり、枯死した場合は、同じ場所を避けて植えると良いです。直根性なので植え替えの際は根を傷めないように深く掘ります。

代表種　タチアオイ (rosea) ／200cm／夏／赤、ピンク、黄、白、黒紫など／日当たり／Z3

▲アルケア（Alcea）

タリクトルム（カラマツソウ）　Thalictrum／キンポウゲ科

高性の種類は、腐植の多くて、やや湿り気のある場所で良い生育をし、やせた場所だと衰えていくようです。より半陰地となる環境に適しているようです。茎ががっしりしているわけではないので、風の強い場所を避けた方がよいでしょう。道内含む国内にも多くの種が自生し、小型種は山野草として扱われています。

代表種　デラウァイ (delavayi) ／150～200cm／夏／紫／日当たり～半日陰／Z5

▲タリクトルム・デラウァイ（Thalictrum delavayi）

チョウジソウ　Amsonia
／キョウチクトウ科

涼しげで落ち着いた花が咲きます。タベルナエモンタナ (tabernaemontana) や細葉が印象的なフブリヒティ（hubrichtii）など海外からの種も見かけますが、100cm前後と大きくなります。園芸品種はほとんど見かけません。乾燥した場所は得意ではありませんので、腐植の十分に入った土壌が望ましいです。慣れていない人にも扱いやすい種類です。チョウジソウは、道内にも自生しています。

代表種　チョウジソウ (elliptica) ／40～80cm／初夏～夏／藍色／日当たり～半日陰／Z5

▲アムソニア・キリアタ（Amsonia ciliata）

庭の環境、条件にあった植物選び

庭の環境、条件にあった植物選び

ディケントラ　Dicentra
／ケシ科

ケマンソウはタイツリソウとも呼ばれ、最も植栽されている種になります。やや小型のフォルモサ（formosa）やエクシミア（eximia）も知られますが、いずれも腐植の多い柔らかい土を好み、条件が悪いと徐々に衰えていくようです。一日中の直射日光よりも明るい半日陰を好みます。山野草的な感覚で扱うとよいでしょう。道内に自生するコマクサは、著名な高山植物ですが、夏期冷涼な地域では、庭土で育つこともあるようです。

▲ケマンソウ（Dicentra spectabilis）

代表種 ケマンソウ（spectabilis）／50～70cm／初夏／ピンク、白／半日陰／Z6

ティムス（タイム）　Thymus
／シソ科

丈が20cmくらいで立ち上がる性質のコモンタイム（vulgaris）や横にはい密なマットをつくるクリーピングタイム、種間交雑種であるレモンタイムなど多くの種類が知られています。葉の色が違う園芸品種もあります。水はけが良ければ長年にわたって広がり続けるので、定期的に植え替えや株の一部を掘り取るなどして大きさを制御するとよいでしょう。

▲ティムス（Thymus）

代表種 セルピルム＝クリーピングタイム（serpyllum）／10cm／初夏／ピンク、赤、紫、白など／日当たり／Z4

デルフィニウム　Delphinium
／キンポウゲ科

切り花用としてつくられた品種が庭に植えられています。青花の代表格といってもよく、草丈の高い品種も多く使いやすいようです。風に対しては弱く、茎も折れやすいので、場所を選んで植栽します。水はけが良くて養分も十分ある土地を好みます。うどんこ病にかかりやすく、時に大きな被害を受けます。夏も涼しい地域では大きな株となりやすく、花後すぐに切り戻すと再び開花することが多いです。

▲デルフィニウム・ベラドンナ 'カサブランカ'（Delphinium × belladonna cv. Casa Blanca）

代表種 エラツム（elatum）／60～200cm／夏／青、紫、白など／日当たり／Z3

ドデカテオン　　Dodecatheon ／サクラソウ科

水辺などに植栽されることもある湿り気を好む植物で、乾燥は非常に苦手です。腐植の混ざった柔らかい土壌が適当で、光は一日中よりも半日程度の明るい場所を好みます。環境の善しあしで生育が大きく左右される種類になります。ジェフリー（jeffreyi）はやや大型となる種で50cm以上になります。あまり株は広がらないので、ある程度の数をまとめて植えると良いでしょう。

▲ドデカテオン・ミーディア'クイーン・ビクトリア'（Dodecatheon meadia cv. Queen Victoria）

代表種　ミーディア（meadia）／30〜40cm／初夏／ピンク／日当たり〜半日陰／Z3

トラデスカンティア　　Tradescantia ／ツユクサ科

現在見られる園芸品種は主にヴァージニアナの血が入っているとされています。性質は強く、幅広い土質に適応します。植え替えしなくても長年育ってくれます。株は広がりにくく、扱いやすいのですが、こぼれ種で増えることもあります。大気汚染に強いとされています。黄葉系などの品種は、強い光で葉焼けすることもあるので半日陰地が無難です。

▲トラデスカンティア（Tradescantia）

代表種　ヴァージニアナ（virginiana）／50〜60cm／夏／紫、ピンク、白など／日当たり〜半日陰／Z6

トリカブト　　Aconitum ／キンポウゲ科

エゾトリカブトやヒダカトリカブト、リシリブシなど道内にも多くの種が自生し、林縁など身近で見ることができます。海外からの種類も含め、白、ピンク、黄色などの花が咲きます。直射日光または半日程度光の当たる場所に植えることができます。根は直根性で長年植え替えなくても元気に育ちますが、連作は苦手としています。有毒植物です。

▲アコニツム・カマルム'バイカラー'（Aconitum cammarum cv. Bicolor）

代表種　ナペルス（napellus）／100〜150cm／夏〜秋／紫、白など／日当たり〜半日陰／Z3

庭の環境、条件にあった植物選び

トリリウム ··· Trillium ／シュロソウ科

道内にもオオバナノエンレイソウなど変種を含むと多くの種類が自生しています。明るい半日陰を好み、水はけが良くて乾燥しない、柔らかめの土壌を好みます。時間をかけて大きくしていく種類ですので、良い環境づくりが大切です。海外からもいくつかの種が導入され、主に山野草店で販売されています。

▲オオバナノエンレイソウ（Trillium kamtschaticum）

代表種 グランディフロルム（grandiflorum）／30〜40cm／春／白／半日陰／Z5

ナデシコ ··· Dianthus ／ナデシコ科

ビジョナデシコ（barbatus）のように草丈の高くなる種類もありますが、多くはグラウンドカバープランツとして利用されています。どちらかといえばやや乾いた環境を好み、地表面がいつも濡れていると、葉が褐変する病気にかかりやすいです。葉が密にまとまる種類ほど水はけの良い、乾いた環境を好む傾向にあります。デルトイデス（deltoides）など種類によってはこぼれ種で増えていきます。

▲ディアンツス・デルトイデス'アークティック・ファイヤー'（Dianthus deltoides cv. Arctic Fire）

代表種 クナーピー（ナッピー, knappii）／30〜40cm／初夏／黄／日当たり／Z3

ネペタ ··· Nepeta ／シソ科

ファッセニーはいくつかの品種が知られ、こんもりと整った草姿になるので多く使われています。病虫害はほとんどなく、やせた乾燥地でも生育します。また、開花期が長いことも特徴で、涼しければ咲き続けます。1株で大きくなる品種もあるので、場所の確保が必要です。道内にもミソガワソウ（subsessilis）が自生し、庭へ使うことができます。

▲ネペタ・ファッセニー'シックス・ヒルズ・ジャイアント'（Nepeta × faassenii cv. Six Hill's Giant）

代表種 ファッセニー（× faassenii）／30〜90cm／初夏〜秋／紫、白／日当たり／Z3

庭の環境、条件にあった植物選び

バーバスクム (ウェルバスクム) ······ Verbascum
／ゴマノハグサ科

地面近くのロゼット葉から長い花茎をすっと伸ばして開花します。フォエニケウム（phoeniceum）のように比較的短命とされる種類が多いですが、シェクシーやニグルム（nigrum）など、ある程度の年数咲く種類もあるようです。こぼれ種による繁殖力が非常に強いので、種をつけない、または実生を間引いて数量を制限するなどの対処が必要です。ビロードモウズイカなど道内に帰化してしまった種類もあります。

▲バーバスクム・フォエニケウム 'フラッシュ・オブ・ホワイト'（Verbascum phoeniceum cv. Flush of White）

代表種 シェクシー（chaixii）／100cm／夏／黄、白／日当たり／Z5

パパウェル ·········· Papaver ／ケシ科

オリエンタルポピーは最も見かける種類です。もともと乾燥地に自生しているので、雨が続くと葉に病気が入ってしまうことがあります。そして、過湿の場合は枯死につながるので、乾きやすい場所に向いています。葉がどうしても傷むので、花後すぐに地際から切除されることもありますが、株の充実度も考慮して対応します。道内に自生するリシリヒナゲシのような、わい性種は高山植物として扱われ、特別な用土で育てられます。

▲オニゲシ 'ロイヤル・ウェディング'（Papaver orientale cv. Royal Wedding）

代表種 オニゲシ＝オリエンタルポピー（orientale）／60～90cm／初夏～夏／赤、ピンク、白など／日当たり／Z3

バプティシア ·········· Baptisia ／マメ科

ムラサキセンダイハギは、寿命が長くて特別な病虫害もなくやせた乾燥地でも育ち、周囲に広がりすぎることもないので使いやすいです。また、葉も観賞価値があります。しかし、根が非常に硬いので大株になると分けるのに苦労します。黄色や白色の花を咲かせる種も導入されています。どちらかと言えば、乾燥地に適した植物です。

▲ムラサキセンダイハギ（Baptisia australis）

代表種 ムラサキセンダイハギ（australis）／100～150cm／夏／紫／日当たり／Z3

庭の環境、条件にあった植物選び

ビオラ ...... Viola
/スミレ科

海岸から草原、林内、高山の岩れき地までさまざまな場所に自生していますが、草原や林内に自生する種が育てやすいです。ニオイスミレやフキカケスミレ（sororia）、ラブラドリカ（labradorica）などの海外種は日当たりの良い場所でも育ちますが、こぼれ種による繁殖力が強いです。乾燥の強い場所は苦手です。道内にも多くの種が自生し、身近に見ることもできますが、高山帯自生種の一部は栽培が非常に難しいです。

▲フキカケスミレ 'アルビフロラ'（Viola sororia cv. Albiflora）

代表種 ニオイスミレ（odorata）／15cm／春／紫、ピンク、白など／日当たり～半日陰／Z5

フィソステギア ...... Physostegia ／シソ科

古くから育てられており、暑さ寒さにも強い強健な宿根草です。どちらかといえば乾燥した場所はあまり得意ではありません。ある程度湿り気のある場所ならば地下茎を出して一気に広がっていくので、植え替えなどの定期的な管理は必要です。国内では、ハナトラノオの名でも知られるカクトラノオのみが植栽されているようです。

▲カクトラノオ 'クラウン・スノー'（Physostegia virginiana cv. Crown Snow）

代表種 カクトラノオ＝ウィルギニアナ（virginiana）／70～80cm／夏～秋／ピンク、白／日当たり／Z4

フィリペンデュラ（シモツケソウ）... Filipendula
/バラ科

一般に半日陰の植物との認識もありますが、暗くても成長は悪く、周りに植物があって地面に光が当たらず、乾燥しなければ、日当たりの良い場所でも育ちます。しっかりとした株になるには肥えた土地が望ましいです。ロクベンシモツケ（vulgaris）はやや乾燥に強いとされていますが、乾きすぎでは成長は良くありません。道内にもオニシモツケやエゾノシモツケソウが自生しています。

▲ウラジロシモツケソウ 'ナナ'（Filipendula palmata cv. Nana）

代表種 キョウガノコ（purpurea）／100cm／夏／赤／日当たり～半日陰／Z5

庭の環境、条件にあった植物選び

フェスツカ　　　　　　　　　　　　　　　　Festuca／イネ科

シルバーグリーンの葉が特徴のグラウカが最も一般的です。乾燥地ややせ地で非常に強く、厳しい条件で引き締まった姿となります。なお、種からつくられたものには葉色に個体差がみられます。本来は常緑種ですが、道内ではある程度葉が傷みます。道内にも近縁種が自生しており、芝地で使われるフェスク類もこの属の仲間です。

▲フェスツカ・グラウカ（Festuca glauca）

代表種 グラウカ（glauca）／25cm／夏／－／日当たり／Z5

フクシア　　　　　　　　　　　　　　　　Fuchsia／アカバナ科

ボクシャとも呼ばれ鉢花の印象が強いフクシアですが、マゲラニカのみ道南や道央の一部で越冬します。もともとは木本ですが、道内では地上部が枯死し、翌春遅くに地際から新しい芽を出します。白花種の開花は遅いようで、気温の低い地域では開花しないこともあります。晩秋にはマルチングなどで保護をした方がよい種類となります。

▲フクシア・マゲラニカ・グラキリス（Fuchsia magellanica v. glacilis）

代表種 マゲラニカ（magellanica）／50cm／夏〜秋／赤、白／日当たり／Z6

プリムラ　　　　　　　　　　　　Primula／サクラソウ科

クリンソウや海外に自生のブレヤナ（bulleyana）は、水分のある土壌を好みます。厚みのある葉を持ち、時にオーリキュラの名で売られるプベスケンス（× pubescens）は、過湿に非常に弱い種類です。多くの種類（流通品のジュリアンやポリアンサ含む）は、水はけは良いが乾燥しない、柔らかめの土壌を好みます。このように種によって性質は異なっています。クリンソウ含め、ユキワリコザクラなど道内にも多くの種類が自生します。

▲プリムラ・エラティオル 'ビクトリアナ・シルバー・レース・ブラック'（Primula elatior cv. Victoriana Silver Lace Black）

代表種 クリンソウ（japonica）／50〜60cm／初夏／赤、ピンク、白／日当たり〜半日陰／Z4

庭の環境、条件にあった植物選び

プルサティラ　Pulsatilla／キンポウゲ科

道内自生のツクモグサ（nipponica）を含む多くの種が高山植物として扱われ、水分もあるが水はけを重視した用土に植えられます。セイヨウオキナグサやオキナグサ（cernua）は性質が強いので、水はけが良ければ、庭植えしやすい種類となります。根は直根性なので植え替えは慎重に行います。いずれの種類も春一番に開花します。

▲セイヨウオキナグサ'レッド・ベルズ'（Pulsatilla vulgaris cv. Red Bells）

代表種 セイヨウオキナグサ（vulgaris）／20～30cm／春／紫、赤、白／日当たり／Z5

ブルネラ　Brunnera／ムラサキ科

春にワスレナグサのような花を咲かせます。プルモナリアよりは光に強いようですが、半日陰を好む種類で、樹木の下などの植栽に適しています。乾燥は苦手としているので、腐植の十分に混ざった水持ちの良い土に植えます。日陰の庭の植物として重宝され、庭を明るくしてくれるふ入り品種が多く植えられているようです。条件が合えば長期間良い生育を見せてくれます。

▲ブルネラ・マクロフィラ'ドーソンズ・ホワイト'（Brunnera macrophylla cv. Dawson's White）

代表種 マクロフィラ（macrophylla）／30～40cm／春／青／半日陰～日陰／Z3

プルモナリア　Pulmonaria／ムラサキ科

ふ入りの品種を多く見ることができ、ブルネラと同じく日陰の庭の植物として知られています。直射日光が非常に苦手で、開花期以降は常に半日陰となるような、乾かない場所を好みます。成長はそれほど早くありませんが、土壌が良ければ長年その場で育ってくれます。夏も非常に涼しい地域ではある程度光が当たっても大丈夫です。

▲プルモナリア（Pulmonaria）

代表種 サッカラタ（saccharata）／30cm／春／青、白／半日陰～日陰／Z3

庭の環境、条件にあった植物選び

フロクス（フロックス）　　Phlox ／ハナシノブ科

高性のパニクラタやマクラタ（maculata）は、排水が良ければ性質は強く、前者は野生化も見られます。うどんこ病にかかりやすいですが、品種によって耐性が異なるようです。ほふく性で横に広がるディワリカタ（divaricata）も使われます。シバザクラ（subulata）はおなじみですが、よりコンパクトにまとまるダグラシー（douglasii）も知られています。

代表種 パニクラタ＝クサキョウチクトウ（paniculata）／60～100cm／夏／青紫、赤、白など／日当たり／Z4

▲フロクス・パニクラタ'フランツ・シューベルト'（Phlox paniculata cv. Franz Schubert）

ヘメロカリス　　Hemerocallis ／ワスレグサ科

アメリカでの育種が盛んで日本から導入された種も育種親として使われてきました。性質はきわめて強健で、幅広い土質に適応し、長年開花し続けることからパーフェクトプランツとも呼ばれ、公共工事にも使われてきました。白いアブラムシがつきやすく、一度発生すると毎年のように見かけるので、早めの対処を行いたいです。道内でもエゾキスゲやゼンテイカ（エゾカンゾウ）が自生し、海岸沿いに一面に咲く姿を見ることができます。

代表種 ゼンテイカ（dumortieri v. esculenta）／60～80cm／夏／黄／日当たり／Z4

▲ヘメロカリス（Hemerocallis）

ヘリアンテムム　　Helianthemum ／ハンニチバナ科

横に広がる性質でグラウンドカバープランツとして用いられます。やや乾燥した場所を好むので、滞水する場所は避けて植栽します。厳密には木本で、地上部を残したまま越冬するので、秋に刈り込まないようにします。花つきが良く、一面に花を咲かせますが、雪蒸れを起こすのか、積雪中に地上部の一部が枯死してしまうことがあります。

代表種 ヌンムラリウム（nummularium）／15～30cm／初夏／黄、ピンク、白など／日当たり／Z5

▲ヘリアンテムム'ゴールデンクイーン'（Helianthemum cv. Golden Queen）

庭の環境、条件にあった植物選び

ベルゲニア　　　　　　　　　　　　　　　Bergenia／ユキノシタ科

古くから植栽されています。ピンク色を中心に園芸品種が知られています。乾燥は苦手で、常に湿り気のある土壌を好みます。常緑の種類ですが、冬季中にどうしても葉が傷むので、開花時には見栄えが良くなりません。長年育てていると中心部が衰えることもあるので、その時は植え替えを行うとよいでしょう。

▲ヒマラヤユキノシタ（Bergenia stracheyi）

代表種 ヒマラヤユキノシタ（stracheyi）／20～30cm／春／白、ピンクなど／日当たり～半日陰／Z6

ペルシカリア（ビストルタ）　　Persicaria（Bistorta）／タデ科

アフィニスは以前より知られているグラウンドカバープランツで土壌の適応性も広く、強健な種類で、晩秋まで開花し続けます。その他、50cm程度になるイブキトラノオ（officinalis ssp. japonica）や高性のアムプレキシカウリス（amplexicaulis）も見かけます。やや湿った場所を好みます。

▲ペルシカリア・アムプレキシカウリス'ファイヤーテイル'（Persicaria amplexicaulis cv. Firetail）

代表種 アフィニス（affinis）／20cm／初夏～秋／ピンク／日当たり／Z4

ヘレニウム　　　　　　　　　　　　　　　Helenium／キク科

性質も強く育てやすい種類です。ダンゴバナの呼び名もあり、多くの宿根草がピークを過ぎるころに最盛期を迎えることから重宝され、さまざまな花色の品種も販売されています。やや倒伏しやすいので、風の強いところでは支柱を施すか植栽を避けた方がよいかもしれません。株は大きくなるので、定期的に植え替えた方がよいでしょう。

▲ヘレニウム'ウィンドレイ'（Helenium cv. Wyndley）

代表種 アウツムナレ（オータムナレ, autumnale）／60～150cm／夏～秋／黄、赤など／日当たり／Z3

庭の環境、条件にあった植物選び

ベロニカ（ウェロニカ） Veronica ／オオバコ科

水はけの良い土壌を好み、過湿な場所では病害にかかりやすいようです。立ち性のスピカタ（spicata）やインカナ（incana）にはわい性品種も知られています。フルティカンス（fruticans）やプロストラタ（prostrata）はグラウンドカバーとしても使うことができます。小型の種類ほど水はけの良さを必要とする傾向があります。道内自生種は高山植物として扱われます。

代表種 ロンギフォリア（longifolia）／60〜80cm／夏／青紫、ピンク、白／日当たり／Z4

▲ベロニカ・ロンギフォリア'ブルーリーゼン'（Veronica longifolia cv. Blauriesin）

ベロニカストルム（ウェロニカストルム、クガイソウ） Veronicastrum ／オオバコ科

山間部の道路沿いでも見かけるエゾクガイソウは、本州産も含め庭に植えられています。半日程度光が差し込むような場所でも育ちますが、乾燥は得意ではありません。海外種のウィルギニクム＝バージニカム（virginicum）はよりたくさんの花穂が出て華やかです。ピンク、白などの品種が知られ、時に同じクガイソウの名で販売されています。いずれも草丈が高く、存在感のある種類です。

代表種 エゾクガイソウ（sibiricum v. yezoense）／150〜200cm／夏／青紫／日当たり〜半日陰／Z4

▲ベロニカストルム・ウィルギニクム'ファスシネイション'（Veronicastrum virginicum cv. Fascination）

ペンステモン Penstemon ／オオバコ科

大きな属で、色も青色から真っ赤な種まで、耐寒性も弱いものからかなり強いものまで、性質も強いものからデリケートなものまで含まれます。従って、本州で盛んに流通している種類は、道内で合わないものもあります。やや乾燥した土地に自生しており、過湿は非常に苦手ですので、土壌条件には気をつけます。道内全域で越冬する種も多いので、種類を選ぶことが大切です。

代表種 ヘテロフィルス（heterophyllus）／50cm／夏／青／日当たり／Z6

▲ペンステモン・ヘテロフィルス'トゥルー・ブルー'（Penstemon heterophyllus cv. True Blue）

庭の環境、条件にあった植物選び

ポテンティラ　　Potentilla
／バラ科

水はけの良い、軽めの土を好みますが、基本的に強健で育てやすい種類です。ウェルナ（verna）などグラウンドカバーに用いられる小型の種類は、より水はけの良い場所が合います。多くの種類で葉の表面に無数の繊毛があり、そのシルバーがかった葉も鑑賞価値があります。道内に自生するミヤマキンバイやチシマキンバイも、条件が良ければ庭植え可能です。

▲ポテンティラ・ツルベリ'モナークス・ベルベット'（Potentilla thurberi cv. Monarch's Velvet）

代表種 ネパレンシス（nepalensis）／30〜50cm／初夏〜夏／濃ピンクなど／日当たり／Z3

ホトトギス　　Tricyrtis
／ユリ科

日本に自生する種も交配親として使われた品種が知られています。薄紫色系の種類は、少々光が強くても涼しい北海道では育てやすいです。一方、黄花種は繊細で光が強いとすぐに葉焼けし、枯れ上がりますが、暗すぎても徒長し草姿を乱すので、場所を選びます。なお、懸崖性の種は鉢植えや特殊な場所の植栽で使われます。いずれの種類も乾燥は苦手で、湿り気のある柔らかい土壌を好みます。

▲ホトトギス'ミヤザキ'（Tricyrtis hirta cv. Miyazaki）

代表種 ホトトギス（hirta）／50〜70cm／夏〜秋／薄紫、白など／半日陰／Z6

ポレモニウム（ハナシノブ）　　Polemonium
／ハナシノブ科

やや土壌を選ぶ種類です。水はけが大変良く、軽い土を好みます。重い土壌などでは、根腐れなどで枯死することもあるようです。ピンク色のカルネウム（carneum）やわい性のボレアレ（boreale）、プルケリムム（pulcherrimum）などいくつかの種が知られます。小型の種は特に水はけが大切です。また、道内にもエゾノハナシノブやクシロハナシノブなどいくつかの種類が自生し、庭植えされるものもあります。

▲ポレモニウム・カルネウム（Polemonium carneum）

代表種 エゾノハナシノブ（caeruleum ssp. yezoense）／60cm／初夏〜夏／青紫／日当たり／Z2

マルウァ　　　　　　　　　　　　Malva
／アオイ科

乾燥した場所に強く、荒れ地でも育つ強健な種類です。ゼニアオイ（sylvestris v. mauritiana）やムスクマロウ＝ジャコウアオイ（moschata）も植栽されますが、こぼれ種で自然繁殖し、周囲に広がって野生化している状態です。開花期も比較的長く、育てやすいものの注意が必要です。ムスクマロウやウスベニアオイは食用やハーブティーの材料としても利用されています。

▲マルウァ・モスカタ＝ジャコウアオイ'ロセア'（Malva moschata cv. Rosea）

代表種 シルウェストリス＝ウスベニアオイ（sylvestris）／100cm／夏／赤紫など／日当たり／Z5

ムラサキナズナ　　　　　　　　Aubrieta　／アブラナ科

横に広がりマットをつくるグラウンドカバープランツで、古くから使われています。春早くに株一面を覆うようにびっしりと花を咲かせます。水はけの良い場所を好み、傾斜がかった場所で長年育っている株を見かけます。重い土は苦手で、軽めのものを好みます。条件が良くない場合、株の一部が雪や夏の雨で蒸れて枯れることがあります。

▲ムラサキナズナ'ロイヤル・レッド'（Aubrieta cv. Royal Red）

代表種 デルトイデア（deltoidea）／15cm／春／紫など／日当たり／Z5

メコノプシス　　　　　　　　　Meconopsis　／ケシ科

25℃以上の暑さを嫌うので、道東など冷涼な一部の地域を除いて、直射日光の当たらない場所で、湿り気のある柔らかい土壌に植栽します。シェルドニーまたはグランディス（grandis）が宿根しやすく、ベトニキフォリア（betonicifolia）は、花後に枯死することが多いです。カムブリカ（cambrica）は強健で、日当たり〜半日陰に向きます。

▲メコノプシス・シェルドニー（Meconopsis × sheldonii）

代表種 シェルドニー（× sheldonii）／60〜70cm／初夏／青／半日陰／Z5

庭の環境、条件にあった植物選び

メンタ（ミント） .... Mentha
/シソ科

ミントは乾燥した荒れ地でもたくましく育ちます。地下茎を伸ばして際限なく広がっていき、他の草花の根の間に入ると除去が困難になるので、まめに植え替えたり、四方を囲んで広がる範囲を制限するなど、対策を講じた方がよいでしょう。道内にもハッカ（arvensis v. piperascens）やヒメハッカ（japonica）が自生しています。かつては北見地方で盛んに生産され、昭和10年代には世界の精油生産量の70％を占めるなど隆盛を誇りました。

| 代表種 | ペパーミント＝セイヨウハッカ（× piperita）／30～80cm／夏／紫／日当たり／Z3 |

▲メンタ・アルウェンシス 'バナナ'（Mentha arvensis cv. Banana）

ヤマブキショウマ .... Aruncus
/バラ科

明るい半日陰で、腐植の混ざった湿った土壌を好みます。海外自生種であるディオイクス（dioicus）は大型で場所を必要とします。一方、古くから山野草として栽培されているタンナチダケサシ（aethusifolius）は30cm程度と小型です。このように種によって大きさが違うのですが、いずれも条件さえ良ければ長期にわたって良好な生育を見せます。雰囲気はアスチルベに似ていますが、野生種が主に販売されています。

| 代表種 | ヤマブキショウマ（dioicus v. kamtschaticus）／100cm／初夏～夏／白／半日陰／Z3 |

▲タンナチダケサシ（Aruncus aethusifolius）

ユーパトリウム（エウパトリウム） .... Eupatorium
/キク科

青花フジバカマとされるものはコエレスティヌムという種です。その他、大型のマクラツム（maculatum）やルゴスム（rugosum）などが植栽されます。半日陰でも明るい場所であれば育てられます。株は大きくなるので、定期的な管理が必要です。なお、秋の七草であるフジバカマは、入手が難しい種となっています。道内にもヨツバヒヨドリなどが自生しています。

| 代表種 | コエレスティヌム（coelestinum）／60cm／夏～秋／青／日当たり／Z4 |

▲ユーパトリウム・コエレスティヌム（Eupatorium coelestinum）

庭の環境、条件にあった植物選び

ラティルス ・・ **Lathyrus** ／マメ科

宿根スイートピーと呼ばれるつる性のラティフォリウス（latifolius）は古くから知られていますが、自立できないので、からませたり、壁面に垂れ下げたりする対応が必要です。一方、ウェルヌスは春早くに開花する小型種です。性質は強く、水はけが良ければ長年育ち続けます。道内にはハマエンドウが自生します。

> **代表種** ウェルヌス(vernus)／30cm／春／赤紫、ピンクなど／日当たり／Z4

▲ラティルス・ウェルヌス（Lathyrus vernus）

ラミウム（オドリコソウ） ・・・・・・・・・・・・・・・・・・・・・・・・・・・・・・・・・ **Lamium** ／シソ科

主にグラウンドカバーとして使われています。乾燥には弱く、湿り気のある場所で旺盛に生育します。樹木の下や宿根草と一緒に使われますが、地下茎を伸ばして際限なく広がるので、管理には注意が必要です。葉色の異なるものや、ふ入りの品種が知られています。海外では立ち性品種も知られ、道内にはオドリコソウが自生しています。

> **代表種** マクラツム(maculatum)／20～30cm／春～初夏／ピンク、白／日当たり～半日陰／Z4

▲ラミウム・マクラツム'ビーコン・シルバー'
（Lamium maculatum cv. Beacon Silver）

リアトリス ・・ **Liatris** ／キク科

スピカタは古くから切り花用としても栽培されています。性質は非常に強く、ある程度の水はけがあれば幅広い土質に適応するので、慣れていない方でも気軽に扱うことができます。耐寒性も強いので道内の多くの地域で問題なく生育するでしょう。花の付く先端部（花序）は重く、風が強い場所では倒伏するので、支柱などの対処が必要となる場合もあります。

> **代表種** スピカタ＝キリンギク(spicata)／60～80cm／夏／赤紫、白／日当たり／Z3

▲リアトリス・スピカタ（Liatris spicata）

庭の環境、条件にあった植物選び

庭の環境、条件にあった植物選び

リクニス　　　　Lychnis
／ナデシコ科

銀灰色の葉が特徴のコロナリアが最も知られます。水はけの良い場所を好み、過湿よりはやや乾燥した場所の方が安全に生育します。条件が合わないと比較的短命の傾向があり、冬季中に枯死する場合もあります。フロスククリ（flos-cuculi）やムシトリビランジと呼ばれるウィスカリア（viscaria）はこぼれ種で増えやすいです。リクニスはシレネ属に含まれるとの考えもあります。道内にもエゾセンノウなどいくつかの種が自生しています。

▲リクニス・ウィスカリア'シュネー'（Lychnis viscaria cv. Schnee）

代表種 コロナリア＝フランネルソウ（coronaria）／70〜80cm／夏／赤紫、白など／日当たり／Z4

リグラリア　　　　Ligularia
／キク科

直射日光は非常に苦手なので、一日半日陰となる場所が適しています。また、乾燥にも大変弱いです。条件が良いと大きくなるので、十分な場所を確保します。デンタタは銅葉の品種もあり、比較的人気が高いです。小さな花がたくさん付くプルゼバルスキィ（przewalskii）も使われています。本州に自生するいくつかの種が海外で品種改良され逆輸入されています。道内にもトウゲブキが自生しています。

▲メタカラコウ'ザ・ロケット'（Ligularia stenocephala cv. The Rocket）

代表種 マルバダケブキ＝デンタタ（dentata）／100cm／夏／黄／半日陰〜日陰／Z4

リシマキア　　　　Lysimachia　／サクラソウ科

高性のプンクタタやキリアタ（ciliata）、半日陰を好むはい性のヌンムラリア（nummularia）を見かけます。これらは水を好み、保水性のある場所ではかなり大きくなるので、株分けなどの管理が欠かせません。道内に自生するオカトラノオやクサレダマも植栽されています。いずれの種も樹木の間など半日程度光の当たる半日陰地でも植栽可能です。

▲リシマキア・プンクタタ（Lysimachia punctata）

代表種 プンクタタ（punctata）／70〜100cm／夏／黄／日当たり〜半日陰／Z5

148

リヌム (リナム) ... Linum
／アマ科

水はけの良い、どちらかと言えばやや乾燥気味の場所で良好に生育します。比較的短命の種類ですが、滞水する場所ではより短命に終わることもあります。鮮やかな黄色の花を咲かせる種も時に植えられますが、性質は同様です。こぼれ種でも増えていきますが、連作を非常に嫌うので、定期的に異なる場所へ植えることが望ましいです。なお、かつて繊維の原料として盛んに育てられたアマは一年草です。

代表種 **ペレンネ＝シュッコンアマ** (perenne) ／40～50cm／初夏～夏／青／日当たり／Z5

▲シュッコンアマ（Linum perenne）

ルピヌス ... Lupinus
／マメ科

最も見るのは、ポリフィルスを中心に作出された園芸品種群で、作出者の名前からラッセルルピナスと呼ばれています。また、ノボリフジの名でも知られています。水はけの良い場所なら強健に育ち、野生化したものも多く、ある意味北海道の一風景となっています。紫色系に比べて、赤や黄色系の株は弱い傾向にあるようです。通常は100cmくらいまで大きくなりますが、小型品種も販売されています。寿命はそれほど長くはありません。

代表種 **ポリフィルス** (polyphyllus) ／50～100cm／初夏～夏／紫など／日当たり／Z3

▲ルピヌス'ギャラリー・ホワイト'（Lupinus cv. Gallery White）

レウカンテムム ... Leucanthemum ／キク科

シャスタデージーは、いくつかの種を交配してできた交雑種で、古くから栽培されており、わい性品種もつくられています。排水が良ければ幅広い土壌に適応しますが、やや乾き気味の方が健全に育つようです。シャスタデージーの交配親としても使われたフランスギク（vulgare）は、繁殖力が強く野生化が問題となっています。

代表種 **シャスタデージー** (×supebum) ／50～80cm／夏／白／日当たり／Z5

▲シャスタデージー'ブライトサイド'（Leucanthemum × superbum cv. Brightside）

庭の環境、条件にあった植物選び

ロベリア ..... Lobelia
／キキョウ科

海外では種間交雑種もつくられており、赤花の品種を中心に導入されています。道内の湿地に自生するサワギキョウも含め、水辺に植えなくても育ちますが、湿り気のある場所を好み、乾燥を苦手としています。ウイルス病にかかりやすい傾向があるようですので、アブラムシが多発する環境は注意が必要です。また、風の強いところでは倒伏しやすいようです。

▲ロベリア・スペキオサ'ファン・バーガンディ'（Lobelia × speciosa cv. Fan Burgundy）

代表種 サワギキョウ（sessilifolia）／50〜100cm／夏／紫／日当たり／Z5

ワレモコウ ..... Sanguisorba ／バラ科

ワレモコウのほか、カライトソウ（hakusanensis）、数種の海外種が知られています。いずれの種も湿り気のある場所を好み、乾燥を苦手としています。一度植えれば長年衰えることなく成長しますが、根元は樹木のように硬く株分けや植え替えは大変です。その場でどっしりと育てるのに向いています。道内にもいくつかの種類が自生します。

▲サングイソルバ'レッドサンダー'（Sanguisorba cv. Red Thunder）

代表種 ワレモコウ（officinalis）／90cm／夏／赤、白など／日当たり／Z4

庭の環境、条件にあった植物選び

庭での一年草の利用

1 一年草を選ぶ

　一年草の特徴は、何と言ってもそのほとんどが花木や宿根草と比較にならないくらい開花期が長いことです。種類の選択によっては、秋遅くまで庭を華やかに彩ることができ、毎春新しく植える材料であるため、年ごとに雰囲気をがらりと変えることができます。また、宿根草を中心とする庭でも部分的に一年草を使うことによって、変化をつけることができます。

　一年草の多くは、涼しい気温を好み、多雨を嫌うので、北海道の気候に合っています。本州のように梅雨や夏の高温で枯れることも少ないので、一度植えると秋遅くまで元気に生育します。

　しかし、一年草の中にも、例えば札幌の夏を苦手とするものや逆に夏の暖かさを好むもの、また春〜夏にかけての平均的な気温が低いと成長が芳しくないものがあり、生育に適した温度は違います。さらに、種類によって良質の土壌を必要とするものもあり、土壌の適応性が広いものもあります。

　一年草は、すべての植物の中で最も多くの品種がつくられており、最近は、いわゆる栄養系という挿し木によって増殖される品種が競って発表されていることもあって、品種によっては同じ植物と思えないほど性質に開きがあるものもあります。

　しかし、基本的な性質を知っておいて損はありませんので、使う花を決める際の参考としてください。例えば、周りがコンクリートやアスファルトで気温が高くなってしまう場合や、土質があまり良くないが一気に土壌改良できない場合など、不適切な環境がある場合、性質の理解は植栽デザインの大きな助けとなることでしょう。

　なお、ここでは暖かい気候であれば越冬し、毎年開花する種類（多年草）でも、北海道では越冬しない場合、一年草として扱います。

庭の環境、条件にあった植物選び

2 さまざまな一年草

属名……学名／科名／原産地

庭の環境、条件にあった植物選び

アークトチス Arctotis／キク科／南アフリカ

アークトチス・グランディス

シルバーグリーンの葉を持ち淡い青色の花を咲かせるグランディス（A. grandis）や赤、オレンジ、白、黄などのパステル色を咲かせる品種が知られています。開花期は比較的長いです。やや乾燥気味を好み、多湿を嫌いますので、水はけがかなり良い場所に植えるようにし、他の植物と一緒に植える場合は、アークトチスが蒸れないように風通しを確保するとよいでしょう。また、日照も大変好みます。花がら摘みは必須の種類で、一つ一つの花は比較的大きく、それほど大変ではないのでこまめに行うようにしましょう。本来は、アルカリ性を好むのですが、それほど気にしなくてもきちんと育ってくれます。

アゲラタム Ageratum／キク科／中央アメリカ

熱帯のやや高地に自生している植物で、生育適温は20〜25℃ですので、北海道の多くの地域の夏の気温が適しています。草丈の高い品種もありますが、多くの品種は草丈がやや低くドーム状に成長します。土壌適応性も広く、病気になることも少ないので、安心して使える材料ですが、花がらが残り、特に雨の後はそれが目立ってしまうので、手入れをまめに行うことが望ましいです。花付きも良く、花がら取りは結構忙しくなるので、その点を加味して使うとよいでしょう。

アリッサム Lobularia／アブラナ科／地中海沿岸

白花が多いですが、赤紫やアプリコットなどの花色も知られています。寒さには強く、春を彩る一年草として最も早い時期に植えられている種類の一つです。一方で、暑さには大変弱く、札幌近郊では条件によっては夏に枯死することがあります。夏も涼しい地域ではより長期間開花し続けることでしょう。

アロンソア　Alonsoa ／ゴマノハグサ科／ペルーなど

オレンジや朱赤色の花が知られ、種子から作られた品種が主に販売されています。多湿は好みませんが、水はけが良ければ難しくなく、晩秋まで開花し続けます。分枝は旺盛で、品種により30～50cm程度の大きさになりますが、こんもりとした姿になるのが一般です。花弁は自然に落下しますが、枝葉に引っかかるので、株を揺らして落とすとよいでしょう。花がおおむね終わるころに花茎ごと切り落とすと次々と花茎が上がってきます。

アンゲロニア　Angelonia ／オオバコ科／メキシコ～ブラジル

種子や挿し木によって作られた品種が販売されています。比較的高い温度を好む植物で、本州でも比較的育てやすいとされているくらいです。従って、道内では夏の気温が上昇する地域により向いているといえるでしょう。なお、アンゲロニアは、本来多年草に分類される植物で、比較的室内でも保持しやすいので、晩秋に室内へ入れ、翌春に再利用することもできます。室内に入れた場合、日当りが良ければ室内でも開花しますが、どうしても徒長するので、定期的に切り戻します。

イソトマ　Laurentia ／キキョウ科／オーストラリア

青、白、ピンク色の品種が知られています。涼しい気候を好みますが、暑さにも強い種類です。オーストラリア原産植物の多くと同じく、やや乾燥気味の環境を好む（一方で乾燥しすぎるとすぐにしおれます）ので、特に水はけの良い場所に植えることが大切です。また、蒸れにも強くはないので、風通しが良くなるようにします。たくさんの花をつけるためには花がら摘みをまめに行いたいです。

イポメア　Ipomoea ／ヒルガオ科／中南米

一般にイポメアと言えば、アサガオやセイヨウアサガオを思い浮かべますが、ここでは葉ものとして使われる種類を紹介します。写真はテラスライムという品種で、紫色の葉の品種とともに見かけることができます。どこかで見たような葉だと思われる方もおられるかもしれませんが、サツマイモの品種になります。従って、大変高い温度を好み、温度が高ければ旺盛に成長します。暑くなって困るような場所でも元気に育ちます。味については分かりませんが、きちんと温度をかければ大きなイモができます。

庭の環境、条件にあった植物選び

庭の環境、条件にあった植物選び

インパチエンス Impatiens ／ツリフネソウ科／アジア、アフリカなど

花壇で一般的に使われる種類は、いくつかの種を交雑してつくられています。花色は豊富で、種子からだけでなく栄養系の品種も出回っています。性質は強く比較的土壌への適応性も広いので、安心して使える材料です。また、花壇用一年草の中では珍しく耐陰性があり、半日陰でも植え付けることができます。多くの品種は草丈低くドーム状に成長します。花がらは自然に落下するのですが、枝葉にどうしても引っかかってしまうので、まめな手入れが望ましいです。

エリゲロン Erigeron ／キク科／メキシコ〜ベネズエラ

写真のカルウィンスキアヌス（E. karvinskianus）は本来宿根草ですが、耐寒性が弱いので道内では一年草として扱われます。性質は非常に強く、気温の低い地域でも問題なく咲き続ける比較的安心して使える材料です。草丈は低く、グラウンドカバープランツとして使われることがあります。時に、ゲンペイコギクの名で呼ばれます。

カスミソウ Gypsophila ／ナデシコ科／中央アジアなど

涼しい気温を好む一年草です。エレガンス（G. elegans）は、花はシュッコンカスミソウに似ており、白や赤色の花が知られています。本州では秋には種されることが多いですが、道内では春に花壇へ直まきするのが一般的です。一方、ムラリス（G. muralis）はこんもりとドーム状になる種類で、縁取りなどにも使われています。いずれも、水はけが良いことが何より大切です。四季咲きではないので、晩秋までの開花は期待できません。小花がたくさん付き、花弁は自然に落下するので、花がら摘みは特に必要ありません。

ギプソフィラ・ムラリス

ギリア Gilia ／ハナシノブ科／北アメリカ

青紫色のカピタタ（G. capitata）やレプタンサ（G. reptantha）、淡紫色のトリコロール（G. tricolor）ともに一季咲きの一年草で、開花は比較的短期間となります。しかし、一年草の中では珍しい花色なので、時に使われています。本来は冬の間から苗作りが行われますが、種子を入手することも可能なので、春に種をまいて苗作りをしてもよいでしょう。もともと一季咲きですので、遅くまくことによって損することはありません。特に夏の涼しい地域では容易と思われます。日当たりと水はけの良い場所に植えるようにするとよいでしょう。

キンギョソウ　　Antirrhinum／オオバコ科／地中海沿岸地方

一般に花壇用に植えられる小型の品種は、あまり暑さには強くありません。また滞水する場所では、夏季に病害を引き起こすこともあるので、場所を選んで使うようにすることが大切です。花は茎の先端部に穂状に咲かせますが、そのままにすると子房が非常に目立ち、生育も衰えるので花がら摘みは必須の作業となります。他の一年草にも言えることですが、キンギョソウは連作を嫌うので毎年同じ場所に植えないようにしましょう。

サルビア　　Salvia／シソ科／北アメリカ、メキシコなど

主に花壇用として使用される四季咲きの種類のほか、本州では多年草扱いされ、一季咲きとして夏や秋、または晩秋に開花するものも含めると非常に多彩な植物です。性質は強く土壌適応性があり、比較的雨の少ない道内においては、夏の暑さも問題ありません。花後、花弁は自然に落下し、ガクの部分も色付いていて観賞価値があるので、あまり手間のかからない種類であると言えます。

サルビア・コッキネア（Salvia coccinea）

ジニア　　Zinnia／キク科／メキシコなど

生育適温は昼間で25～30℃、夜間で20℃程度と比較的温暖を好む種類です。従って、夏も涼しい地域ではやや生育がゆっくりですが、性質も強いので、枯死することは少ないです。やや乾燥した場所を好むので、水はけの良い場所で使うようにします。連続して上の方へと側枝を伸ばして開花しますので、枯れた花を隠してくれるのですが、できるだけ手入れは行うようにしましょう。咲き初めから咲き終わりまでに花色の変化する品種もあり、一つの株で複数の色を楽しむことができます。

ジニア'プロフュージョン'（Zinnia cv. Profusion）

庭の環境、条件にあった植物選び

庭の環境、条件にあった植物選び

センニチコウ (キバナセンニチコウ) ………… Gomphrena ／ヒユ科／アメリカなど

ある程度の温度（20〜25℃程度が適温）、やや乾燥した場所、十分な日照を好む種類です。多湿の環境には弱いので、水はけが良くてやや乾き気味の場所が適しています。暑くなってしまうような場所に適しているとも言えます。赤色を中心に白やピンクの花色が知られています。花は雨に当たらないとドライフラワーにもなるのですが、戸外では見苦しくなるので、花がら摘みを行いましょう。

ダールベルグデージー (ティモフィラ) ……… Thymophylla ／キク科／南アメリカ、メキシコ

最も一般的に見かける種類は、ドーム状にこんもり繁り、秋遅くまで開花します。生育適温は15℃前後と低く、夏の涼しい地域にも適していると言えます。一方で暑さにも比較的強いです。やや乾燥した場所を好み、過湿を大変嫌うので、水はけの良い場所で使うとよいでしょう。

ダールベルグデージー'ゴールデン・ドーン'
(Thymophylla tenuiloba cv. Golden Dawn)

タマクルマバソウ (アスペルラ) ……… Asperula ／アカネ科／小アジア〜コーカサス地方

暑さを嫌う一年草で、基本的に長期間開花し続けることはありません。しかし半面、春に自分で種をまいて苗を作り、庭に植えることもたやすい種類であると言えます。特に、夏の涼しい地域では容易でしょう。寒さには強いので晩秋でも開花します。時期によっては、開花後に地際から数節残して切り戻しを行うことにより、再度開花します。

ナスタチウム (キンレンカ) …… Tropaeolum ／ノウゼンハレン科／ペルー、コロンビア

北海道の夏はよく合い、性質は強く、土質を選ばず、やせ地にも強いので、旺盛に成長します。コンパクトにまとまる品種もつくられていますが、多くはつる状の茎を四方八方に伸ばすので、レイズドベッド（やや高さのある花壇）で使われることもあります。場所によっては、はさみを使って伸びを抑えることも必要でしょう。花がら摘みをしなくても生育が衰えることはありません。

ニコチアナ (ハナタバコ) ―― Nicotiana ／ナス科／南米

もともと「たばこ専売制度」により販売が禁止されていましたが、1985年以降、その廃止により出回るようになりました。わい性品種のほか、高性の種、品種も多く見られるようになり、白、ライムグリーン、赤、紫など花色も多彩となっています。秋遅くまで開花する、高性の一年草のなかでは数少ない種類です。性質は強く、水はけが良ければ旺盛に成長します。茎の途中や地際から新しい茎を出して開花しますので、花が終わると花茎ごと切り取るとよいでしょう。

ネメシア ―― Nemesia ／ゴマノハグサ科／南アフリカ

種から育成されたもののほか、栄養系品種も多く見かけます。品種によって多少の差はありますが、暑さを大変嫌い、札幌の真夏も厳しいくらいです。従って、大変涼しい地域に適した種類であると言えます。また土壌適応性も広いとは言えず、水はけが良く通気性も十分確保された良質な用土を好みます。このようにややデリケートな面があるので、花がら摘みも丁寧に行い、きちんとした管理のできる場合に使うとよいでしょう。

バーベナ ―― Verbena ／クマツヅラ科／中南米

最も一般に見かけるのは、ホルテンシス（V. hortensis）というほふく性の交雑種ですが、その他、葉に切れ込みの入ったテネラ（V. tenera）やスペシオサ（V. speciosa）の品種もあります。もともと乾燥したやせ地に自生する植物で土壌適応性は広いですが、水はけが十分に良い場所へ使うようにします。ほふく性品種は花がらが目立つので、まめに手入れを行うようにしましょう。バーベナの中でも立ち性の種類であるリギダ（V. rigida）やサンシャクバーベナ（V. bonariensis）は、花がら摘みを行わなくても見苦しくなく使いやすい材料かもしれません。

バーベナ・リギダ

庭の環境、条件にあった植物選び

ビオラ　Viola／スミレ科／ヨーロッパなど

春の一年草として最も見かけます。ブランド名の付いた品種も次々と発表され、多彩な色や花形を見ることができます。大変涼しい気温を好み、夜温が5℃もあれば十分に開花することから、本州では秋～冬にかけて植栽されますが、道内でも秋に植えられることがあります。秋の植え込みは気温が高くなると草姿が乱れるので、10月を過ぎてから植えることが一般的です。夏以降は気温の低い地域ほど、安定して生育します。

ビンカ（ニチニチソウ）　Catharanthus／キョウチクトウ科／マダガスカル

数多くある一年草の中でも最も高温を好む種類の一つで、夜温が15℃を下回ると生育は鈍ってしまいます。従って、どちらかと言えば本州向きの植物といえます。特に道東のような涼しい地域では適しているとはいえません。どの地域においても使用する場合は、あまり大きくならないことを想定して植え込みます。なお、暖かい場所で育てると半低木化するそうです。

フロックス　Phlox／ハナシノブ科／アメリカ

フロックスと言えば宿根草が思い浮かびますが、ドラモンディ（P. drummondi）の改良種などが一年草として流通しており、多彩な花色の品種がつくられています。性質はややデリケートな面もあるようで、過湿とならない水はけの良い場所で使うようにします。花がら摘みもまめに行うことが大切です。

ベゴニア　Begonia／シュウカイドウ科／ブラジルなど

鉢物としてもおなじみの植物ですが、花壇用としては種間交雑種であるセンパフローレンス（B. × semperflorens）の品種が使われています。性質は強く、土壌適応性の広い種類となります。ただ、生育適温は比較的高い（昼温：25℃、夜温：15～20℃）ので、夏季冷涼な地域では生育がゆっくりとなります。花弁は株に多少付くものの自然に落下します。寄せ植えなどで使用されるキュウコンベゴニア（B. × tuberhybrida）は、センパフローレンスと違い、25℃以上の気温を嫌いますので、夏の非常に涼しい地域で使いやすい材料です。

庭の環境、条件にあった植物選び

ペチュニア　　　Petunia ／ナス科／ブラジル、アルゼンチンなど

最も育種の盛んな一年草と言っても過言ではなく、多くの品種がメーカーから発表されています。花色はもちろん、花の大きさも大輪から極小輪まであり、性質も多少の違いがあります。総体的にペチュニアは過湿が苦手で、どちらかと言えばやや乾燥する場所を好みますので、排水の良い場所で使用するとよいでしょう。北海道の気候はペチュニアに合っているので、地植えの材料としては適していますが、やや条件の悪い場所では、耐病性と耐雨性のより強い品種を候補とするとよいでしょう。多彩な品種群でこれからも一年草の中心を担う存在となりそうですが、花後の花弁の汚れは、特に雨天後においては目立ってしまうので、できるだけ花がら摘みを行うようにしましょう。なお、カリブラコア（Calibrachoa）はペチュニアの近縁で、育てやすい種類です。

極小輪の品種も知られている

地植えの状態。強健な品種は、病害にもならず旺盛に生育する

ヘリオトロープ　　　Heliotropium ／ムラサキ科／ペルー、エクアドル

ドライフラワーやポプリ、香水などの材料として使われているように独特の香りのする植物です。一年草というよりも本来は花木で、室内で保護すると何年も開花します。性質は強く、土壌適応性は広いので使いやすい材料と言ってよいでしょう。北海道の暑さは何ら問題ではありませんが、やや温度があることで成長は早まります。華やかな材料ではありませんので、脇役的な使い方がよいでしょう。

庭の環境、条件にあった植物選び

庭の環境、条件にあった植物選び

ヘリオフィラ Heliophila ／アブラナ科／南アフリカ

生育適温は15～20℃と暑さを嫌います。秋までの長期間開花し続ける種類ではありませんが、涼しいほど期間が長くなる傾向があるので、夏季冷涼な地域に向いている材料とも言えます。南アフリカ原産植物の多くと同じく、過湿は嫌うので、水はけの良い良質な土壌に植えるとよいでしょう。花が終わると花茎ごと切り取って花がら摘みをするとよいでしょう。

ヘリクリスム Helichrysum ／キク科／南アフリカ

写真の種はペティオラレ（H. petiolare）で、葉ものとして使われる多年草になります。日照を好み、乾燥には非常に強く、過湿は苦手としますので、土壌表面が常に乾いているような場所を好みます。冬季に室内で保管する場合は、3～10℃の涼しい場所に置くとよいでしょう。なお、帝王貝細工とも呼ばれる種、品種はオーストラリア原産でドライフラワーとしても使われます。

ヘリクリスム・ペティオラレ

マリーゴールド Tagetes ／キク科／メキシコ、熱帯アメリカなど

最もおなじみの一年草の一つで、北海道の気候に合った材料であるとともに、土壌適応性も広いです。小型のフレンチマリーゴールドと大型のアフリカンマリーゴールドが有名です。花の終わった花弁は株上に残り見苦しくなるので、花がら摘みをきちんと行いたいものです。本当によく見かけますが、手入れされていないところがほとんどなので、種類の選択が大切です。

ミムルス Mimulus ／ハエドクソウ科／アメリカ、メキシコなど

北海道の気候に合った材料です。過湿を嫌いますが、土壌は適度の湿り気が必要で、土壌が乾燥するとしおれは早いです。やや半日陰の場所でも成長し、開花するので、植える場所によってはその性質を生かすことができるでしょう。こんもりと繁った草姿になるので、花弁が株についてしまいます。まめに花がら摘みをしたいところです。

メランポディウム　Melampodium ／キク科／メキシコ

性質は強く、湿り気を好みますが土壌適応性も広い種類です。やや高い温度を好み、真夏に旺盛に成長します。あまり多くの品種はつくられていませんが、この植物の特徴は、花がら摘みをしなくても枯れた姿を残さないことにあるでしょう。乾燥しない場所を好むのですが、根を張らしてしまえば荒れ地でも育つたくましさがあります。

リムナンテス　Limnanthes ／リムナンタ科／アメリカ

夏の高温となる前に花の終了する、一季咲きの種類となります。やや湿り気のある土壌を好み、乾燥する場所では生育が芳しくありません。暑さを大変嫌い、涼しい気温を好むので、気温の低い地域に適しているともいえます。開花期を少しでも延ばすためには、花がら摘みは行いたいです。春〜初夏用の一年草と考えて使うとよいでしょう。

ルピヌス　Lupinus ／マメ科／アメリカ、ヨーロッパなど

一年草のルピヌスは、品種数はさほどではないものの、おなじみのラッセルルピナスとは違う色合いをしています。開花期は長くなく、頂芽と側枝からのつぼみが開花すれば終了するので、できるだけ大きな株に育てた方がよいでしょう。種子を採取する場合以外は、確実に花がら摘みを行うようにします。

ロベリア　Lobelia ／キキョウ科／南アフリカなど

花壇用の種類としては、エリヌス（L. erinus）の品種が中心で、札幌の夏でも暑いくらいの涼しい気温を好み、温度条件が合えば秋まで咲き続けます。排水の良い場所を必要としますが、乾燥にも弱いので、ある程度の湿り気もあることが望ましいです。小さくまとまるわい性種や横へと広がるペンデュラ種があり、高温に耐える品種もつくられつつあります。

庭の環境、条件にあった植物選び

庭での球根植物の利用

● 庭の環境、条件にあった植物選び

1 球根植物を選ぶ

　球根植物は草花の間や樹木の下などちょっとしたスペースに植えることができ、春先の花の少ない時期を彩ってくれます。そして、草花が大きくなる、または樹木の葉が茂るころには生育のピークを過ぎ、夏は地上部を枯らせて休む種類が多いので、それらとの共存が可能なことも特徴です。さらに、他の草花と一緒に植え込むことは、温度が高くなる時期に暑さから守ることにもなります。

　一般に見られる種類の多くは、耐寒性が強く道内の多くの地域で健全に育ちます。また、冬の間に芽の先端部が地中にあることもあり、積雪の多い地域では特に、本来越冬しないとされるものでも開花する事例を見ることができます。

　従って、球根植物は気軽にいろいろな種類を試すことができると言えます。

　一つの種類を長年維持したい場合や土壌条件が悪い場合は、植え替えしなくても毎年開花する強健な種類がありますので、意識して選んでみてもよいでしょう。

2 さまざまな球根植物

属名……学名／科名

チューリップ　　　　　　　　　　　　　　　　　　　　　　Tulipa／ユリ科

イベリア半島（スペイン、ポルトガル）から中国にかけての北緯40°線に沿って北は西シベリア、南はアフリカにかけての広い範囲に渡って自生しており、それらの地域は主に夏に高温、乾燥となる気候となっています。北海道でもかつて球根生産が行われ、海外にも輸出されていました。

道内での適性

多くの品種が販売されていますが、花形によっていくつかの系統に分かれています。その中でも、遅咲きの八重咲きや花弁の細長いユリ咲き、花弁の周りにギザギザの入るフリンジ咲き、花弁の中央に緑の筋が入るヴィリディフローラ、絞り咲きのレンブラント、花弁が全体に波打つパーロット咲きなどの、少し変わった咲き方をする品種は、毎年開花させ続けるのが難しい傾向にあります。一方で、いわゆる普通の一重咲きは放任栽培で咲き続けている姿を見かけます。

さらに、原種系といわれる小型の種類も多くあります。これらは、性質の強いものが多く、特にバタリニー（T. batalinii）やクルシアナ（T. clusiana）、プルケラ（T. pulchella）、タルダ（T. tarda）、トルケスタニカ（T. turkestanica）およびそれらの品種は長年植え替えもしないで咲き続けてくれます。

管理上の注意

重い土壌はあまり好きではなく、水はけのよい、やや砂質の土壌が適しています。富山県は球根の生産地として有名ですが、その理由の一つが砂質土壌であることです。放任で咲き続けてくれない品種は、分球によって球根肥大が十分に行われなくなることも原因の一つなので、毎年掘りあげ、きれいに分球して植え直すことが翌年のために大切です。長年植えたままで楽しみたい場合は、シンプルな花形の早咲き種やいわゆる原種系を選ぶことで、その可能性が高まります。チューリップは球根植物の中で最も品種数が多く、毎年のように新しい品種が発表されていますが、古い品種にも優秀なものがたくさんあるので、目的に沿った品種選びをするようにしましょう。

チューリップ 'ジュリエット'
（T. cv. Juliette）

チューリップ 'リトル・プリンセス'
（T. cv. Little Princess）

庭の環境、条件にあった植物選び

アリウム　　　　　　　　　　　　　　　　　　　　Allium ／タマネギ科

北半球の幅広い地域に 400 近くの種が分布する大きな属となります。食用としているタマネギやニンニクなどもアリウム属の植物です。北海道にもアサツキやギョウジャニンニク、ミヤマラッキョウなどが自生しており、庭植えできます。

道内での適性

ギガンテウム（A. giganteum）のような大型種とあまり改良の進んでいない小型種に分けられ、いろいろな種類を目にすることができますが、主に初夏〜夏にかけて開花します。大半の種類が長雨を嫌うので北海道に向いています。特に小型種については、他の宿根草や球根植物が育ちにくい乾燥したやせ地でもたくましく育つ強健性を備えています。また、密植状態でも衰えはみられませんので、植えたままで長年咲き続けます。

管理上の注意

大型種はすっと高く伸びる花茎に価値があり、分球が進むと、花が小さくなって草丈も低くなるので、その際は植え替えるとよいでしょう。地際にある葉は、開花前後に傷んで見栄えが悪くなることがあります。傷んだからと切り取るのではなく、他の植物で見えないように工夫するのも一つの方法です。小型種は長期間、地上部の葉を緑に保つので、植え替えしない限り早々と切り取らないようにします。また、時に種子が飛散してあちこちに増えることがありますので、不必要な分は抜き取ります。

アリウム 'マウント・エベレスト'
(A. cv. Mount Everest)

チャイブ
(A. schoenoprasum)

アリウム・カラタウィエンセ 'アイボリー・クイーン'
(A. karataviense cv. Ivory Queen)

アリウム・カリナツム・プルケルム・アルブム
(A. carinatum ssp. pulchellum f. album)

ユリ　　　　　　　　　　　　　　　　　　　　　　　Lilium／ユリ科

北米や、アジア、ヨーロッパの北半球に約100種が分布しています。日本には観賞価値の高い野生種が多いことで知られ、著名な園芸品種の多くにその遺伝子が組み込まれています。品種改良は盛んで、バイオテクノロジーを使った以前はあり得なかった交配種が多くを占めつつあります。北海道にもエゾスカシユリやクルマユリが自生しています。

オーレリアンハイブリッドの品種

道内での適性

テッポウユリ（L. longiflorum）やタカサゴユリ（L. formosanum）は暖かい場所を好むので、生育は芳しくありませんが、多くの種類が病気も少なく健全に育ちます。品種改良は、主に切り花用として行われています。その中で、オーレリアン（トランペット）ハイブリッドと呼ばれる系統は、庭植え用として作られた品種で、圧倒的な耐病性を持っています。また、カサブランカ（L. cv. Casa Blanca）に代表されるオリエンタルハイブリッドや最も多く見かける上向き咲きのアジアティックハイブリッド、それら三つの系統間交配種も育てやすい品種となります。また、本州では難しいとされるササユリ（L. japonicum）やヤマユリ（L. auratum）などの野生種もきちんと咲いてくれます。

管理上の注意

球根植物の中ではやや重い土を好む傾向にありますが、有機物が多く混ざっていることが大切です。多くは日当たりを好みますが、山地に自生するササユリ、ヤマユリ、オトメユリ（L. rubellum）、クルマユリ（L. medeoloides）、サクユリ（L. auratum v. platyphyllum）などオリエンタルハイブリッドの元となった野生種や最も寒い場所に自生するマルタゴンリリー（L. martagon）は、明るい半日陰を好む傾向にあります。浅く植えると分球しやすいので、深植えを心がけます（一般の品種は20cmくらい覆土しても問題ありません。ただしマルタゴンリリーは浅植えします）。草丈が低くなり、花が小さくなれば植え替えるとよいでしょう。掘り上げたときは、根を乾かさないように保管します。

庭の環境、条件にあった植物選び

ユリ'スイート・サレンダー'（L. cv. Sweet Surrender）。オニユリの血が入るアジアティックハイブリッド

ササユリ

エレムルス ……………………………………………… Eremurus ／ツルボラン科

地際から長いものでは人の身長以上の長い花茎を伸ばし、たくさんの小花を数週間にわたって咲かせ続ける、印象深い種類です。涼しい気候を好みますので、北海道には適しています。球根は大きく、入手した場合でもすぐ開花するとは限りません。しかし、年々大きくなってたくさんの花茎を出すようになります。開花のころには、葉が傷む場合が多いので、他の草花などで隠すように植栽するとよいでしょう。球根は巨大なヒトデのような形をしており、芽を中心に周囲に1m近く広がることもあります。掘りあげる時は、芽から20～30cmは保護するようにし、その先は切ってしまっても構いません。また、分球する時は、翌年発芽する部分が目視ではっきり分かるので、その芽を確実につけるようにして、ナイフやナタなどの鋭利な刃物で、球根を切り分けていきます。切り口は腐りやすいので、風通しのよい場所で乾かしたり、殺菌剤を塗って腐敗を防止するとよいでしょう。

エレムルスは品種数は多くないが、いくつかの花色が知られている

エリスロニウム（カタクリ）……………………… Erithronium ／ユリ科

北海道にも自生するカタクリから想像つくように明るい半日陰や開花期以降は日陰となるような場所を好みます。従って、日陰の庭に植える球根として扱うことが基本になります。他に、別種ですが白や黄色の品種を目にします。ホームセンターや園芸店で最も目にする黄色のパゴダ（E. cv. Pagoda）という品種は、交雑種ですが直射日光に当たっても毎年育ち、球根も増えるので、この品種は他の野生種と比較して別の植物のような印象を受けます。樹林下の自生から分かる通り、腐植のたくさん混ざった土壌を好みます。球根を植える時は、パゴダはともかくとして、土壌と光環境が合うことを確認するように意識し、深植え（球根2～3個分は覆土する）を心がけます。

エリスロニウム 'パゴダ'

アネモネ ・・ Anemone ／キンポウゲ科

小型で時に山野草として扱われるブランダ（A. blanda）、ネモロサ（ヤブイチゲ）（A. nemorosa）、ラヌンクロイデス（A. ranunculoides）が最も植えられています。特にブランダは複数の花色を見ることができ、性質が強いです。半日陰の植物と思われがちですが、ブランダやラヌンクロイデスは少々日当たりが良くても花を咲かせます。いずれも柔らかい土を好み、条件が合えば長年植え替えの必要はありません。北海道にもニリンソウ（A. flaccida）、キクザキイチゲ（A. pseudoaltaica）などが自生しており、時に植栽されます。

ニリンソウ

クロッカス ・・ Crocus ／アヤメ科

最も多くの家庭で見かける球根植物の一つです。植え放しで開花し続ける種類の代表格となります。春咲きの印象が強いクロッカスですが、秋咲きの種も耐寒性が強く、時に見かけます。香辛料や生薬として使用されるサフラン（C. sativus）も秋咲きですが、北海道ではやや生育が悪いようです。

植え放しの代表格であるクロッカス

スイセン ・・ Narcissus ／ヒガンバナ科

やや重い土でもたくましく育ち、長年咲き続けますので、廃屋となった場所に咲く姿も見かけます。大半の種は北海道で抜群の成績を残し、やや小型のキクラミネウス系やブルボコディウム系品種も植えられています。ただ、ニホンスイセンや寒咲きスイセンの名で知られる房咲き系は、耐寒性が弱く生育は良くありませんので知っておくと安全でしょう。

道内でのラッパスイセン系の成長は非常に良い

庭の環境、条件にあった植物選び

フリチラリア　　Fritillaria／ユリ科

北海道にも自生するクロユリ（F. camtschatcensis）や海外種で最も一般的なメレアグリス（F. meleagris）などの小型種は比較的育てやすく、明るめの半日陰から、メレアグリスでは日当たりの良い場所でも育ちます。日当たりの良い場所に植える場合は、他の草花などで地面に直接光が当たらないようにできれば万全です。インペリアリス（F. imperialis）、ペルシカ（F. persica）などの大型種はやや繊細で、腐植十分の水はけ良い、柔らかい土が十分な深さのある良い条件でないと開花は続かないようです。また、株元に光が当たらないようにする、もしくは明るい半日陰で涼しく保つ方がよいでしょう。

フリチラリア・メレアグリス　　メレアグリスの白花

シラー（スキラ、ヒアキントイデス）　　Scilla (Hyacinthoides)／キジカクシ科

早春咲きのシベリカ（S. siberica）やビフォリア（S. bifolia）から初夏に近いころに開花し、ツリガネズイセンの和名でも呼ばれるカンパヌラタ（カンパニュラータ, S. campanulata）まで幅広い期間に開花する多くの種が、ほとんど品種改良されることなく使われています。どの種も育てやすく、群生して開花する姿を見ることができます。これらは日当たりのよい場所のほか、特に春咲きの種類では樹林下など開花期を過ぎると半日陰となる場所へも植えられます。なお、カンパヌラタなど一部の種では、近年の属名変更によりヒアキントイデス属に分類されるようになりました。

スキラ・シベリカ 'アルバ'

アイリス　　Iris／アヤメ科

最も見かけるのがダッチアイリスと呼ばれるオランダで改良された園芸品種群です。その他、ほとんど改良されていない早春咲きのダンフォルディアエ（I. danfordiae）やレティクラタ（I. reticulata）の小型種も見かけます。いずれも、軽い土を好み条件が合わないと葉先の枯れ込む病気が発生しやすくなります。小型種はやせ地では開花し続けることが難しいので、条件のよい場所で使うことが望ましいです。

ダッチアイリスの品種であるホワイト・ウェッジウッド（I. cv. White Wedgewood）

ヒアシンス ・・ Hyacinthus ／キジカクシ科

最も多く見かけるのが水栽培でおなじみで、ぼってりした花型のダッチ系と呼ばれる品種群で、人工的な雰囲気があります。それに対して、時に見かけるムルチフローラ系やローマン系は花数が少なく、まばらにつくので野生の趣が残っています。ローマン系は盛んに増える系統です。

野趣あるヒアシンスの開花

ヒアシンス'カーネギー'（H. cv. Carnegie）

リコリス（ヒガンバナ）・・・・・・・・・・・・・・・・・・・・・・・・・・・・・・・・ Lycoris ／ヒガンバナ科

ヒガンバナといえば本州の農村風景としておなじみです。ほとんどの種は北海道での栽培が困難ですが、スクアミゲラ（ナツズイセン，L. squamigera）は多くの地域で開花しています。ヒガンバナといえば秋のイメージがありますが、この種も晩夏に開花します。園芸店などでは、耐寒性のない種、品種も販売されることがあるので注意したいところです。最も遅くに開花する秋植え球根植物の一つです。

ナツズイセンは球根植物では数少ない晩夏に開花する

シクラメン ・・・ Cyclamen ／サクラソウ科

シクラメンといえば冬の鉢花を思い浮かべますが、早春咲きのコウム（C. coum）や晩夏～秋咲きのヘデリフォリウム（C. hederifolium）は－20℃くらいまで問題なく耐えます。ただ、冬の滞水には弱く、暖かい地方でも枯れる場合があるので、水はけの良い場所への植え付けが大切な条件となります。直射日光が長時間当たらない半日陰の場所を好みます。植え付ける深さは鉢花と比べると深植えで、3～4cm程度覆土するようにします。

早春に開花するシクラメン・コウム

庭の環境、条件にあった植物選び

庭の環境、条件にあった植物選び

ムスカリ　　Muscari／キジカクシ科

最も古くから知られる種はアルメニアクム（M. armeniacum）や羽毛のような花を咲かせるコモスム'プルモーサム'（M. comosum cv. Plumosum）ですが、ボトリオイデス（M. botryoides）やラティフォリウム（M. latifolium）、アズレウム（M. azureum）などの種、品種も見かけるようになりました。いずれの種類も性質は強く、土壌適応性も広いです。大半の小球根種は盛んに分球し開花するので、群生するように咲かせると本来のよさが出ます。植え替えも必要とする機会は非常に少ないので、省力的な種類といえます。秋に葉を出すのも特徴ですが、むやみに切らないようにしましょう。

ムスカリ・ボトリオイデス'アルブム'（M. botryoides cv. Album）。どの種類も性質は強い

チオノドクサ　　Chionodoxa／キジカクシ科

品種改良はそれほど行われていませんが、性質はきわめて強く、土壌適応性も広く、植えっ放しできる代表種の一つです。分球も盛んで、小さな球根でも成長して開花します。他の草花と一緒に植えると、草花の植え替え時に球根が一緒に運ばれて、他の場所で咲いてしまうこともあります。なお、現在はツルボ属（Scilla）に分類されているのですが、旧属名で紹介しています。

チオノドクサ・ルシリアエ（C. luciliae）。植え放しで数十年咲き続けることも普通

プシュキニア　　Puschkinia／キジカクシ科

チオノドクサと同じく、早春に開花する種類でリバノティカという種が知られています。ここで紹介した多くの球根植物と同じく暑さには弱いのですが、北海道ではずっと植えたままでも開花するようです。また土壌適応性も比較的広いので、気軽に使うことができるでしょう。なお、リバノティカはスキロイデス・リバノティカ（P. scilloides v. libanotica）と表記されることもあります。

プシュキニア・リバノティカ（P. libanotica）

Ⅳ. 庭での植物管理

- 土壌の管理 -
- 樹木の管理 -
- クレマチスの管理 -
- 宿根草の管理 -
- 一年草の管理 -
- 球根植物の管理 -
- 芝生の管理 -

土壌の管理

良い土づくりをすることは、すべての植物を育てる上での基本となります。土の状態が良い場合は、同じ植物でも驚くほど成長は違い、土の状態が悪い場合は、成長が悪いばかりか、宿根草などでは途中で枯死することもあります。また、樹木ではなかなか枯死には至らないものの、ほとんど成長せず、徐々に衰退する一方となります。土壌条件を良くすることは、庭づくりを長く楽しむ上で、とても大切なことです。北海道の土壌は地域によって大きく違い、同じ地域内でも差が見られます。植栽している場所の土壌の状況を判断し、条件が悪ければ改良に努めるなど、植物が育ちやすい土作りをしたいものです。

1 良い土壌条件とは

　植物によって好む土壌は多少の違いがありますが、おおむね以下のようなものが育ちやすい土壌となります（水生植物、高山植物など特殊な環境を要する植物を除く）。基本的なことですので、知っておくと役立つことがあるでしょう。
・水はけが良いこと（排水性が高いこと）
・有効土層が深いこと（根の張る土の深さが十分にあること）
・通気性が良いこと
・保水性のあること（水持ちが良いこと）
・肥料持ちが良いこと（保肥性のあること）

　その他、弱酸性であること（一部の種類除く）、雑草の種子が混入していないことなども含まれます。上記の五つの内容は聞いたことがある方も多いと思います。ここではもう少し詳しく説明することにしましょう。

・水はけが良いこと

　実際に庭で植栽するにあたっては、「水はけが良いこと」とは「水がたまりにくいこと」ともいえます。つまり、何日も雨が降った場合に、水がたまるようではまともな成長は望めず、水がある程度地中深くまで抜けることが大切

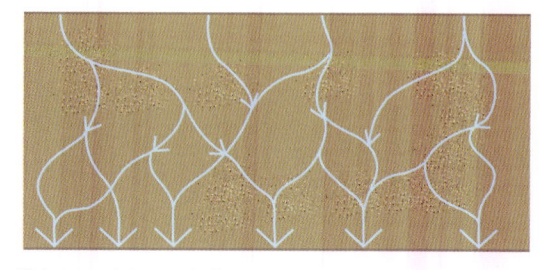

滞水することなく、水がすっと抜けていくことが望ましい

です。例えば、ある公共の公園では、公園を作る際に表土（表面にある土で有機物を含んでいる場合が多い）をかなり削ったため、重粘土（水がほとんど抜けない強烈な粘土の層）が露出しました。そしてそこに植栽したものの、雨が降るたびに水たまりができ、植栽した樹木や草花はほとんど成長していません。これは極端な例

ですが、個人宅造成の際も基礎を作るため、土を掘削し周囲に盛ったりしています。植栽部分には新しい土を入れることもありますが、せいぜい20cmなど十分でないため、水がたまりやすいといった事例もみられます。つまり、表面に見える土の良しあしだけでなく、ある程度良い状態がどの深さまで続いているかによっても、水はけの良さが違ってきます。水はけが良い土壌とは、何年かに一度ある大雨でも突然の根腐れや病害発生もなく、長年健全に生育する土壌であり、1〜2年生育が良くても、それだけで判断するものではありません。

・有効土層が深いこと

　水はけの良さとも関連しますが、根を深くまで張ることができれば生育は良く、根を深く張るものや乾燥地を好む種類など幅広い植物を植栽することができます。どのくらいの深さが良いとは一概に言うことはできません。浅根性とされるキクについて、どの程度の深さまで根が張るかを調べたある研究では約40cmという結果、またバラの

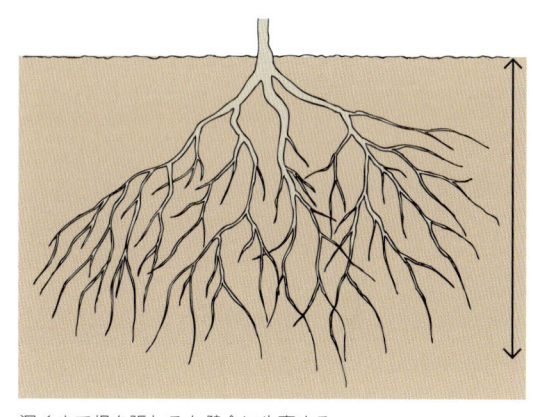

深くまで根を張れると健全に生育する

同様の研究では100cm以上というものでした。これらはいずれも切り花生産の研究結果であり、庭作りでそこまでの品質を求める必要はないものの、宿根草でも樹木でも（種類によって根の深さに違いはありますが）相当の深さまで根を張るものであることがうかがい知れます。また、樹木の場合は、横にも広く根が張ることから、草花と比べより広範囲で一定の深さの有効土層が必要となります。

・通気性が良いこと

　土壌の粒子の間に、ある程度隙間があって、空気の通り道が確保されていることが必要です。隙間があることは水はけが良いことにもつながります。強烈な粘土は粒子が非常に細かく、隙間がほとんどないので通気性（と水はけ）が非常に悪く、根は健全に育ちません。通気性を良くするためには、有機物を加えることが大切です。植物性

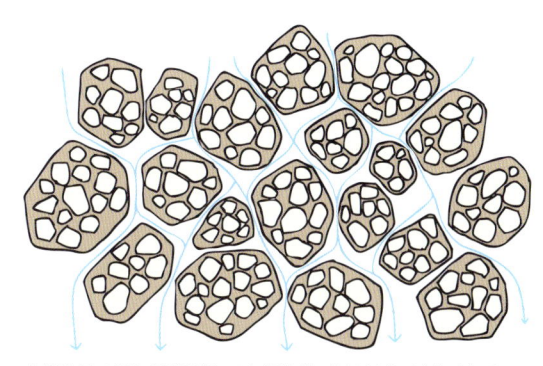

土壌粒子の間に隙間があると通気性（水はけ）は良くなる

の有機物は団粒構造（土壌の小さな粒が集まって大きな粒になった状態。目では見えません）を作ることによって通気性（と水はけ）の良い土壌を作り出します。

- **保水性のあること**

　実際は、乾いて困るという場合は少ないことから、先の3点と比較すると重要性は低くなりますが、植栽面積が非常に小さいなど、何らかの条件で乾きやすい場所にとっては大切なこととなります。水はけが非常に良く（隙間が多いことになる）、有機物のほとんどない土壌では乾燥しがちとなります。保水性のある土や植物性堆肥を加えることによって、植栽場所の保水性を高めることができます。

- **肥料持ちが良いこと**

　これも先の3点と比較すれば重要性は低くなりますが、肥料持ちの良い土の場合、少量の施肥で成長はよくなります。もともとの土壌の性質によっても肥料持ちに違いはありますが、植物性の有機物には十分に腐熟すると肥料を捕まえる（水によって流れ出さない）性質があります。

2 客土に使われる土壌

　客土とは、樹木や草花を育てている場所に、他から運び込んだ土壌を加えることをいいます。もちろんその土地の土壌条件を良くするために行います。

　道内にはさまざまな土壌が存在しており、人為的に手の加えられた土壌も含めると、より種類は多くなります。地域によって入手できる土壌には大きな違いがあるのですが、簡単に紹介します。

- **黒ボク土**

　道内の主な畑地土壌で客土として多く使われ、その名の通り黒っぽい色をしています。見た目はやや砂っぽいことが多く、水はけの良いことが特徴です。有機物含量も多いとされていますが（最近は有機物の少ない黒ボク土も多くなりつつあります）、そのまま使うと、植物が十分に成長しないことが大半です。この土壌は、微量養分などが欠乏しやすいといわれているので、いずれにせよ、有機物を混入して土壌改良する必要があります。

- **赤土**

　学術的に正式な名前ではありませんが、造園の世界では一般的に使われる言葉です。

　札幌近郊で入手できる赤土の色は褐色〜黄褐色をしており、やや粘土質ですが、地域によって粘性の強さには違いがあります。また表土を除いて採取していることが多いので、有機物含量の少ないことが特徴です。有機物の混入など、土壌改良を行うことが望ましいですが、水はけ、保水性ともに良く、肥料持ちも良いので樹木のほか、草花の栽培にも適しています。ただ、乾燥地原産の草花にとっては、排水性の改善や軽量化をはからないと健全に育たない場合があります。逆に、乾きやす

い黒ボク地に混入することによってその土地の保水性を高めることも可能です。

　一方、地方によっては同じように褐色～黄褐色をしていても、粘性が非常に強くて重い、いわゆる重粘土のような土壌しか入手できない場合もあるようです。また赤褐色や灰色がかった土も粘性の強いことが多いです。一概に水はけが悪いとはいえませんが、硬い土壌が多く、いずれにせよ土壌改良することが大切です。

実際に入手できる赤土。産地によって色や粘性が異なる（左＝恵庭産、右＝当別産）

地方で客土される土壌。入手しやすい客土を使うことが基本なので、改良によって良い土へと作り上げていくとよい（左：稚内市、右：羽幌町で使われていた客土）

3 植物性堆肥と動物性堆肥

　私たちが土壌改良に使用する有機物には、植物性の堆肥（腐葉土、バーク堆肥、もみがら堆肥など）と動物性の堆肥（牛ふん、馬ふん、豚ふん、鶏ふんなど）があります。特徴を知っておくと役立ちますので、簡単に紹介します。

植物性堆肥

・腐葉土

　落ち葉を堆積して腐熟させたものです。製造の段階で発酵を早めるために米ぬかなどを加える場合もあります。落ち葉を堆肥化したものなので、養分は非常に少ないのですが、団粒構造を作る働きがあり、水はけや通気性、保水性、肥料持ちの向上に効果があります。

- **バーク堆肥**

　樹皮を発酵させた堆肥で、牛ふん入りで養分を含んだものも多くあります。バーク堆肥は法律により原料名や用途のほか、施用方法（標準的な使用量）の記載が義務づけられています。効果は腐葉土と同様です。

- **もみがら堆肥**

　稲のもみがらを発酵させた堆肥です。もみがらはなかなか発酵が進まないために、他の堆肥も加えられることが多いです。分解の遅い素材のため、土壌を軟らかくしたり、軽くする効果があります。

　植物性堆肥は養分量が少ないため、過剰な混入による害はほとんどなく、比較的使いやすいといえます。

動物性堆肥

　家畜の糞尿を発酵させた堆肥です。水分含量が多いままだとうまく発酵しないので、バークやおがくず、もみがらなどの植物質を加えて一緒に発酵させることが多いです。動物性の堆肥は家畜のえさや植物質の割合によって養分の量は違ってきますが、おおまかに以下のような傾向があります。

堆肥の品質表示例

肥料の名称	牛ふん堆肥
肥料の種類	たい肥
原料	牛ふん、木質系残さ、わら類
正味重量	20kg
生産した年月	○○年○月
主要な成分の含有量等	
窒素全量	○○%
リン酸全量	○○%
加里全量	○○%
石灰全量	○○%
水分含有量	○○%

←重量の大きい順に表示する

品質表示を確認して堆肥を使うようにするとよい

- **牛ふん**

　最も一般的な動物性の堆肥で、植物質と一緒に発酵させることが多いです。チッ素分は1～2％またはそれ以下と高くありませんが、数年ないしはそれ以上の長期間、効果が持続します。

- **馬ふん**

　牛ふんと同じく植物質を混ぜて作られることも多いのですが、もともと馬はしっかりえさをかまないようで、何も混ぜなくても植物質をある程度含みます。チッ素分などの栄養素は1％以下の場合もあります。

- **豚ふん**

　牛ふんや馬ふん堆肥と比較してチッ素分はやや高いことが多く、効き目も早い傾向にあります。有機質肥料くらいの感覚でよいでしょう。

- **鶏ふん**

　チッ素分が高いとともに、リン酸、カリ分も多く、牛ふんや豚ふんよりも効き目の早いことが特徴です。速効性の肥料という感覚で使用するとよく、従って使い過ぎには注意が必要です。特に乾燥鶏ふんは多くの養分を含み、分解が早いです。一方、焼却した鶏ふんはチッ素分がほとんど抜けているので、リン酸とカリの肥料として

使用します。

　動物性堆肥は前ページの表の通り品質表示されていることが一般的なので、少なくとも原料とチッ素、リン酸、カリの割合は確認してから使用するようにしたいです。また1m²当たりの使用量も記載されていることが多いので、できるだけ不明なままで使用することは避けます。

　植物性堆肥の役割を簡単にいえば、土をふかふかさせることです。硬くて粘土質の強い土壌や粒子が細かく排水の悪い土壌、砂質の水はけが良すぎる土壌、肥料持ちが悪い土壌など幅広い土壌に効果を与えることができます。一方、動物性堆肥の主な役割は、土壌への養分の供給にあり、植物の成長の改善に大きく働きます。

- ・植物性堆肥は、土壌を水はけ良く、通気性良くするなどの働きがある。
- ・植物性堆肥は、肥料分が少ないので、比較的多くの量を使うことができる。
- ・動物性堆肥は、土壌に養分を供給する働きがある。
- ・動物性堆肥は、過剰に施用すると障害を起こすことがあるので、記載された使用量を守る。

4 簡単な土壌の判断

　農業の世界では適切な土壌診断のもと、施肥も含む土壌改良を行うことが多いです。しかし、その診断は専門家による分析に基づき行われているため、私たちにそのまねはできません。一番の指標は植物の生育状況を確認することですが、それを除いて私たちが簡単にできるとすれば目で見て、また手の感覚で判断すること、および精度は十分ではありませんが、容易に入手できる土壌酸度（PH）測定器で数値を測ることぐらいかもしれません。

　庭の土壌の状態について理解し、土壌改良することは難しいと思われるかもしれませんが、できる範囲の中でやってみましょう。

・**水はけ、通気性について**
- ・雨天後にでも穴を掘ってみましょう。表面は軟らかいが少し掘ると下層には水がたまっていることがよくあります。また、穴を深さ30cm、少し離れたところで深さ40cm…と掘り、バケツにためた水を注ぐ方法もあります。いつまでも水が抜けないことはないでしょうか。水がさっと抜ける深さはどのくらい確保されている

穴を掘って水を注ぐことによって浸透する程度を確認することもできる

でしょうか。また、周りに水たまりができやすいことはないでしょうか。

➡「5 排水性を高める、有効土層を深くする」参照

・表面の土について、粘性はどの程度でしょうか。水分をある程度含んだ状態で軽く握ると崩れにくい土団子にはならないでしょうか。

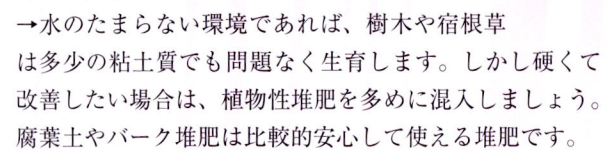

→水のたまらない環境であれば、樹木や宿根草は多少の粘土質でも問題なく生育します。しかし硬くて改善したい場合は、植物性堆肥を多めに混入しましょう。腐葉土やバーク堆肥は比較的安心して使える堆肥です。

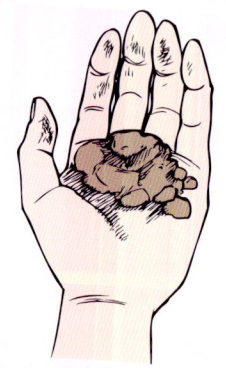

雨の後で水たまりができる場合は水はけが悪いといえる

・**有効土層について**

植物の根はどの程度の深さまで伸びているでしょうか。土を少し掘っていくと、ほんの20cm程度でカチカチの層になるということはないでしょうか。

➡「5 排水性を高める、有効土層を深くする」参照

・**保水性について**

すぐに土壌がからからに乾いてしまうことはないでしょうか。

軽く握ってしっかりした団子ができるのであれば、やや粘性が強いと判断できる

→握っても団子にならず、すぐに崩壊する砂質の土壌の場合は、やや粘土質の土壌を混ぜたり、植物性の堆肥を混入すると改善します。しかし草花が乾燥ですぐにしおれるようであれば、有効土層が浅い場合も多々あります。

・**肥料持ちについて**

花は咲くが、時間がたっても枝分かれは少なく、ボリューム感に欠ける

肥沃な土　　　やせた土

根は健全なのに大きくならない場合は、土壌中の養分が少ない可能性が高い

水はけも悪くなく、根腐れするような条件でないのに、成長が芳しくないことはないでしょうか。
→土壌内に植物が吸収できる肥料分が少ないことが考えられます。動物性堆肥を混入してみましょう。また、肥料をつかまえて流れ出さないようにするためには、植物性堆肥が有効です。

以上は一例ですが、土壌の状態は植物が示してくれることも多いです。ある場所でいくつもの宿根草を植えたところ、ある程度水を好む種類は順調に成長しましたが、やや乾燥を好む宿根草は成長が悪いという例がありました。結局、その場所は下層に水がたまっており、根腐れを起こしていました。一年草についても乾燥を好むもの、ある程度の水分量に耐えるものなど、種類によって違いがあります。もし、ある草花の調子が悪かったら、根の状態を調べてみましょう。そして、その植物の

性質を調べてみましょう。また逆に調子の良い種類の性質も調べてみましょう。それらを比較することによっても土の状態、特に水はけ、通気性について知ることができます。

5 排水性を高める、有効土層を深くする

　植物の生育不良の原因として最も多いのが、水はけが悪いことによるものです。状況が深刻な場合、樹木はほとんど生育せず、草花も限られた種類しか植えることができなくなります。また、順調そうに育っていても、ある年の大雨で突然、根腐れして枯死するなど、不安定な状態のまま、庭づくりを進めることになります。そのような場合は、土壌の改良を行って、排水性をよくするとともに、有効土層を深くすると劇的に変化することもあります。

・**種々の状況における対処例**

◆ **表層に水がたまる**

　何度も踏み固められた結果、表層が水を通さなくなり、雨が降るたびごとに水たまりができることがあります。この場合、十数センチもしくはそれ以上に、機械やスコップで耕耘すると改善されることが多いです。また、土が固まるのは、粘性の土壌であることが多いので、植物性堆肥を入れてやると膨軟な土壌になります。

表土の部分は固まりやすく、そこを軽く耕すだけでも排水性が改善される場合がある

◆ **少し掘ると硬い土層となる**

　硬い土層でもある程度水はけが良ければ、植物性堆肥を混入し、耕耘すれば土壌を軟らかくすることができます。また、堆肥とともに火山礫などの砂も一緒に入れると効果的です。砂のみの場合は、かなりの量が必要となるので、植物性堆肥と一緒に使うことをおすすめします。植物性堆肥は、大量に混入するように

透水層

不透水層

たとえ土地が傾斜していても流れずに水がたまる

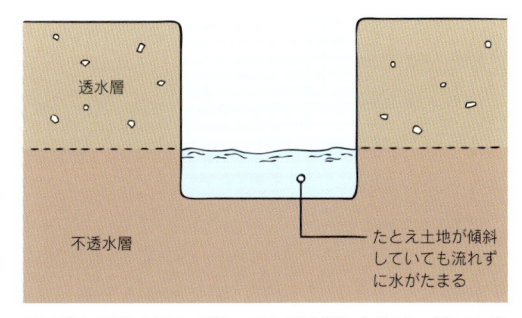

部分的に不透水層まで掘って土壌改良した場合、周りから水が流れ込むことによって水たまりができ、より土壌条件が悪化することもあるので注意しておく

したいので、完熟したものを使うようにし、土壌改良後すぐには植物を植えないようにしましょう。農家が秋に土作りをすることが多いのにならい、思い切った土壌改良をする場合は、秋に行って春まで休ませるようにできれば最善です。

もし下層の土の水はけが相当に悪い場合（例えば灰色がかった重粘土質の土壌など）は、無理に土壌改良しないようにしましょう。前ページの下の図のように逆に水がたまってしまう場合もあります。判断がつきにくい場合は、先述のように、硬い層の土を掘って水を流し込み、透水性について確認してみましょう。ほとんど水が浸透しない層ならば、何もしない方がよい場合も多いです。

・どうしようもない場合の簡易な方法

水はけがどうしようもなく悪い、土が硬くて仕方ないなど、改良が難しいと思えるような状況の場合、盛り土をしてみましょう。畑作でいうところの畝を作るようなものです。多量の客土をすることになるため、初期投資はかかりますが、長い目で見ると大変効果的です。地表に水がたまるような厳しい環境では、草花を植える場合でも、盛り土の高さとして40cm以上は欲しいところです。もちろん、客土する土壌も改良するようにします。

専門業者に依頼すれば、暗渠の敷設や重機を使った掘削、客土による十分な深さの改良など、個人で行えないような対処も可能となります。その場合でも、自ら水はけ状況を説明し、どの程度の深さの改良を行いたいのか、またどのような土作りをしたいのかなど、ある程度意思を持って依頼した方が納得のいく工事となるはずです。

盛り土は排水性、通気性改善、有効土層を深くするなどの点で有効な手段であり、比較的労力も少なくて済む

暗渠管の敷設例。管には集水のための穴が開いており、目詰まりを防ぐ（泥や小石を取り除く）ために、砂や砕石を周りに敷きならす

6 土壌改良の方法

①〜⑤までは主にどのような土壌改良をすればよいか判断するための内容を説明しましたが、ここでは実際に行うための方法について説明します。

・時期

新たに花壇を造成する場合や大量に堆肥を入れる大規模な改良の場合は秋に行って、春までの長期間、土になじませると最高です。部分的な改良で、早目に植え込む必要がある場合でも、1週間以上は時間をおくようにします。

さらに、晴天が続いた時に行います。土壌がかなり湿った状態で行うと、土壌は固

まってしまいます。これは長年かけて作られた団粒構造を壊してしまったことによるもので、何ら良いことはありません。

・残さの除去

植物を掘り取った場所で改良を行う場合は、根や葉などの残さをできるだけ取り除くようにしましょう。残さには害虫の卵や病原菌が含まれている場合も多く、また残さによって連作障害となる場合もあります。

・堆肥の混入

堆肥と元の土壌とは十分に混ぜ合わせます。重い粘土質では混ざりにくく、体力が必要となるので耕耘機（こううんき）の利用も検討するとよいでしょう。

・層の入れ替え

有効土層の範囲内でできるだけ深く改良するに越したことはありません。剣先スコップなどで深く掘る場合は、図のように2回以上に分けて掘るようにし、それぞれ別に堆肥を入れるようにします。おそらく下の層は有機物が少なく、より多くの堆肥を入れることになります。そして、上にあった層を今度は下の層に、下にあった層を上の層になるように、土を入れていきます。上の層の土壌ほど今後も堆肥を入れやすいので、容易に土壌改良ができます。従って、状態が悪いであろう下層にあった土を上の層へと入れ替えるわけです。また、上の層は根がかなり張っていた層となりますので、根や葉などの植物残さが多くあり、連作障害の原因となります。それらをより根の届かない下の層とすることで、土のリフレッシュをはかるわけです。

ちょっと面倒かもしれませんが、がんばって深く掘る場合は試してみてください。

・しっかりと踏んでおく

土をほぐして、堆肥を十分に入れると驚くほど軟らかい状態になります。そのまま植え込むと沈みこんだり、雨で流出することもありますので、足で軽く踏んでおくようにします。深く改良する場合は、例えば、半分土を戻して軽く踏み、さらに戻して軽く踏むというように、複数回に分けるとよいでしょう。そして、しばらくおいて植え込むこととなります。

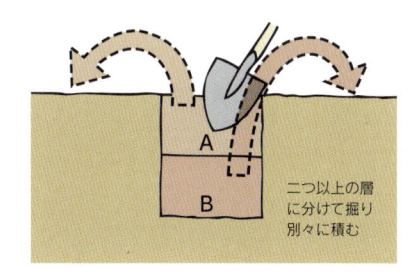

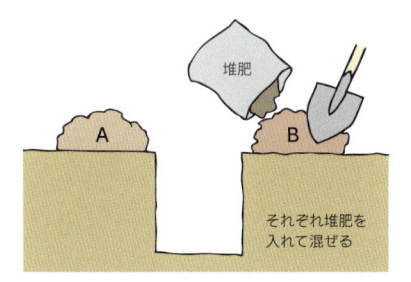

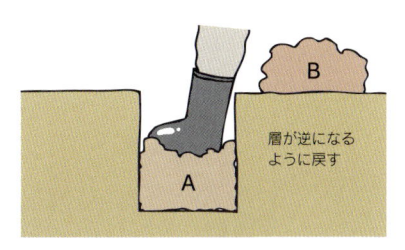

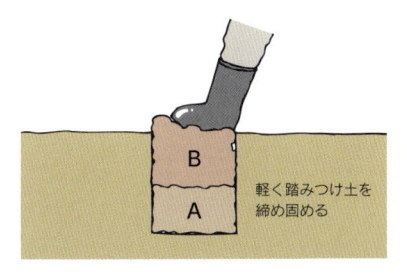

二つ以上の層に分けて掘り別々に積む

それぞれ堆肥を入れて混ぜる

層が逆になるように戻す

軽く踏みつけ土を締め固める

樹木の管理

庭の骨格を成す樹木の管理は、庭づくりの中で最も大切な作業と言っても過言ではありません。草花のように多くの種類を植えるわけではないので、管理の基本を知るとともに、おのおのの樹木の特徴についてもしっかりとおさえて、貫禄ある姿としたいものです。

● 庭での植物管理

1 苗木の選び方

　枝葉が四方に出て、どっしりした感じの木を選ぶようにします。根鉢がしっかりしたもので、特に根巻きテープなどのあて物をしたものについては、根鉢が崩れていないか、変形していないか、また主幹部、枝葉部、根部を含め、病虫害に冒されていないか確認します。地面に根鉢を直接置いてあるもの、特に舗装上に長時間おいてあるようなものには注意が必要になります。根鉢の乾燥にも配慮しましょう。根鉢が適当に水気を含んだ土、礫などの中に埋まっているものを選ぶとよいでしょう。

　枝葉が水を十分に含んで張りがあり、葉色が濃いものを選びます。葉がしおれているものには注意が必要です。根鉢の大きさにも注意しましょう。大きすぎても、小さすぎてもいけません。大きい場合は土の重みで木が抜けたり、小さい場合は根が必要以上に切断されすぎていることもあるので確認します。

　通信販売などで購入する場合、寒冷地でも生育可能の言葉に惑わされないように気を付けましょう。従って購入時にどの程度の寒さや植栽場所の条件（寒風や雪）などに耐えるかをよく確認してから購入するようにします。

苗木は根鉢が大きすぎ（中央）たり、小さすぎ（右）ないバランスのとれたもの（左）を選ぶようにする

2 植え付け

▎方法

　根鉢に応じて植え穴を掘りますが、できれば大きく根鉢の2～3倍くらいの植え穴を掘るようにしましょう。特に硬い地盤の場合は気をつけます。植え付けする前に、できるだけ土壌調査を行うようにします。自分の土地が砂質土、粘性土、泥炭土、火山灰土、礫混じり土など、どの土質に当たるかを調べます。特に盛り土や搬入土が敷きならされている場合は、厚さも確認するとよいでしょう。粘性土や泥炭土、硬い火山灰土の場合、排水処理などが必要な場合もあるので、注意が必要です。

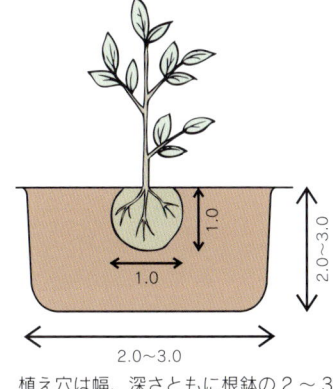

植え穴は幅、深さともに根鉢の2～3倍は確保したい

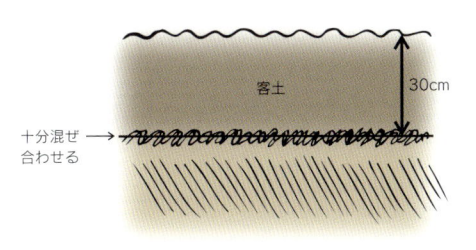

客土する場合は、在来の土と十分混ぜてから敷きならすとよい

　客土する場合は、少なくても厚さ30cmぐらいは必要です。この場合、砂系黒色土は注意してください。また客土する場合は、在来土を少しかくはんして客土と混ぜるようにしてから敷きならします。現在は以前と違い、畑土や養分を含んだ良質土が少なくなってきているので、在来の土壌をいかに改良していくかが今後の土作りの鍵となります。

　植え付けは、木の表裏や木姿を見て行います。植え付けの方向については、枝張りがしっかりしていて、上枝から下枝まで形良く出ている方を正面とすれば間違いが少ないですが、太陽の当たる方向も考慮した方がよいでしょう。樹木で単幹の場合、特にクロマツ、アカマツなどの場合は、幹が曲がっていることが多いので、芯が真っすぐになるように植えます。幹を真っすぐにすると、木が傾斜して見える場合があるので注意しましょう。株立ち物も同様です。

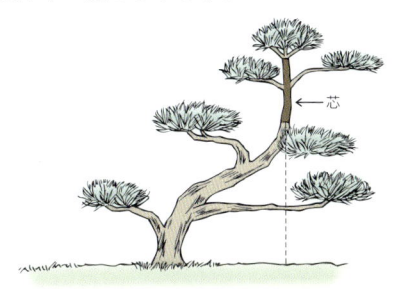

幹が曲がっている場合、芯(先端に近い部分)がまっすぐになるように植える

　株立ち物は、枝が四方に広がる様に植え付けます。樹種にもよりますが、おおかたは植え付けする時に地面と根鉢の表面が同じ高さになるようにし、深植えは避けるべきです。根鉢を包んでいるあて物などは、取り外してから植え付けます。ポット苗はポットから出し、根をほぐしてから植え付けます。マツ類(クロマツ、アカマツなど)は土極めとし、突き棒などで根鉢周りの土をよく突いて埋め戻します。

▎灌水

　根鉢が乾燥しているようであれば、植え付ける前に根鉢にたっぷりと灌水(かんすい)してから植え付けるようにします。植え付けした後、水鉢はなるべく作らないようにして、根鉢の周りをできれば鉄棒などで穴を開けてたっぷりと灌水します。このやり方だと、水を深く染み込ませることができます。

　水を少なく、回数を多くすると、根の細根が表土近くに出てきて、樹勢が逆に弱くなる恐れがあります。水をやる時は、回数を減らし、たっぷりとやるようにしましょう。

水鉢（水をためるため、根元に作る円形の低い土手のこと）を作るよりも穴をあけて灌水することにより、深く染み込ませることができる

　植え付け後は、天候や植え付けした時期にもよりますが、1カ月から3カ月ぐらいは2～3日に1回行うようにし、その後は徐々に回数を減らします。暑い時に植え付けした場合は、毎日灌水するようにします。灌水は朝か夕方、太陽の光が弱い時間帯に行います。この場合、灌水する前に水温を確認しましょう。日中はホース内にたまった水が太陽光で温水になっている場合があるので注意が必要です。また日中に水をやると、灌水した水が葉の上に残り、レンズの役目をして葉焼けなどの障害が出る恐れがあります。一方で葉面灌水は葉の汚れや付着物を洗い流す効果があります（ただし、夕方か早朝に行う）。

▎支柱

　支柱には、1本支柱、鳥居支柱、八つ掛け支柱などがあり、使う材料には、素丸太、焼き丸太、さらし竹などがあります。苗木などは植えた場所にもよりますが、1本支柱で十分であり、植える時、樹木の高さや太さに応じて、鳥居支柱、八つ掛け支柱などどれが適するかを考えます。

　支柱は、樹木と支柱との結束箇所が多いほど丈夫になります。植え付けてから根

1本支柱　　　鳥居支柱　　　八つ掛け支柱

がしっかり張ってくるまで3〜5年かかるので、その間は取り外さない方がよいでしょう。それ以降は、逆に成長の早い樹種などは結束した場所が締め付けられた状態になり、肥大化して折れる場合もあるので、3〜5年したら支柱だけでなく杉皮や杉テープ、シュロ縄など結束材料も一緒に取り外すようにします。支柱の材料は、できるだけ自然に帰っていく物を使うようにしましょう。

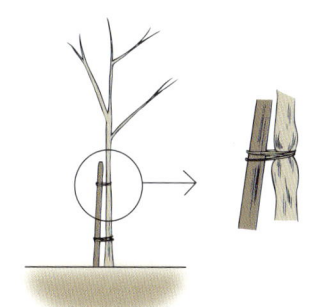

いつまでも結束を外さないでいると、幹や枝が締め付けられ折れる原因となるので注意する

3 施肥

　草花と違い、樹木の場合は特に定期的に施す必要はありませんが、樹種によっては必要とする場合もあるので確認しましょう。植え付けする時に、植え穴の底に遅効性肥料（固形肥料など）を数個から数十個（樹木の太さにより異なります）入れ、土をかぶせてから植え付けます。

　植え付けした後は、2〜3年に1回ぐらいで十分ですが、花木や果実類は花や実が終わった後毎年与えるようにします。北海道の場合冬が長いので、樹種によっては、秋口の地面が凍結する前や春先の融雪後早めの時期に行うようにします。秋口に施肥する場合、チッ素肥料は控えて、リン酸やカリ肥料を多めに施します。この場合、肥料の使用表示量に従いましょう。施肥する場合、根元近くより枝先に近い方に溝を掘ったり（溝掘り）、壺掘りにしたりして肥料を穴の中に入れ、土を戻すようにします。また粒状の肥料であれば地表面に直接散布してもよいでしょう。これらの場合、肥料が根に直接当たらないようにすることが肝心です。

　樹木が衰弱してきた時の施肥は注意が必要です。衰弱した樹木に必要以上の肥料

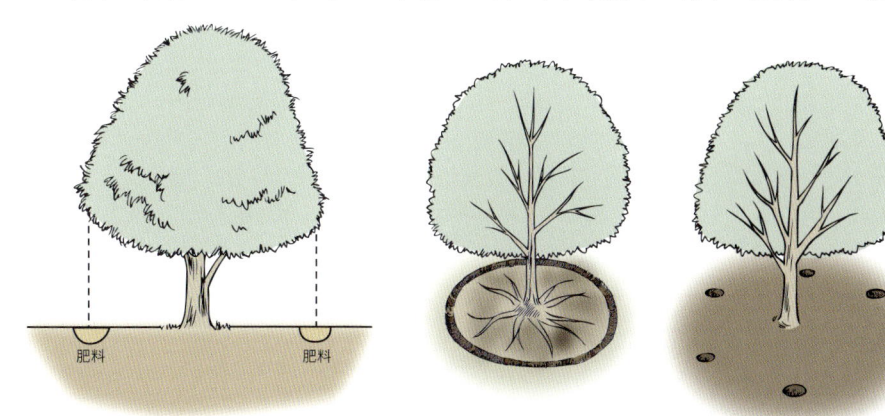

肥料は根元よりも枝先に近い部分に与えるようにするとよい

施肥方法として、周囲に溝を掘る「溝掘り」（左）、もしくは一定間隔で穴を掘る「壺掘り」（右）が一般的である

庭での植物管理

を施すと、さらに衰弱する場合があるからです。肥料だけでなく、土壌改良材や堆肥などを一緒にすき込んでやると、土壌も軟らかくなっていきます。特に落葉樹などの落ち葉堆肥（腐葉土）はおすすめです。同じ落葉樹でもイチョウなどの葉は油分を持っているので、好ましくないです。最近落ち葉を嫌悪する傾向が多く見受けられますが、植物にとっての宝物と考えてみましょう。そろそろ見直す時期にきているのではないでしょうか。

4 剪定の基本

剪定の目的

・樹木の生育調節（成長促進や抑制など）を行います。
・樹木の移植時の活着性を強化します。
・通風や日照が良好となり、病虫害の発生を抑えることができます。
・老樹の枝葉更新や樹体の若返りを図ります。
・周りの植物との調和を図り、庭としての情景を美しくしていきます。
・実のなる木や花木などで、毎年の管理作業の手間が軽減できるようになります。

樹木の成長と剪定

　樹木は自分で移動することができません。また植え付けられた場所の環境に順応して成長していくので、場所、環境をよく考えて植え付けます。環境になじまないと衰弱・枯損が出現し、樹木本来の木姿が崩れてしまいます。植え付け直後は貧弱でも、10年、20年経つと立派に成長します。植え付けてから3〜5年して、根が完全に発育し動き始めると、勢いよく育ってくるようになります。

　このころまでに、庭全体の広さ、建物の大きさを考慮し、樹木管理計画を立てることをおすすめします。樹木の高さ、葉張り（樹幅）の最終数値目標を立てて、剪定などの管理計画をつくっていくようにしましょう。管理計画を立てた上で、数値に達するまで、また数値に達した以降も剪定などによる管理は必要になってきます。樹体が成長しすぎてから計画数値まで戻すのは難しいと思うべきです。例えば、5年手をかけなければ、元に戻すのに5年以上かかると考えなければいけません。

　樹木は光合成を行うため、太陽の光や水のほかチッ素・リン酸・カリなどの養分を使いながら成長しています。また水や養分を運ぶ管が樹皮のすぐ下に存在するので、剪定で樹体を損傷させることは成長を阻害したり、病虫害の繁殖を促す一因にもなりうるので注意が必要です。

　樹木は大きく分けて、針葉樹と広葉樹、常緑樹と落葉樹に分けられます。両方とも枝に頂芽と側芽が付いており、頂芽の方が勢いよく成長します。これを頂芽優勢といい、放っておくとどんどん成長していきます。これを調整していくのが剪定作業になります。主幹と枝は、重力と反対方向へ伸びようとします。つまり主幹や枝が上方向

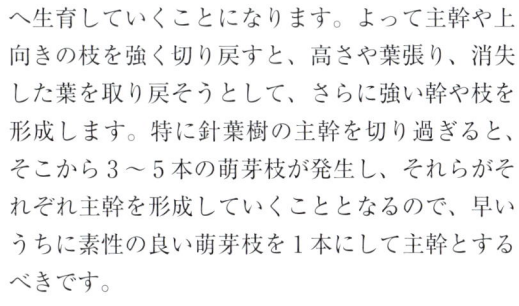

へ生育していくことになります。よって主幹や上向きの枝を強く切り戻すと、高さや葉張り、消失した葉を取り戻そうとして、さらに強い幹や枝を形成します。特に針葉樹の主幹を切り過ぎると、そこから3～5本の萌芽枝が発生し、それらがそれぞれ主幹を形成していくこととなるので、早いうちに素性の良い萌芽枝を1本にして主幹とするべきです。

枝の生理として、上向きの枝の先端の芽はよく伸び、下向きの枝の先端の芽は勢いが弱まります。また水平になれば幹に近い方の芽が枝先の芽よりも強く成長するなど、枝の角度も新梢発生と生育に影響をおよぼす場合もあります。主幹や枝は、日当たりの良い方向に伸びやすく、同じ木であっても北側より南側の方が枝、根ともに発達しやすく、光が弱いと枝は節間が長くなり細くなって、極端に弱い枝と枯損する枝が発生してしまいます。生育が活発な時期に強剪定をして枝や葉を減らすと、失われた葉を取り戻そうとして休眠芽が萌芽することが多く、樹木の木姿が不定形になるので注意が必要です。

樹木は強剪定をすれば、勢いの強い枝が無数に出現しやすくなり、弱剪定をすれば、勢いを抑えた枝を出しやすくなるので、樹形を保つには、弱剪定を行いながら枝を整えていくのがよいでしょう。

庭での植物管理

主幹（樹木の中心的な太い幹）を切り過ぎると、強い枝が複数出ることがあるので、早目に良い枝を1本残すように剪定すると樹形が乱れない

上向きの枝は先端部が（上）、下向きや水平の枝は基部がよく伸びる（下）傾向にある

強剪定すれば強い枝が（左）、弱剪定の場合は勢いを抑えた枝が出やすい（右）。従って、弱剪定の方が形を整えやすい

整姿（整枝）と剪定

- 整枝…主幹、主枝など、樹木の骨格となる枝を整え、目標とする樹形を作っていくことで、落葉広葉樹は冬季に行います。
- 整姿…樹形を整えて、木姿を美しく保つための作業で、一般的に行われる剪定が整姿です。時期は花後や夏季が主となります。
- 剪定…整枝、整姿を目的として枝を切除していくことをいい、のこぎり、はさみなどを使って作業します。

　基本的に、樹木は毎年剪定を行い、樹形を整えていくことが肝要ですが、数年ごとに行う剪定はどうしても強剪定になりやすく、樹体に負担がかかりやすいので注意しましょう。

剪定の時期

　一般的に落葉広葉樹や果樹類は、落葉してから新芽が出てくる前までに剪定を終了します（整枝）。ただしブドウ、モミジ、シラカバなどは水あげが早いので落葉後すぐ（11月上旬～12月中旬くらい）に行うようにしましょう。しかし、これらは地温が高いと落葉してからも水あげしている場合があるので、大枝を切り落とす場合は注意が必要です。まず、小枝を切って樹液が出てこないことを確認してから剪定を始めるとよいでしょう。フジも、落葉後～12月中旬ごろまでに終了させたいです。

　花木については、基本的に花が終了した直後に行います（整姿にあたります）。通常花が終了して1カ月～1カ月半くらいすると来年の花芽が形成されます。これを花芽分化といいます。これらは剪定の時期を間違うと花芽を切除してしまい、来年の花が咲かなくなるので注意が必要です。しかし、剪定時期を逃しても枝を間引きする程度なら剪定することもできるので、花芽を確認しながら作業しましょう。花木の花がらは、手間を惜しまず摘み取るようにします。また種を取る場合は別として、結実させると養分が種の方へいってしまうので、実は摘み取ります。

　マツ類の芽摘み（みどり摘み）は、場所や樹勢によって多少変わりますが、5月中旬～6月下旬ごろ（新芽が10cm程度伸びたころが一つの指標となります）であれば新芽を指で摘み取る作業ができます。この時期を逃してしまうと指で摘み取るのは難しく、はさみなどを使っての作業となります。なるべくはさみより指を使って作業を行うとよいでしょう。剪定は、8月上旬～9月中旬ごろまでに終わらせるようにして、9月中旬以降の剪定は控えます。

　落葉樹などの夏の大枝切除や強剪定は、葉量を減らすことで光合成が活発にできなくなり、樹体が衰弱する恐れがあるので注意します。新梢が多く発生している時、樹勢が強く徒長枝が多い場合は、夏季でもある程度枝の整理を行うことが必要です。剪定は適期に行うのが一番よいですが、適期を逃した場合は適期と同じような方法で剪定するのでなく、あくまでも弱剪定とするべきであり、春・夏・秋・冬の剪定は適期を含め、それぞれ異なるという認識を持つことが肝要です。

　剪定作業は、その人の個性が最も出やすい作業でもあるので、基本を完全に習得

してから作業に取りかかるべきでしょう。常緑樹は、6月中旬～9月中旬ごろまで（寒さの厳しい地域は、9月初めまで）可能ですが、9月下旬以降の剪定はなるべく控えます。剪定作業は、その年の気象、気候によって時期が多少変わってくるので、その年の気象環境に注意しながら作業します。

　積雪時、樹木の枝に積もった雪は冬囲いをするしないにかかわらず、雪払いを行うようにします。秋口の降雪、春先の湿雪による冠雪害に注意しましょう。道内で養生されていない樹木、道内でも南部から北部・東部へ移動した樹木、通信販売などで購入した樹木については、枝先や芽が枯損する凍害・寒害に十分注意します。

▎枝を切る前に

　剪定する際には、いきなり枝を切らずに樹木の周りを一周し、枝のバランスや混み具合を確認して剪定した後の木姿をイメージしつつ、切除する枝を見極めます。作業は上部から下部へ向かい、らせん状に降りながら枝を整えていくのが基本となります。また大きい枝から始め、中枝～小枝の順に行うようにします。

　また作業の途中で木から降りて、剪定した様子を確認しながら進めていくことも必要となりますので、この手順を知っておきましょう。

▎枝の切り方

　大きな枝はのこぎり、小枝は剪定ばさみなどを使って切除し、切り口はなめらかになるようにします。切り口は、残す枝に対して平行に切りましょう。大きくて太い枝を切除する場合は、必ず枝の裏（下側）を3分の1～2分の1くらい切ってから（裏切りという）、上から切り落とします。生育が活発な時期や水あげしている時期に、「裏切り」をせずに大枝を切除すると枝の自重で垂れ下がり、幹の樹皮まで一緒に傷める場合があるからです。

　大枝を切除する時、ブランチカラーを残して切除します。ここを残すようにすると、樹皮の癒合が早く、きれいに巻き込むようになります。枝を幹から直接切り落とさないで、基部から30cm程度残

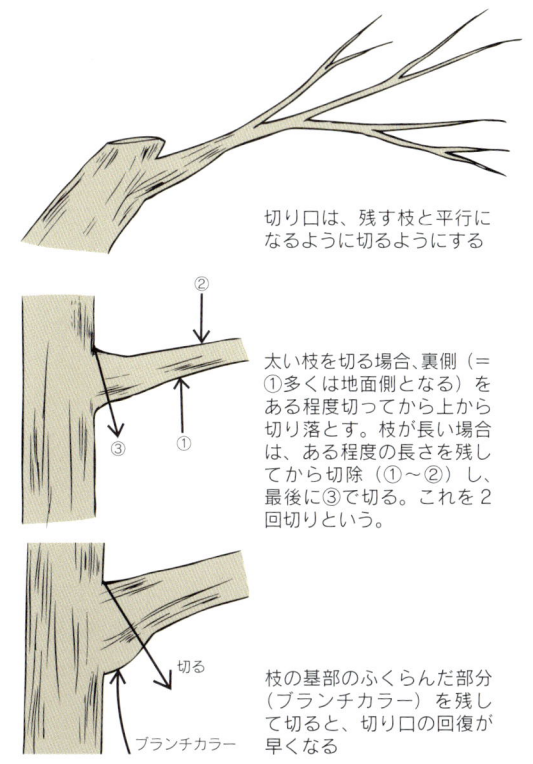

切り口は、残す枝と平行になるように切るようにする

太い枝を切る場合、裏側（＝①多くは地面側となる）をある程度切ってから上から切り落とす。枝が長い場合は、ある程度の長さを残してから切除（①～②）し、最後に③で切る。これを2回切りという。

枝の基部のふくらんだ部分（ブランチカラー）を残して切ると、切り口の回復が早くなる

して切除し、癒合組織が活発化する6月中旬〜7月下旬にかけて、残した枝を幹から切除してもよいでしょう。残した枝は、忘れずに切除します。なお、貴重な樹木、病虫害に弱い樹種などについては、切除後の切り口に必ず殺菌剤入り癒合剤を塗布します。

▍不要枝とその剪定

　下図は不要枝と呼ばれ、真っ先に剪定の対象となる枝です。樹木の剪定では、これらの枝をまず取り除いてから本来の目的に沿って剪定を行うことが一般的です。しかし樹体全体の枝のバランスを考えた場合、病枝、枯れ枝以外については残さなければならない場合があるので、むやみに切除するのでなく、2〜3年後の姿をイメージしてから作業を行います。

①病　　　枝…病気にかかっている枝
②枯　れ　枝…枯れている枝
③立　ち　枝…主幹と平行に上に伸びた枝
④下　　り　枝…幹や枝から地面に向け下がった枝
⑤か ら み 枝…幹や枝から出て絡んだ状態の枝
⑥さ か さ 枝…主幹に向かって伸びる枝
⑦平　　行　枝…主幹や枝から上下にある枝と平行に伸びる枝
⑧ふところ枝…幹や主枝の近くにあり勢いの弱い枝
⑨徒　長　枝…樹冠からはみ出して強く伸びる枝
⑩胴 吹 き 枝…幹の途中で比較的下から出る弱い枝
⑪ひ こ ば え…根元から出る無数の小枝

　例えば、立ち枝、ふところ枝、からみ枝などを切除した時、樹形に穴が開いたり、枝の長さが短くなる場合は、わざと残し、1〜2年様子を見てから切除することもあります。

▍さまざまな剪定方法

・切り戻し剪定

　毎年庭木の手入れをして、樹木の大きさを一定に保つ基本的剪定を指します。樹冠の大きさを縮小し、見苦しくなってきた枝を新しい枝に切り替えて、樹形を整えていく剪定です。長い枝の途中から分岐した短い枝や良い方向へ伸びている枝を残して切除します。この時、残す枝と平行に切り口を整えます。

樹形を整えるための最も基本的な剪定である切り戻し剪定

・切り詰め剪定

　枝の途中で切除し、枝をやや強めに短く切り詰める剪定を指します。適切な位置と角度で切除しないと枯れ込んでくることが多く、小枝のない所で太い枝を切除すると不定枝が多く出現しやすくなります。このような場合は、当年もしくは翌年の剪定適期に枝数の整理が必要となり、これを怠ると樹形が乱れてくるので注意します。太い枝や中程度の枝を切除した場合、必ず殺菌剤入りの癒合剤などを塗布し、防腐処理を行います。

枝を短くする切り詰め剪定。強い枝を切ると、複数の不定芽を発生させることがあるので、その時は再度枝数の調整が必要となる

・枝抜き剪定

　樹冠の中で、混みすぎた枝、不要枝といわれる枝を切除し、枝を間引く剪定で「間引き剪定」ともいいます。不要な枝から切除していき、次に細部の枝を剪定していくようにします。針葉樹に多く見られる車枝（幹に沿って円周上に枝が出る）の場合、上下の枝が重ならないように交互に枝を切除していきます。

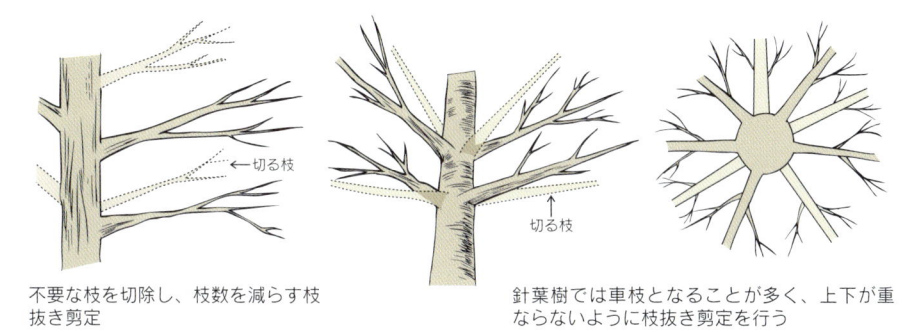

不要な枝を切除し、枝数を減らす枝抜き剪定

針葉樹では車枝となることが多く、上下が重ならないように枝抜き剪定を行う

・枝降ろし剪定

　太い枝や大枝、比較的大きい不要枝を、主幹から切除する剪定を指します。この時、正しい切除をしなければ、病虫害の侵入や腐朽の進行となり、樹勢の衰えなどの原因となるので注意が必要です。この剪定方法は、最初から枝の基部で切除せず、1回幹の近くで切除し、最後に枝の基部から切除する「2回切り」（189ページ図参照）をおすすめします。

　最後に幹元で切除する場合、幹に対して平行に切るフラッシュカットではなく、幹に対して少し斜めにのこぎりやはさみを入れ、下部（ブランチカラー）を残して切除しましょう。枝降ろし剪定は、樹木が大きく

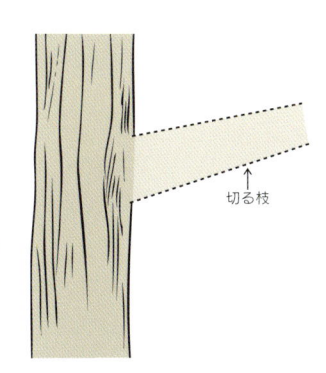

太い枝を思い切って主幹から切り落とす枝降ろし剪定。毎年の剪定を行わず、大きくなりすぎた場合に行う剪定で、慎重に行う必要がある

庭での植物管理

191

なりすぎて縮小しながら樹形を再生し、整えていく時に行うべきであり、通常の剪定作業では行うべきではないといえます。

　剪定は、上記の一つの剪定方法を用いるのではなく、樹木の状況や木姿を考慮し、いくつかの剪定方法を組み合わせる一連の作業とし、最適な組み合わせで行います。最近、枝の先だけ切り詰めるか、大枝を抜いていく強剪定が多く見受けられますが、小枝のないところで切除しないで、必ず小枝を残して切除し、また1回で切り詰めないで2〜3年かけて枝を詰めていくようにすると、柔らかい木姿をつくっていくことができるようになります。樹冠を上部、中部、下部に分けた場合、最近の切除は樹冠の枝葉の残し方が1：1：1となっていることが多いです。通常、常緑樹や落葉樹は頂芽優勢で樹冠の下部より上部の勢いが強いため、上部に行くほど枝葉が増し、混んだ状態になります。理想的な枝葉切除は、樹冠の枝葉の残す割合を1：2：3とすることにより、木姿がよくなり、樹木に落ち着きが出てきます。

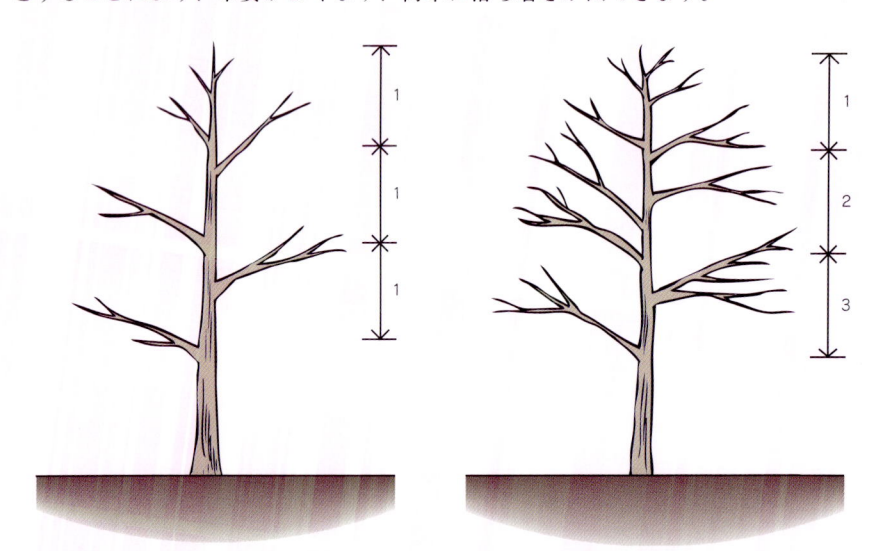

枝葉が上部より1：1：1（左）の割合で残されている場合も多いが、上部の成長が盛んであることを考慮し、おおむね1：2：3（右）の割合で残るように剪定するとバランスが良いと思われる

　一般に不要枝として、ひこばえ、胴吹き枝は切除する場合が多いですが、後ろ側を隠したいような場合は、あえて残すこともあります。樹種にもよりますが、ひこばえ、胴吹き枝が無数に出現する場合は、強剪定で樹体が衰弱している可能性が考えられます。ただし樹種によっては樹勢が強すぎて、これらが多数出現する場合もあります。

　玉物や仕立て物などの刈り込みは、一方向からばかり見て刈り込むと変形しやすいので、上下・前後・左右と回りながら刈り込むようにすると形が保てます。刈り込む時は、上から下へ向かって行います。こうすれば、刈った葉などを払いながら

できるのできれいに仕上がります。その際、はさみを反対側にして使うと刈り込みしやすくなります。剪定する時は芽の位置、枝の位置を確認しながら切除します。一般の樹木については、やや上向きの側芽を残して枝が左右に広がるようにしていきます。上向きの側芽（上芽）は枝が立ち枝になりやすいし、下向きの側芽（下芽）は下り枝になりやすいといえます。つまり、樹木は種類にもよりますが、芽はだいたいらせん状に付くので、枝の伸びる方向を意識し、芽の位置に注意して剪定することになりま

刈り込みの際は上から下方向へ作業を行うと、仕上がりがきれいになる

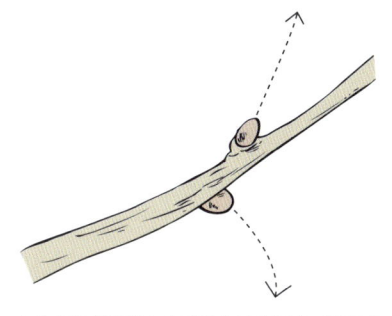

上向きの側芽は立ち枝になりやすく、下向きの側芽は下り枝になりやすい

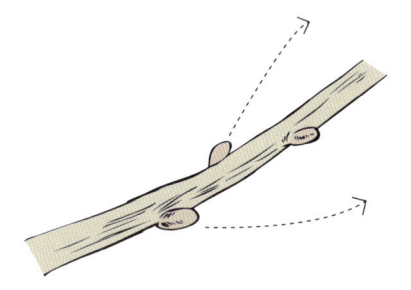

一般の樹木では、やや上向きの芽を残して切除すると形を作りやすくなる

す。

　剪定により木姿を美しく作っていくには、今まで述べてきたことが基本となります。しかし、上芽や不要枝を残すことも必要な時があります（ふところ枝が無く、樹冠内に穴が開くような場合など）。ただし、これらは数年の適当な時期に切除しなければなりません。枝が垂れる樹種（シダレヤナギ、シダレモミジ、シダレザクラ、イトヒバなど）については、逆に上芽を残すようにして剪定します。上から柔らかい枝が下がってくるような感じに仕上げるのが、木姿を美しく見せるポイントです。

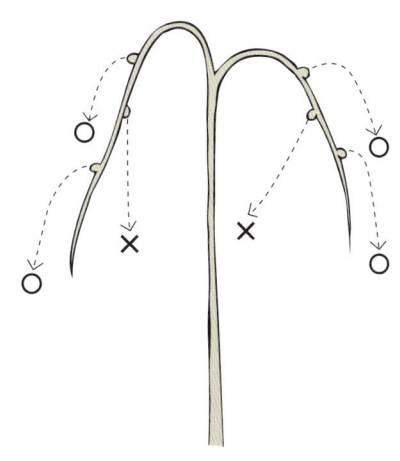

枝が垂れる樹種では、上向きの側芽を残して剪定するとよい

5 針葉樹、常緑樹の剪定

イチイ（オンコ）・キャラボク

　北海道では庭木としてよく使われ、常緑樹が少ない北国ならではの樹木です。昔からイチイのことをマツと呼びますが、ここではアカマツ、クロマツなどのマツ類とは区別します。5月中旬～6月下旬ごろまでに切除する場合は、強めに刈り込んだり枝を切除したりできますが、9月中旬以降は強い刈り込みや枝の切除を控えます。刈り込みによる剪定は、1年に2～3回行うことができます。刈り込みの回数が多いほど、枝葉の密度は高まりますが、8月中旬ごろ1回の刈り込みでも十分といえます。

　萌芽力が強く、どこで切除しても新芽を出しますが、小枝を残して剪定すれば、木姿を柔らかく仕上げることができます。しかし、強い切り詰めは不定枝を出すので控えるようにしましょう。少し下がり気味や、地面と平行になるような枝を残すと、美しく仕立てることができます。枝数が多い場合は、上下の枝を互い違いに間引いて枝数を減らします。

　春の芽出しのころは、新葉を手で摘んでやると柔らかく仕上げることができ、葉先を傷めることも少ないでしょう。トリマーや刈り込みばさみで刈り込むと、しばらくの間葉先が赤く変色します。適期の剪定で、強い勢いのある枝が欲しい場合は、枝を短く切除し、弱い枝（柔らかい枝）が欲しい場合は、枝を長く切除してやると、木姿を美しく保てるようになります。枝先が重なっている時は、上方に向いた小枝を切除すると、下方に枝を下げることができます。頂芽優勢となるので、上方を少し薄く仕上げるように枝数を減らし、下部にいくにしたがって枝数を増やしていくと、樹形が落ち着いた感じで仕上がります。

　刈り込みばかりしていると、内側が蒸れやすく、枯れ枝が多くなり、枝先にのみ葉が付いてくるので、2～3年に1回は内側の枯れ枝を含めた枝抜きを行い、光が幹元まで届き、風通しが良くなるように仕上げます。自然形の場合は、幹芯を1本にした方が美しく見えます。「切り詰め剪定」はできるだけ控えて、小枝を残した「切り戻し剪定」を行いましょう。適期の刈り込みは目安として、前年の刈り込み線をめどに刈るようにしますが、適

切る枝

イチイは少し下がり気味の枝や地面と平行になっている枝を残して仕立てると姿が美しくなる

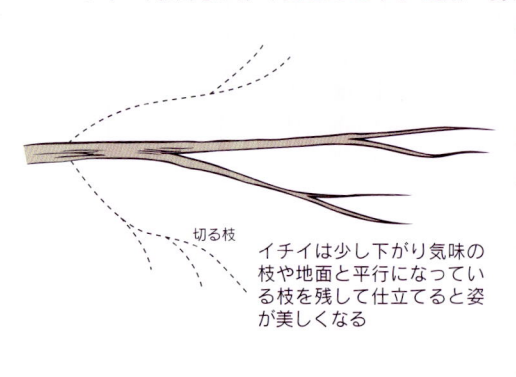

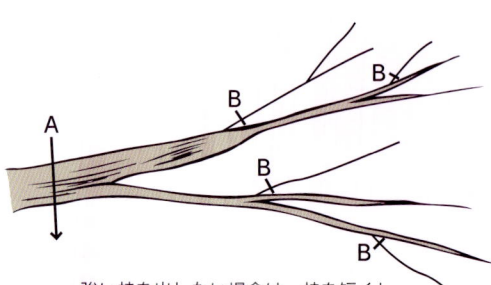

強い枝を出したい場合は、枝を短くし（A）、柔らかい枝を出したい場合は、枝を長く残して切除する（B）。これは、強剪定した時に強い枝が、弱剪定すると勢いを抑えた枝が出るのと同じことである

期を逃した場合は、前年の刈り込み線より長めに刈り込みます。毎年の手入れをせず急に強い刈り込みをすると、葉が少なく枝ばかり強調されるので、数年掛け仕上げていくとよいでしょう。春・夏・秋の剪定はおのずと違ってくるので、その時期に合わせた剪定を行います。適期以外は枝葉を多く残すようにしましょう。

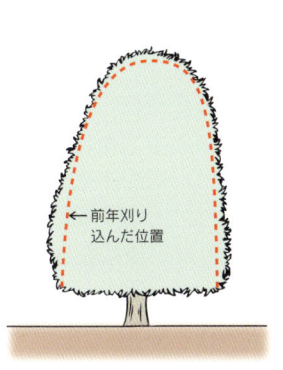

適期の刈り込みは、前年に刈り込んだ位置まで刈り込みできる

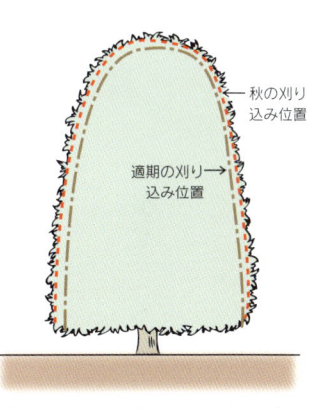

適期より遅れて刈り込みを行う際は、長めに枝を残して刈り込むようにする

コウヤマキ

　世界3大美樹の一つです。北海道ではあまりなじみがないですが、最近人気が出てきた樹種です。萌芽力が弱く、剪定、整枝は好まないので、強剪定は控えます。しかし、元来自然形が美しいので手の掛からない樹種です。長すぎる枝を前年枝の所で切除するくらいで十分ですが、枝が混み合ってきたら間引き剪定で最小限の枝抜きをします。古葉を10月中旬ごろもみ取る作業もありますが、北海道ではほとんど必要ありません。

コウヤマキは比較的手が掛からないが、込み合ってきたら、間引き剪定で軽く枝を抜いてやるとよい

シャクナゲ

　ツツジの仲間ではありますが、枝分かれが少なく、ツツジと違ってどこで切除しても萌芽するわけではないので、刈り込みによる整枝剪定には不向きです。花が終了次第、早めに花がらを切除し、新芽の発芽を促します。また花がらをいつまでも付けていると、樹体が衰弱してくる場合があるので注意しましょう。枝を切り詰める時、萌芽している場所や小枝を残して切除します。萌芽枝の無い所で切除すると、新芽の発生が無く、枯れ込んでくることが多いので注意しましょう。しかし、個体に体力がある場合

シャクナゲの新芽は花の付け根部分につくられているが、花がらを切除して成長を促すようにする

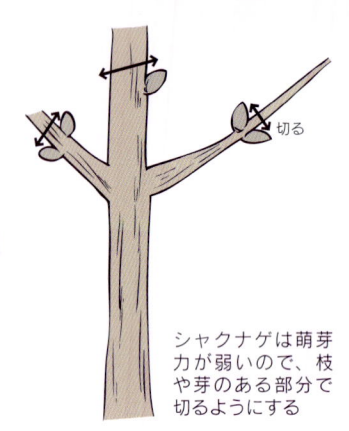

や品種によっては、胴吹き芽を出し、切除に耐えるものもあります。

道内産のシャクナゲの冬囲いは、縄巻き程度で十分ですが、移植や新しく植えた場合は、2～3年様子を見ながら「こも」などで巻いてやる必要があります。苗木の時から花を付けるより、樹体をしっかり作ることを優先させましょう。冬の緑葉を観賞するために、意識的に花芽を摘み取ることもあります。樹体を小さくする場合は、いきなり大枝を切除しないで、芽や小枝の方向性を見ながら細かく整えていきます。

シャクナゲは萌芽力が弱いので、枝や芽のある部分で切るようにする

ツゲ

道内産ではアカミノイヌツゲ、ハイイヌツゲがありますが、よく使われる物としてクサツゲ、イヌツゲ、タマツゲ、チョウセンヒメツゲがあります。刈り込みや強剪定にも耐えますが、成長がどちらかというと遅いので、極端な刈り込み、強剪定は控えるようにします。刈り込みばかりだと枝が混み合ってくるので、3年に1回ぐらい適当に枝抜き作業が必要となってきます。特に玉物仕立ての場合は、適宜の枝抜きが必要です。枝が混み合ってくると光が枝の奥まで届かず、風通しも悪くなるので、病虫害の発生も増えてきます。

ヒバ類

ヒバで多く使用されているのがニオイヒバ、オウゴンシノブヒバ（ニッコウヒバ）で、他にチャボヒバ、コノテガシワ、カイヅカイブキなどが少数ですが使用されています。剪定の時期は、6月中旬～9月上旬ぐらいまで可能です。ただし9月中旬以降の剪定は控えた方が無難といえます。ヒバも葉のない所で切除すると不定芽を出さないので、必ず葉を残して剪定します。種類によっては不定芽を出す品種もあるので、切除する時に気をつけましょう。

ヒバ類の強剪定は控えた方が無難です。同じヒバ類でも、品種によって剪定の時期や切除方法が多少変わってくるのですが、弱剪定を心掛けましょう。ヒバ類もトリマーや刈り込みばさみで刈り込むと、一時期葉が赤く変色するので注意し、新芽は手で摘むようにします。ニオイヒバの特に生け垣や仕立て物では、刈り込みばかりしていると枝葉が密になり風通しが悪くなるので、2～3年ごとに枝抜き剪定や切り戻し剪定が必要となります。枯れ枝や病枝を切除するだけでも内部空間が広がるので、刈り込み前に是非

ヒバ類は弱剪定を心がけ、新芽は手で摘み取ると仕上がりが美しくなる

行うべき作業といえます。ニオイヒバ以外は成長が比較的遅いので、年1回8月中旬ごろの剪定で十分です。

ヒヨクヒバ（イトヒバ）

　小枝が下垂するのが特徴で、木姿もこれを生かすように剪定します。先端の小枝を一律に切除することは避け、上芽を残して枝先が二手に分かれるような剪定を行います。放任すると枝が重なり合い蒸れてくるので、1年に1回の剪定は必ず行いましょう。また枝の先端部を切除することにより、主幹に近い方の小枝が伸びてくるようになります。柔らかく仕上げるには、新葉を手で摘み取るようにして葉先を整えていきます。

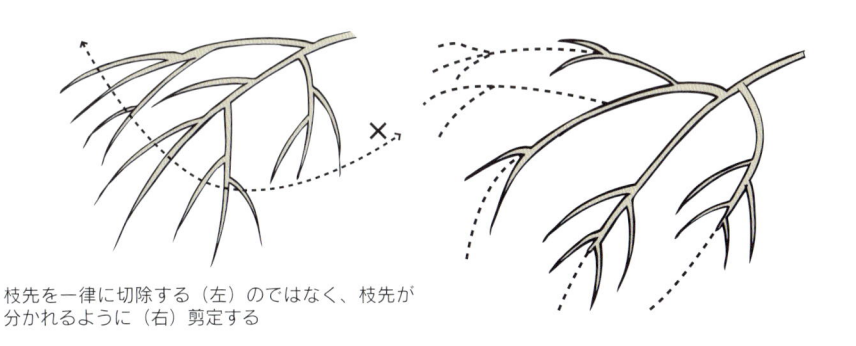

枝先を一律に切除する（左）のではなく、枝先が分かれるように（右）剪定する

ビャクシン

　ミヤマビャクシン（シンパク）、ハイビャクシンなどがあります。葉のない所で切除すると不定芽を出さないので、葉を残して切除しましょう。刈り込みには耐えますが、弱い刈り込みとします。強く刈りすぎるとスギ葉が出てくるので控えましょう。刈り込みやはさみでの剪定より、春先に新芽を手で摘む方法をおすすめします。

マツ

　マツには三つの基本作業があります。新芽が出るころの「みどり摘み」、葉が開いてからの「剪定」、秋口に行う「葉もみ（葉むしり）」です。特に仕立て物の場合、この三つの作業を怠ると形が崩れてくるので注意しましょう。仕立て物については、3年以上手をかけない（上記作業を怠る）と暴れてきて形が崩れていきます。これを元に戻すには、3〜5年掛かってしまうので注意が必要です。手を掛けなかった分、1回の剪定で枝などを整えるのはやめるべきであり、特に仕立て物の場合は、原形をとどめなくなる恐れが多いといえます。

　上下に重なり合い、同方向に出ている枝は、上の枝を切除し、なるべく日光が当たるようにしますが、樹形によっては下の枝を切除し、上の枝を残すこともあるので、枝張り、枝方向に注意します。アカマツはクロマツに比べ芽出しが弱いので、強剪定はせず弱剪定にとどめるべきでしょう。枝透かしは、三つ股となった枝の真ん中の枝を切除していく方法が基本です。はさみを使って枝抜きや剪定を行う場合、葉

を傷めないようにはさみを縦にして、葉の内側に入れながら切除していきます。

　古い松かさや若い松かさは全部取るか、見苦しくない程度に残します。今年結実したマツの実は、2年目に成熟するのでこの段階で切除してもよいでしょう。新芽を出させたい場合は、2～3年前の葉を付けておくと芽の出る可能性が高いといえます。芽は新しい葉ほどつきやすく、この時必ず輪状に葉を残すようにします。

・みどり摘み

　マツの今年出た新芽を摘み取る作業で、伸びる枝葉を短くすることと、枝葉を密にする作業を指します。毎年みどり摘みをしないと、その年に出た新芽は30～50cm伸びてしまい、2～3年以上手を掛けないと、今度短くするのに苦労するので、特に仕立て物の場合はこの作業が主となってきます。北海道では5月中旬～6月中旬が適期で、6月下旬ごろまで作業は可能です。ただしその年の気象により違ってくるので確認しながら作業を進めます。新芽が指で折れるまでは可能であり、指で折れなくなったらはさみを使うことになります。できれば、指で折れるころまでに「みどり摘み」は終了させたいものです。

枝を短くするみどり摘みによって引き締まった姿とすることができる（A、Dは根元より切除、B、Cは半分程度残して切除する）

3本に広がった小枝の真ん中を抜く枝透かし（亀甲透かし）は、基本的な剪定の一つ

・剪定

　開葉して落ち着いたころの8月中旬～9月中旬が適期で、9月中旬以降の剪定はなるべく控えるようにします。マツの場合はイチイや落葉樹と違い、どこで切除してもよいということでなく、必ず芽のある所、または葉の付いた所で切除していきます。マツは不定芽を出さないので、剪定の時期、剪定する場所に十分注意します。芽のない所で切除する場合は、必ず葉を輪状に残して切除すると芽の出る可能性が高くなります。また、たまに葉の無い所から発芽（胴吹き芽）する場合があるので、これは大事に残しておくべきでしょう。

　枝の作り方として、3本に広がった小枝の真ん中を抜く「亀甲透かし」と枝をジグザグに仕立てる「稲妻透かし」という方法があります。葉や枝が多くなると日照、風通しが悪くなり、病虫害が発生しやすく、萌芽力が弱くなり、「みどり摘み」をすればするほど枝葉が混んでくることから、剪定作業が必要となってきます。

・葉むしり（葉もみ）

　東京近郊では11～12月ごろにかけて行いますが、札幌近郊では9月下旬～11月

上旬ごろまでに終了させた方がよいといえます。ただし北海道では取り除く葉を最小限にして、なるべく葉を多く残すようにしましょう。できれば、今年の葉は全部残し、前年の葉も2分の1ぐらい残すようにします。北海道での「葉むしり」は、毎年行う必要はありません。適期以外の作業は樹皮を傷めることがあるので注意します。葉が無いと萌芽しにくいので、葉を残す場合は環状に残すようにして、残す葉量は全葉量の2分の1程度を目安とします。枝を詰めたい場合でも、2～3年生の葉を残すようにします。

　クロマツは葉を押さえて両手でしごくように、アカマツは葉を下の方に引っ張るようにすると、仕事がしやすくなります。ゴヨウマツもアカマツ、クロマツと作業内容は同様ですが、枝葉の混み具合が高いので、枝の間引きは多めに行います。下から見て空が少しのぞける程度の枝透かしがよいでしょう。アカマツ、クロマツ、ゴヨウマツなどを刈り込みばさみで整形する人がいますが、これは極力やめて、なるべく手作業で行うようにしましょう。刈り込むと葉先が赤く変色し、緑色に回復するまで時間が掛かるので注意します。

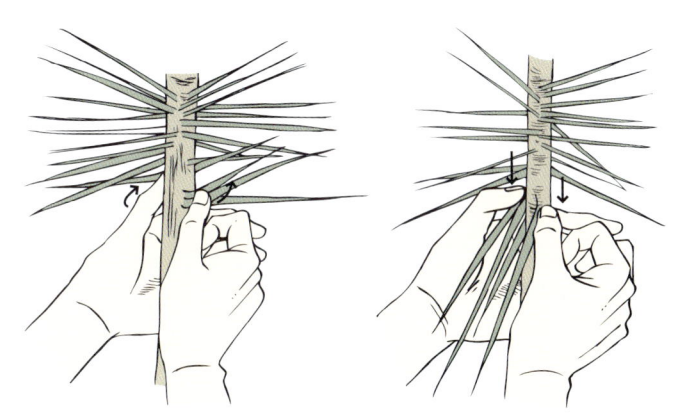

← 前年の葉
← 前々年の葉

葉むしりの際は、前年の葉や前々年（3年葉）も残すように行う

クロマツは葉を押さえて両手でしごくように（左）、アカマツの場合は、葉を下に引っ張るように（右）葉むしりする

庭での植物管理

ベニシタン

　通常は常緑ですが、道内では落葉する場合もあります。ほふく性の樹体ですが、立ち上がることもあります。剪定は容易で、どこで切除しても萌芽しますが、手入れを怠ると小枝が無数に出て絡まったようになってくるので、毎年枝先を柔らかく切り詰め、数年おきに枝を間引いてやり、日光が根元まで入るようにし、風通しを良くします。強剪定はせず、必ず葉や芽のある所で切除するようにして、風情が出る樹形をつくっていきましょう。刈り込みにも耐えますが、刈り込みばかりだと他の樹種と同じように頂部に不定枝が出てくるので、数年に1回の枝抜きが必要となります。

6 落葉樹の剪定

■アジサイ

　アジサイは、前年に出た芽が伸びて開花します（一部の種類を除く）。花が終了後、伸びた枝を含め10〜11月に花がらの少し下に付いているわき芽を残すように切除します。花がらを含め枝元のほうで切除すると翌年開花する花芽も切除してしまうので注意が必要です。古い幹（5年以上）は地際から切除し、若い幹と交替させるようにすると、木姿も柔らかくなり、大きさも制限することができるようになります。

　秋季、冬季に剪定すれば、花芽と葉芽の区別がつきやすいので比較的楽です。花芽は頂芽やその下2〜3芽に付くので、剪定する時に確認しながら行います。花芽は先が丸みを帯び大きく、葉芽は先がとがって小さいので分かりやすいです。

　アジサイはできるだけ刈り込みをしないで、「枝抜き剪定」で古枝や枝葉を切除していくようにします。花がらはいつまでも付いているので、剪定する時一緒に切除するようにしましょう。株が大きくなった場合、一度に地際から刈り取ると2年後にしか花を観賞できないので、1年目は前半分、翌年は後ろ半分を残して地際から切り取り、樹形を小さくしていくことも考えます。

多くのアジサイは、秋には花芽ができているので、上位節で剪定を行う

株が大きくなった場合は、地際から枝を切除する方法があるが、一度に切ると花が全く咲かなくなるので、少なくとも2年をかけて行うとよい

ウツギ

　バイカウツギ、ウツギはアジサイ科、ハコネウツギ、タニウツギはスイカズラ科に属しています。夏季に伸びた徒長枝には花が付きにくいです。花後、花がらを含めて枝を切り戻します。古くなると幹が太くなり、大きくなりやすいので、庭の広さを考慮して樹形を考えます。

　萌芽力は普通で、あくまでも大枝での「切り詰め剪定」は控え、小枝を残しながらの「切り戻し剪定」で樹形を整えていくようにします。株立ちの場合は、太い幹を切除して、小ぶりな幹を残すようにしてやると柔らかい木姿をつくっていけます。

基本的には、花後に花がらを落とすように軽めに切り戻し剪定を行う

テマリカンボク

　虫が付きやすく、薬剤散布が必要な樹種の一つでもあります。萌芽力は普通ですが強剪定は好まないので、いわゆる不要枝を切除するようにします。夏季に伸びた徒長枝には花が付きにくいので、枝ぶりを見て秋口から冬季にかけて徒長枝を切り戻します。

　花芽は今年伸びた枝の葉腋に付き、翌春に開花する前年枝咲きなので、花の終了後に花がらが付いた所で切除、つまり花がらを切除する感覚で切り戻し剪定を行います。花芽は短枝に付きやすいです。花芽が付いた枝で全部咲かせると花が小ぶりになるので、少し豪華にしたい場合は花芽を元の方から5〜7個ぐらい残して先端を切除すると、大ぶりの花を付けるようになります。花の終了後、枝の切り詰めをしないでそのままにしておくと、次の年は枝の先端に花が付くことになります。

カイドウ

　花の終了後、新梢が伸びて伸長が止まったころ（おおむね花後1カ月）、3分の1くらい切り戻すようにします。枝数を増やしたい場合は、4〜5年の古枝でも芽の有無にかかわらず切除しても不定芽を出しますが、翌年不定枝を整理して樹形を整える必要があります。しかし花芽が分化した後の剪定は、不要枝や徒長枝を切除する程度にとどめます。

庭での植物管理

■サクラ

　病虫害に弱く、剪定を嫌います。枝切除後の処置をうまくやらないと、切り口から病虫害や腐朽菌が侵入しやすくなります。切除後は、必ず殺菌剤入り癒合剤を塗布しましょう。枝を切除する場合も、最小限にとどめるべきです。また、切除した枝の枝元を残すとその部分が腐朽の原因となるので、枝分かれの部分できちんと切除し、切り口はなめらかになるようにします。

　枯れ枝、病枝、立ち枝、さかさ枝を主体に切除し、柔らかい剪定を心がけましょう。しかし意外と剪定できないという先入観のためか、枝抜きを怠っている場合が多く、枝が交差してできるすり傷から腐朽が始まっていることが多いので注意します。大枝や少し太い枝を切除する場合は、落葉してから12月下旬ごろまでに行います。この時、「切り詰め剪定」は控えて、なるべく枝を残すようにして「切り戻し剪定」を行っていきます。樹形はあくまでも自然樹形にこだわり、夏季の強剪定は控えるようにします。最近、テングス病（特にソメイヨシノに多い）やコブ病（エゾヤマザクラに多い）が目立つようになってきているので、早期発見、患部の早期切除を行います。これらの病枝はできるだけ焼却処分とします。

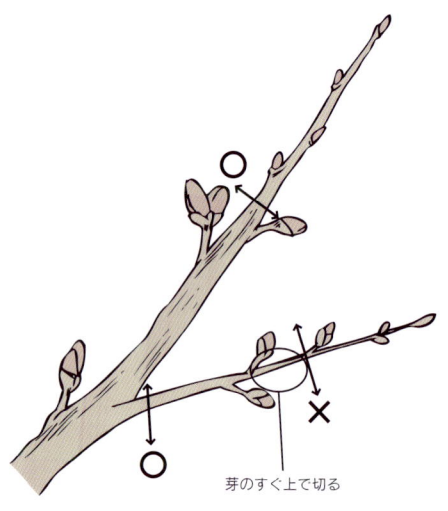

サクラは強剪定をなるべく控え、枝を残すように心がけるが、切る場合は枝分かれ部や芽のすぐ上で切るようにする

■シラカバ

　小さいうちから枝を整えて育てるようにします。大きくなってからの寸胴切りは樹体を衰弱させ、切り口から腐朽菌の侵入を促すことになります。水あげが比較的早いので、春先の剪定は控えるようにして、枝葉の成長が止まる7月下旬〜8月上旬ころから夏季の剪定を始めるとよいでしょう。落葉後に大枝で枝抜き剪定をしてもよいですが、12月上旬ごろまでには終わらせてしまいたいものです。

　「切り戻し剪定」をする時は、必ず小枝を残して枝の上で切除します。切除

シラカバは枝元を残して切除すると腐朽しやすいので注意が必要

跡が長いとその部分は枯れ込んできて腐朽の原因となります。大枝を切除する場合は、フラッシュカットではなく、ブランチカラーを残して切除します。刈り込みや強剪定は嫌うので、あくまでも小枝を残し柔らかい剪定を行うようにしましょう。

ツツジ類

　花後、新梢（しんしょう）が伸びてこの枝の頂点に花芽を付けるので、花が終わった後すぐに剪定します。花芽分化は7〜8月ごろになり、これ以降は枝（特に頭頂部）の切除は控えるようにして、徒長枝を切るくらいにとどめましょう（枝数が多ければ、枝抜きする場合もあります）。枝数を増やしたい時は、1〜3年生枝を切り詰めても、切り口付近から不定枝が車輪状に出てくるので、新梢の成長が止まった時点で枝数を調整して樹形を整えていきます。花芽分化以降に強剪定すると、貧弱な枝が多くなり、花芽の付かない徒長枝となる場合が多くなります。

　刈り込みばかりしていると、頂部の枝数が増えて、蒸れやすくなるので、風通しをよくする「枝抜き剪定」

ツツジは夏に花芽を作るので、その後は徒長枝の剪定や最低限の枝抜き程度にとどめる

を行い、日の光が幹元に当たるように枝数を減らすことも必要です。北海道で好まれて植栽されるツツジの中で、強剪定を比較的好まない種類（クロフネツツジ、ヤシオツツジ、ゴヨウツツジ、レンゲツツジなど）もあり、これらについては徒長枝、不要枝の切除くらいにとどめおく方が無難であり、毎年こまめに剪定するようにします。

ツリバナ・マユミ

　どちらも同じニシキギ科ですが、ツリバナの方がマユミより柔らかい感じを与えます。枝は対生で、枝の切除は「切り戻し剪定」を主体とし、「切り詰め剪定」はなるべく控えるようにします。放置していると樹形が乱れてくるので、枝の間引きをしながら形を整えていきます。自然形になるように仕立て、小枝を残しながら枝を切り返して、柔らかい樹形となるように枝数を調整していきます。

ナツツバキ

　自然樹形が美しい木で、枯れ枝や重なり枝などの不要枝を切除するくらいで十分です。枝を切り詰める場合は側枝を残し、枝数が多い場合は、間引き剪定で枝数を減らすようにしていきます。側枝のない所で切除すると、枯れ込んで来るか、不定枝がでてくるので木姿が乱れてしまいます。

ナツツバキの枝を切る場合は、側枝の出る部分で行う

ヤマハギ

　落葉後に根元から10cmくらいの高さで切除します。伸ばし放題にしておくと、幹が太くなりゴツゴツした感じになりやすいです。落葉後、地上部が枯れ込んできますが、枯れ残った一部から翌年新梢(しんしょう)が出てきて、自然と樹高が高くなるので根元で切除します。

　ハギの場合、風に吹かれて柔らかい感じの風情を出すために、太い枝より、細い新しい枝を毎年出すようにします。本年の新梢が50～60cmになったころ、再度10cmぐらいまで切り戻すようにすると、二番枝は春の新梢より伸びないので低く抑えることができますが、高い位置で花の観賞をしたい場合は、切り戻しは必要ないので、一番枝をそのまま伸ばしていきます。刈り込みばさみで刈るのもよいですが、水平に刈り込むことをしないで、高低差をつける方がおもしろい場合もあります。

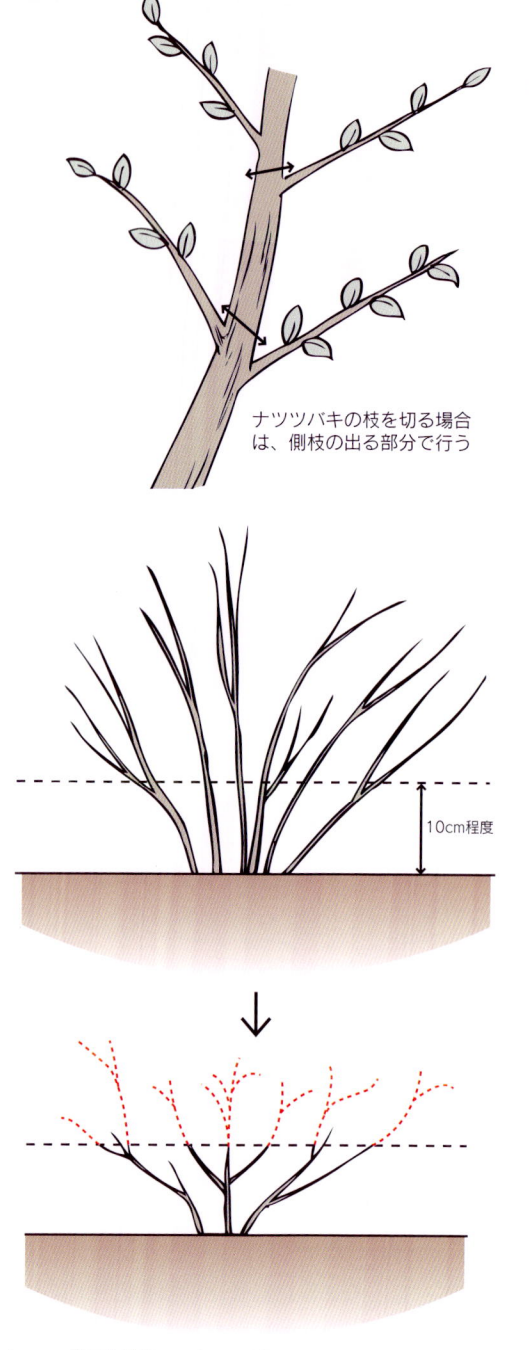

ヤマハギは落葉後に10cmくらいの高さで切除すると風情のある姿を作ることができる。また、翌年伸びた新梢を切り戻すことによって丈の調整も可能となる

■フジ

　短枝をなるべく残すようにして、落葉後、基部から3〜4節残して（ここに花芽ができている）切除します。剪定時期は、落葉後、根雪前ぐらいまで（10月下旬〜12月中旬）が適期といえます。花がらは早く切除するようにして、結実させないことも必要です。夏季に伸びた枝を短く切除すると、花芽となる芽が秋口までに伸びてしまい、葉芽に変わって花が咲かなくなるので、夏季の剪定は伸びすぎた枝先を切除するぐらいにとどめましょう。花付きが悪くなったら、断根すると効果が出る場合があります。

冬の剪定位置

夏季の剪定は枝先を軽く摘んで伸びを抑える程度とし、冬は3〜4節残して強く切り戻すようにする

■ボケ

　花の終了後伸びた枝は10月くらいまでそのままにしておき、落葉後に花芽を確認し、枝ぶりを見ながら伸びすぎた枝を主に剪定していきますが、花芽の少ない本年枝は切り詰めていきます。萌芽力が強いので、樹形を大きくしたくない場合は、2年置きぐらいに古枝を切除して、形を整えていくとよいでしょう。枝を間引くようにした方が、刈り込むよりボケ本来の木姿をつくっていくことができます。花芽は前年枝（2年生枝）と当年枝の基部に付き、翌春開花します（前年枝咲き）。

ボケの花芽は前年枝と当年枝の基部につく

■ボタン

　花が咲き終わり、散る前に花のすぐ下で切除します。しっかりした樹形にするために、腋芽が見えてきたころに本葉3〜4枚を残し、上の腋芽を取れば下の腋芽が充実してきて、花芽分化が促されるようになります。秋口になると、花芽と葉芽の区別がはっきりしてくるので、このころ花芽を残して切除していきます。一般的に、シャクヤクを台木として接ぎ木したものが多く、台芽やひこばえは早めにかき取るようにします。

■ムクゲ

　大きく育てるより、小さくまとまる形に整えるようにして、落葉後枝を短く切除すると、翌年新梢が出てまとまりやすくなります。春先に伸びた新梢に花が付くので、剪定は比較的楽といえます。萌芽力が強く、強剪定にも耐えますが、大枝での

庭での植物管理

切除は樹形を乱しやすいので注意が必要です。芽の上の適切な箇所で切除しないと、次の芽の所まで枯れ込んでくるので注意します。古枝を間引くようにして、若い充実した枝を残し、側枝を伸ばします。

▎モクレン

　樹形は自然形より円筒形に仕立てた方が見やすくなります。強剪定すると木姿が乱れてくるので、小枝を残して「切り戻し剪定」を心がけましょう。花が咲き終わった後に、側芽の上で切り戻すようにします。長くなった枝は「切り戻し剪定」とし、小枝を残して切除していきます。立ち枝、下り枝、からみ枝、さかさ枝などの不要枝を先に切除します。大枝を切り戻す場合は、落葉後に行います。花の終了後に伸びた枝先に花芽が付きます。

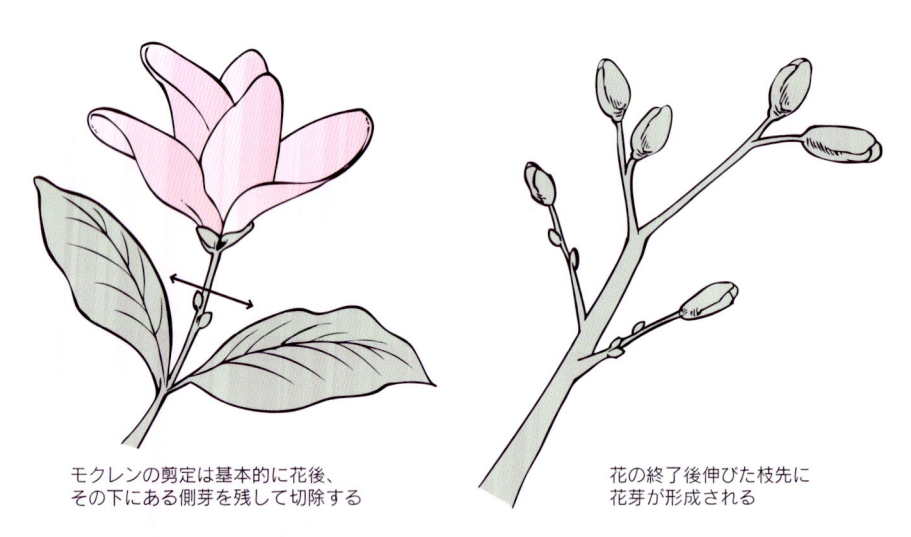

モクレンの剪定は基本的に花後、その下にある側芽を残して切除する

花の終了後伸びた枝先に花芽が形成される

▎モミジ類

　モミジ類は自然形が美しいので、柔らかな弱剪定で木姿をつくっていくとよいでしょう。枝葉は対生で、自然に任せておくと葉が茂りすぎ、ふところ枝が枯れてくることが多いので、枝数が多くなったら枝の間引き剪定が必要になってきます。剪定時期は8月中旬以降で、それ以前の剪定には注意します。太い枝を切除する場合や強剪定をする場合は、落葉後に行います。しかし地温が高いと水あげしている場合があるので、切除前に小枝、中枝などを試し切りして、切り口から樹液が出てこないことを確認してから大枝の切除を行うようにします。

　水あげが早いので、春先の剪定は禁物です。2月中旬ごろまでには、水が頂芽まできている場合が多く、春早く枝を切除すると樹液が吹き出すことがあり、樹体の衰弱の原因となるので春先の剪定は控えます。芽や小枝の無い所で切除すると、芽や小枝のある所まで枯れ込んでくるので、必ず芽や小枝の上で切除します。春先や不

適期に強剪定をすると、樹体が衰弱したり、枯れ込んできたり、胴吹き枝や不定枝が出るので注意します。

モミジ類の剪定は、「切り戻し剪定」や「枝抜き剪定」を主として行い、樹形を見ながら樹冠外に伸びた枝や長すぎる枝を切除して、短い枝と切り替えながら、また混みすぎた枝を間引きながら木姿をつくっていきます。枝葉が混んでいれば、対生する枝を交互に間引くように切除します。枯れ枝、さかさ枝などは切除し、徒長枝は基部から切除するか、適当な場所で切り詰めるとよいでしょう。芽は横向きの芽を残し、枝が横に広がるようにして、少し下向きの枝になるように仕上げていきます。しかし、枝の作り方によっては、横向きの芽ばかりでなく、上芽を残す場合もあるので、芽の方向、枝の方向を確認して切除するようにします。

剪定は、枝葉が茂っている時よりも落葉後の方が枝ぶりなどが分かりやすいのですが、北海道では切り詰めた所から寒害で枯れてくる場合があるので、通常8月中旬に切除することが多いです。ただ、この時期は枝ぶりが分かりづらいぶん、切り過ぎに注意が必要です。

モミジは枝葉のない部分で切ると枯れ込むので、枝分かれした部分で剪定する

枝葉が混むと枝抜き剪定を行うが、対生する枝を交互に間引くように切除するとよい

シダレモミジ

普通のモミジとは反対に、横向きの芽より上芽を残して切除していきます。上芽を残して、自然に枝が垂れる状態にしてやれば、自然に傘状になっていきます。シダレモミジも混みすぎると、下の枝が枯れあがってくるので、重なり枝を間引くようにして枝の間を広げるとよいでしょう。幹、小枝の曲線も1つの長所となるので、あまり小枝を切り詰めることは控えるようにします。

シダレモミジの場合は、ほとんどが接

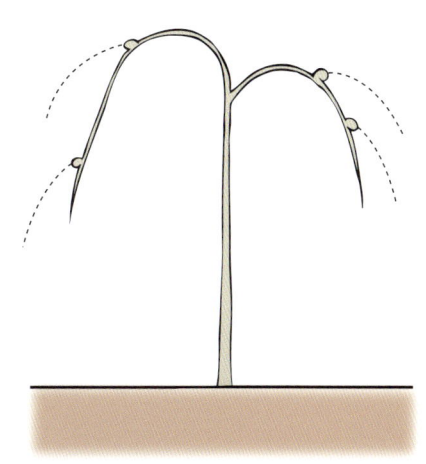

上芽を残すように剪定すると傘状に垂れ下がったよい姿となる

庭での植物管理

ぎ木で、古くなったり放っておくと台木のヤマモミジなどの枝が出てきて、先祖返りになる場合があるので、親木が萌芽してきたら切除して、切り口に殺菌剤入り癒合剤を塗布します。シダレ物の場合は、下芽を多く残して切除すると、枝が下方向や内側に伸びていくのでゴツゴツした感じになります。あくまでも「ふわっ」とした形に仕上がるように枝の切除をしていきます。枝を全体に透かして、幹が枝の間から見え隠れするように剪定します。

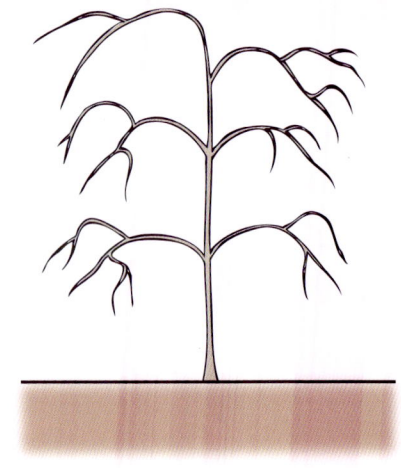

枝が混んだ場合は、重なった枝を切除して枝同士の間隔を空けるようにするとよい

ユキヤナギ

　庭木として使う場合は、若枝を多くし古枝はなるべく切除し、新旧交替させながら樹形を整えていきます。この時、背丈もなるべく低くした方が美しく仕上がります。花後、なるべく早く（1カ月以内）に伸びすぎた古枝を切り詰めて透かし、広がった枝を切り戻しながら樹形を整えていきます。側芽が花芽となるので、多少の切り詰めは問題になりませんが、できれば根元からの間引きを主体として枝数を整えていくとよいでしょう。花後剪定した後は、枝先の切り詰めは避けて、枝が風に揺れる風情を楽しめるように枝先を残した柔らかい仕上がりにします。

ライラック

　種類も多く一般的な花ですが、なるべく寒冷地向きの種類で楽しみたいところです。日当たりの良い所を好み、日陰地では花付きも悪く、生育も良くないといえます。芽や小枝の無い所で切除すると、若い時や元気のよい時は不定枝をよく出しますが、弱ってきたり日陰地に育った木、古い木では大枝や主幹を切除すると、芽吹きしないで枯れ込んでくるので注意しましょう。花芽分化は7〜8月ごろで、これ以降の剪定には気を付け、特に秋口以降に強剪定すると花芽を切除してしまうので、花が終了してすぐに花がら取りを含め剪定を行います。新梢の頂部とそ

台木のイボタが生長し、花を咲かせている。イボタの葉は小さく、ライラックとは容易に区別できる

の下2～3芽が花芽となり、残りは葉芽となります。
　樹形を小さくしたい場合は、側芽を残し立ち枝は切り戻すようにして、ひこばえ、ふところ枝も切除しますが、反対に主幹が古くなり新旧交替させたい場合は、ひこばえ、ふところ枝を残して主幹の方を切除していきます。この時、一度に交替させないで、2～3年かけて切除していくと、木姿はそんなに暴れなくなります。主幹や大枝で枝のないところで切ると復旧が難しくなるので注意が必要です。最近は、イボタノキに接ぎ木したものが多く、手入れしないと台木の方が強くなり、いつのまにかイボタノキに替わっている時があるので注意しましょう。
　樹勢が弱い場合は、花数を減らし、小枝が交互に出るような剪定を行います。枝数を増やしたい時は、枝を短く切り戻し、不定芽が多く出るようにしますが、なるべく小枝や芽のある所で切り戻します。

レンギョウ

　花後、枝を切除して丈夫な枝を作ると、頂芽にも側芽にも花芽を付けるようになります。混みすぎた場合、「切り戻し剪定」をするよりは、枝数を減らす「枝抜き剪定」を行い、全体の調和を図っていきます。樹形を小さくしたい場合は、花後に古枝を根元から切除し、若い枝と交替させていきます。また強く切除する時、芽の方向を確認しないと内枝やふところ枝が多くなるので、芽の位置に注意して切除しましょう。刈り込みばかりしていると、頂部に多くの枝数が付くので枝の間引きが必要となり、2～3年に1回「枝抜き剪定」を行うようにします。枝のどこで切除しても花が付くので、剪定する上では楽な樹種といえます。刈り込みにも耐え、単幹仕立てもできますが、そのまま放置しておくと枝が乱れ樹形がまとまらなくなるので、毎年の剪定が必要となります。

古くなった枝を定期的に根元から切り取り、更新をはかることによって、樹形を小さく保つことができる

7 果樹の剪定

ウメ

　萌芽力が強いので、どこで切除しても比較的発芽します。しかし、深切りすると、花数が減り結実も少なくなります。花芽は8月中旬ごろには分化して、12月を過ぎると花芽と葉芽の区別がより分かるようになりますが、北海道では3月中旬～4月上旬ごろまでに剪定を終了させてもよいでしょう。このころには、花芽も葉芽もはっきりするようになります。花芽分化終了後は、現在着床している葉が少し内側に反った感じになります。

　剪定する時は、枝が下がらないようにやや斜め上方を向いているような芽を残します。短果枝、中果枝に十分日光が当たるようにすると、花や実が充実してきます。夏季の剪定では、徒長枝が出ている場合が多いので、切除したいように思えますが、枝葉を切除することにより樹勢を低下させる場合があるので、全て切除するのではなく樹冠から出た分を切除するくらいで十分といえます。

　冬季および春先の剪定で、不要な徒長枝は基部から切除し、他の枝を含めて枝数と花数の調整をしていきます。短果枝、中果枝に花が多く付き、結実しやすいので、

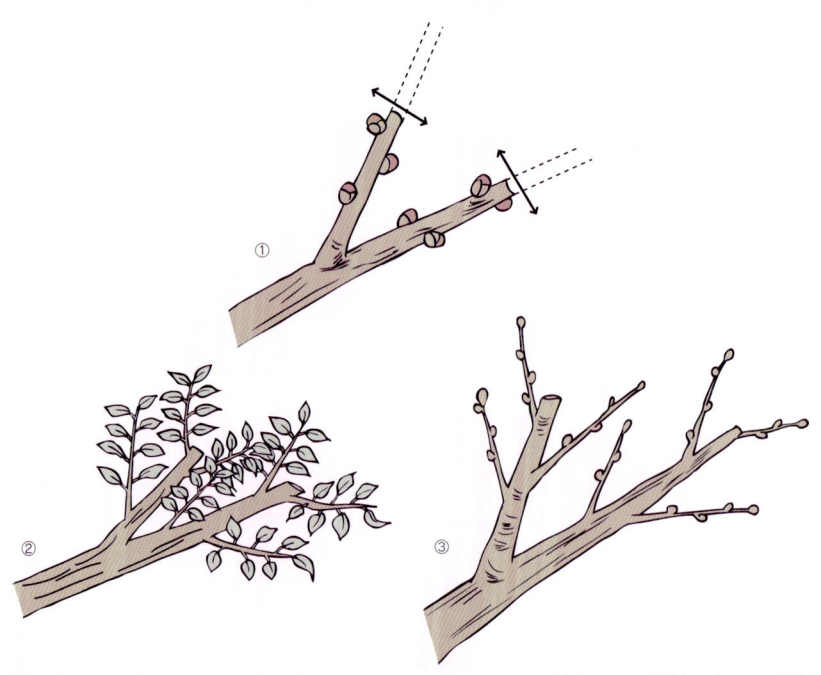

ウメは一般的に冬季中に剪定を行う。どこで切っても発芽はしやすいが、4～5芽残して切るのが基本であり①、花後に花の基部にあった芽が伸び出し②、夏を過ぎると花芽を作る③

日光があたるようにして、これらの枝を大事にします。花が咲いた枝で軟弱な枝は、20cm前後に思い切って切り詰め、再生させることも必要です。短果枝、中果枝で切除する場合は、基部から花芽を4～5芽残して切ります。花後に古い枝を切り詰めても萌芽しやすく、次の花芽は比較的よく付くようになります。結実後どこで枝を切除しても新梢(しんしょう)は出ますが、葉芽になることが多いです。夏季の強剪定は、葉が少なくなることにより、樹勢が低下したり、根の発達を阻害することもあるので注意しましょう。

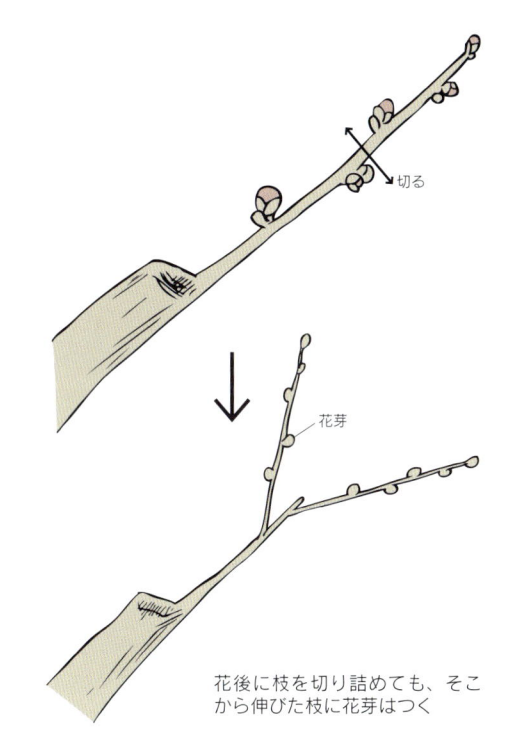

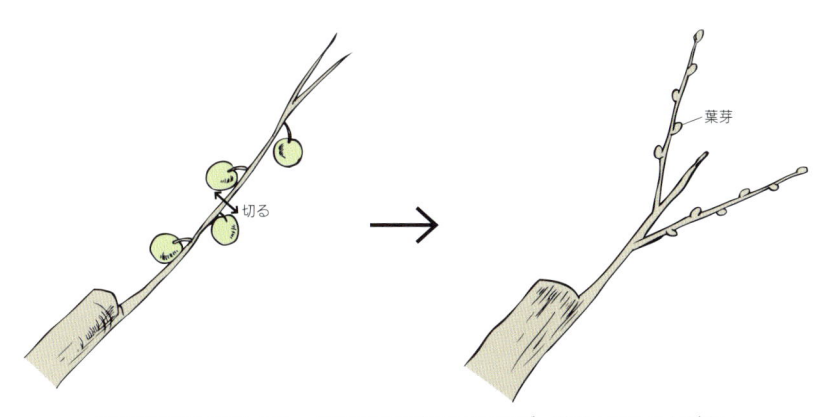

庭での植物管理

切る

花芽

花後に枝を切り詰めても、そこから伸びた枝に花芽はつく

切る

葉芽

結実後に枝を切除しても、枝を伸ばすが花芽はできず、葉芽となることが多い

▌オウトウ（サクランボ）

　その年に伸びた充実した枝のわき芽が花芽となり、翌年開花、結実します。ウメと同様に、長枝には花芽が付きにくいので、短果枝を多く付けるように切り戻しながら枝を作っていきます。樹勢の弱い木を、夏季に強剪定するとさらに衰弱してくるので、冬季に落葉してから少し強く剪定をするようにします。

樹高が高くなってから低くしたい場合は、太い主幹で切除することになるので、樹形を見ながら、枝の切除を行うようにします。切りすぎは厳禁です。樹勢が強い場合は、伸ばそうとする芽の1芽上で切除することにより、枝の間引きを行います。強剪定は病虫害の侵入を容易にするので、弱剪定を心がけるようにしましょう。剪定時期は、ウメと同様3月中旬～4月上旬ごろまでに終了させます。

▌洋ナシ

　剪定は、11月中旬～3月下旬ごろまでに終了させます。今年の新梢（しんしょう）を基部から4～5芽残して切り戻すようにします。この時、徒長枝を全部切除しないで、枝の伸び具合を見ながら切除していきます。翌春切り戻した先端の芽からは、強い枝が伸び出しますが、基部の方の芽は10～15cm伸びてその頂部に花芽を付けます。これが短果枝となります。

　花や果実を付けるには、短果枝を多く作ることが基本です。果実は短果枝・中果枝に付き、花芽は先が少しとがり気味で基部が太くなります。徒長枝には花芽が付きにくいので、短く切り戻して枝を作っていくようにします。花芽を多く付ければよいというものでなく、花芽が多い場合は摘芽することも必要です。

▌ブドウ

　通常、生育している枝の新梢（しんしょう）の各葉腋（ようえき）に花芽が付きます。剪定の時期は、落葉してから根雪になるころまで（11月上旬～12月下旬）に終了させましょう。今年伸びた長い結果母枝では10芽ぐらい、短い結果母枝なら4～5芽残して、枝の先を切り詰めていきます。水あげが早いので、春先の枝の切除では樹液が噴き出すこともあり、このような状態になると樹体が衰弱する可能性が高くなります。地温が例年より高い場合は、落葉してからも水あげしている場合があり、一気に枝を切除するのではなく、枝先を少し切除して、樹液が出てこないのを確認してから本格的に剪定を行います。

　ブドウの実は、今年伸びた新梢に結実します。7月下旬から8月上旬には、来年の花芽分化が終了しており、翌年発芽して伸びた枝の3～6枚目の葉の基部に結実します。種類にもよりますが、一般的には枝が柔らかく弱いので、乾燥と寒害から芽を守るため、芽のすぐ上で切るよりは芽と

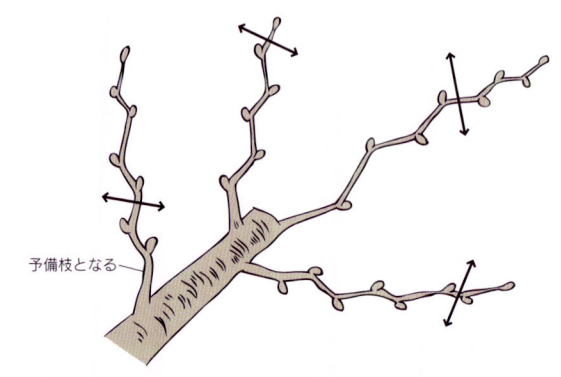

予備枝となる→

ブドウの剪定は今年伸びた枝が長い場合は10芽程度、短い場合は4～5芽程度残すように行う。一部の枝は短く切り詰めて、実をつけない予備枝としたり、枝数が多い場合は完全に切り詰めて調整する

芽の中間ぐらいで切るようにします。ここが他の樹木の切除方法と違うので気をつけましょう。

　寒風の当たる場所や、通り抜ける場所では、残そうとする芽のもう1つ上の芽を残して切除します。この場合、寒風で芽がつぶれても残りの芽が残っていきます（例えば、3芽残したい場合は、4芽の上で切ります）。枝や芽を寒さから保護するために、棚から下ろし、枝葉を縄などで縛り地面に降ろし、雪の下になるようにする方法もあります。剪定する場合、競い合う枝は必要以外枝の基部から切除して、残りの枝は4〜5芽残して切るようにします。切除後は、腐朽が入らないように殺菌剤入りの癒合剤などを塗布し、切り口を保護しましょう。

ブルーベリー

　ツツジの仲間で酸性土壌を好みます。剪定は2月中旬〜3月下旬ごろでよいでしょう。2〜3年目の若い木は剪定する必要はありませんが、成木になり古株や混みすぎた枝は、間引き剪定により新旧交替させていきます。実は前年伸長した枝に付くので、剪定時期や剪定場所に注意します。

　強い枝に充実した実が付くので、太くしっかりした枝を残し、弱い枝や貧弱な枝は切除します。枝の長さが10〜30cm程度で、花芽が5個ぐらい付いている枝を多く作るようにします。こうした枝がよい結果枝といえるでしょう。

リンゴ

　剪定は2月中旬〜3月下旬でよいでしょう。このころ花芽と葉芽の区別が付きやすくなります。枝の分かれた所で切除する「間引き剪定」、伸びすぎた枝の途中で切除する「切り詰め剪定」、小枝を残して枝を切り替えていく「切り戻し剪定」を組み合わせながら行い、主幹から根元まで日の光が当たるようにします。

　短果枝や中果枝を多く出させ、枝を作っていきます。強剪定はやめ、枝数を調整する剪定を心がけましょう。太い側枝を一度に切除してしまうと、徒長枝が出やすくなるので基部の小枝を少しずつ詰めていき、小さくしてから切除します。

ラズベリー・スグリ

　剪定は12月中旬〜3月下旬ごろまでに行うとよいでしょう。スグリは古株になると実の付きが悪くなるので、「間引き剪定」や株分けなどで若い枝を残します。ラズベリーは、枝の先端の3分の1ぐらいを切り詰めて、混みすぎた枝は間引いていきます。

クレマチスの管理

ここでは、「つるもの」の中で人気の高いクレマチスについて説明します。クレマチスは多くの品種が販売されていますが、品種によって管理の方法、特に剪定方法に違いがありますので、まずは基本的なことをおさえておきましょう。基本さえつかめれば、後は庭の状況に合わせて大きさを自由にコントロールすることができます。

1 系統別開花習性

大輪咲きの代表格であるパテンス系品種

ウィチケラ系はうつむき加減に咲く品種も多い

旺盛につるを伸ばして咲くモンタナ系品種は、十分なスペースの確保が望ましい

やや筒状の花を咲かせる品種の多いテクセンシス系

　クレマチスを管理するには、系統別の特徴を知っておくことが大切です。最近の品種は系統間で交配されたものも多く、見た目だけでは判断しにくい場合もありますが、ラベルに系統名が書かれている場合がほとんどです。

系統名	一般的な特徴	開花習性
パテンス系 （Patens Group）	北海道における大輪咲きの代表格で開花は比較的早い。品種は多い。	**前年枝咲き**。前年枝から出す短い枝の先端部に開花する。時に、地際近くより伸びた当年枝や当年枝から伸びた枝にも開花する。
ウィチケラ （ビチセラ）系 （Viticella Group）	うつむき加減にベル型の花を咲かせる品種が多い。小輪多花性。品種数も多い。性質強健。	**当年枝咲き**。地際または地際近くより長く伸ばした枝に開花する。花は何節にもわたって葉腋に付くので、多花性となる。花後すぐに切り戻し、その後、一定期間の気温が確保されると再び開花する。
テクセンシス系 （Texensis Group）	チューリップ型と呼ばれる筒状の花を咲かせる。花の大きさは中間ぐらい。品種数はそれほど多くない。性質強健。	**当年枝咲き**。それ以外の習性もウィチケラ系と同様。
モンタナ系 （Montana Group）	最も大型となる系統で、品種によっては10m近くまでつるが伸びる。小～中輪で多花性。開花は早く、札幌で6月下旬ごろ。	**完全な前年枝咲き**で当年枝には開花しない。前年枝の上位いくつかの節の葉腋に直接花を付け、つるは開花前後に伸び出してくる。
ジャックマニー系 （Jackmanii Group）	原種であるラヌギノサ（C. lanuginosa）とウィチケラを交配させた種間交雑種。	**当年枝および前年枝咲き**と両者の性質を持ち合わせている。花は頂端部および上位節の葉腋に付く。
インテグリフォリア系 （Integrifolia Group）	草丈は低く、自立する品種が多いので、宿根草のように扱うとよい。他系統との交配により、つる性となる品種もある。	**当年枝咲き**で、自立する品種では、冬季に地上部が枯死する。枝の頂端部及び葉腋に花を付ける。花後すぐの切り戻しによって、再び開花することがある。
アトラゲネ系 （Atragene Group）	アルピナ（C. alpina）、マクロペタラ（C. macropetala）などを交配してつくられた品種群。暑さには弱く、ややデリケート。	**前年枝咲き**で、まれに当年枝にも開花する。モンタナと同じく、前年枝の葉腋に直接花を付ける。
ヘラクレイフォリア系 （Heracleifolia Group）	自立する品種は宿根草のように、枝を長く伸ばす品種は、グラウンドカバーとして使われる。花は小さく、かたまって開花する。	基本的に**当年枝咲き**。最もよくみるヨウイニアナ＝ジョーイニアナ（C. jouiniana）の品種は、前年枝より枝を伸ばす割合が高く、地際からの枝は、比較的少ないようである。

庭での植物管理

215

系統名	一般的な特徴	開花習性
フラミュラ(フラムラ)系 (Flammula Group)	フラムラ、センニンソウ（C. ternifolia）などを交配した品種群だが、その他、多くの原種も含み、つる性から自立するものまである。	基本的に**当年枝咲き**。フラムラ、センニンソウなどつる性の品種は、冬季も地上部が残る。自立するレクタ（C. recta）については、地上部は枯死する。
オリエンタリス系 タングチカ系 (Orientalis Group, Tangutica Group)	黄色の花を咲かせる品種が多く、つるも長い大型の品種が多い。イントリカタ（C. intricata）も含む。	**当年枝咲き**だが、冬季も地上部は残り、地際からも前年枝より枝を伸ばして開花する。

2 前年枝（旧枝）咲きと当年枝（新枝）咲き

前年枝咲きと当年枝咲きについて、理解しておくと管理していく上でとても役立ちます。ここでは、その意味について簡単に説明します。クレマチスの品種はかなりの数に上りますので、覚えるより目で見て判断できるようになりたいものです。

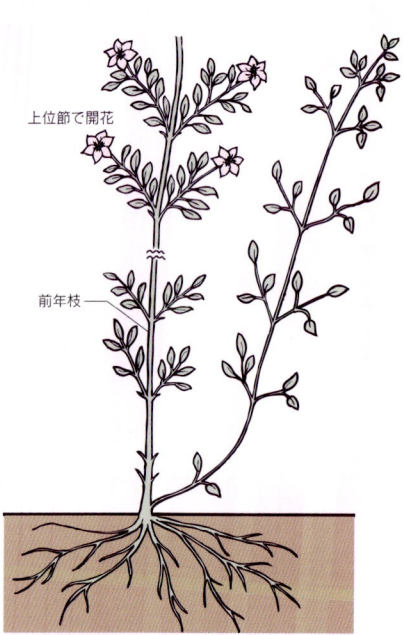

上位節で開花

前年枝

前年枝咲き
前の年に伸びたつるの葉腋から短い枝を伸ばす、または枝を伸ばさず直接開花する。

当年枝咲き
地際から出て、長く伸ばしたつるにも開花する。

前年枝咲き	・前の年に成長した枝の上位節（かなり上の方）で開花する。 ・品種によって、その上位節に直接開花したり、短い枝を伸ばして開花する場合がある。 ・春に出したつるを何メートルも伸ばして開花することはない。ほとんどは 50cm も伸ばさない。 ・秋のうちに花芽を作っているものも多い。従って、早咲きのものが多い。
当年枝咲き	・地際を含む、どこから伸ばした枝にも充実さえしていれば開花する。 ・その年につるを何メートルも伸ばして開花する（つる性の品種）。 ・秋には花芽を作らず、初夏〜夏にかけてつぼみがつくられ、そのまま開花する。 ・道内では比較的気温の高い地域でも、7月上中旬以降の開花がほとんどである。

3 適した土壌

　クレマチスは根が深く張り、一度植えると長期間植え替えることはありません。従って、水がたまる所は避け、十分な深さを確保したいです。例えば、かすかに傾斜がかっている場所でも、高い側の方が好ましいです。大型の品種の場合、できるだけ直径50cm、深さ50cm以上の範囲で土壌改良できるとよいでしょう。クレマチスは水はけ良く、保水性もある有機物の十分に入った土壌を好むので、植物性堆肥を中心に多めに加えておきます。

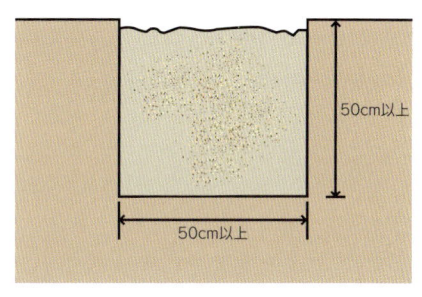

一度植えると長年付き合う植物なので、十分な植え穴を確保したい

4 植え込み

　典型的な深植えをする植物で、図のように1〜2節が土に埋まるように植え込みます。深く植えることで、地際からの発芽が促進されて成長が早まります。また、系統によっては、越冬にも有利に働きます。もし、有効土層が十分でない場合は、少し盛り土するように植え込んでもよいでしょう。ただし、クレマチスは乾燥を嫌うので、なだらかな盛り土となるように心がけ、腐葉土などの植物性堆肥をマルチングしておくと、乾きにくくなり安定します。

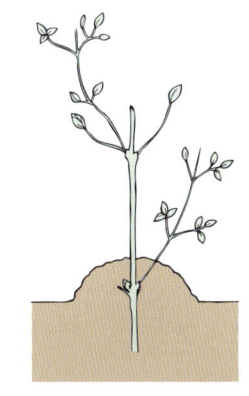

1節は土中になるように深植えする。土壌の深さが心配な場合は、やや盛り土するように植え込んでもよい

5 つるの誘引

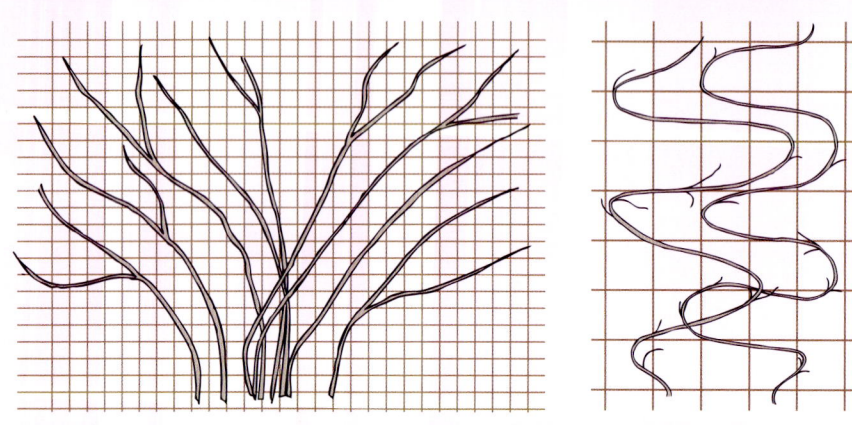

扇形やS字状につるを誘引すると見た目だけでなく、病害対策にもよい

　つるはどうしても上方向に伸びるので、そのままにしておくと、特定の範囲に集中してしまいます。そこで、春から繁らせたい範囲につるを誘引すると見た目も良くなります。基本的には扇形となるように、またはS字型に誘引する方法もあります。S字型はあまり高くまで伸ばしたくない場合や、下の方にも花を咲かせたい時に使える方法です。また、このように広げることですっきりした印象にもなり、風通しも良くなるので病害防止にも役立ちます。クレマチスのつるはとても折れやすいので、早いうちから少しずつ誘引していくとよいでしょう。

誘引作業を行わないと、つるは特定の場所に集中しがちとなる

6 剪定

　クレマチスの剪定は、咲かせるための剪定と丈を調整するための剪定があります。まず、前年枝咲き、当年枝咲きの剪定の違いを知ることが第一です。なお、違いが出る理由は、開花習性が違うからです。

▎前年枝咲きの剪定

　新しく出る枝に翌年花を咲かせるわけですので、遅くとも秋までに枝を充実させ

ておくことが大切です。そして、クレマチスは古い枝からは新しい枝が出にくいので、若い枝（開花した枝）から新芽を出させるようにします。

パテンス系

花後の剪定	若い枝（開花した枝）の葉腋(ようえき)には新芽がつくられているので、それを残すように剪定する（返り咲くこともある）。花後の姿を観賞したい時は、無理に行わなくてもよい。丈を低くしたい場合は、若い枝を残すことを意識して、前年枝やさらに前の年の枝を切除することもできる。ただ、現実的には、つるが絡まって分かりにくいので、慎重に行う。切除したつるの取り外しは剪定直後には難しく、数日待つと枝葉がしおれるので、はさみを使って少しずつ取り除く。 なお、下位節から勢いよく出た花芽をつけない枝を早めに摘芯して、枝数を増やすこともできる。株が小さいうちは、やってみるとよい。
晩秋または早春の剪定	枯れ枝や細くて弱々しい枝を取り除く程度。充実した枝には花芽ができているので、はさみを入れないようにする。

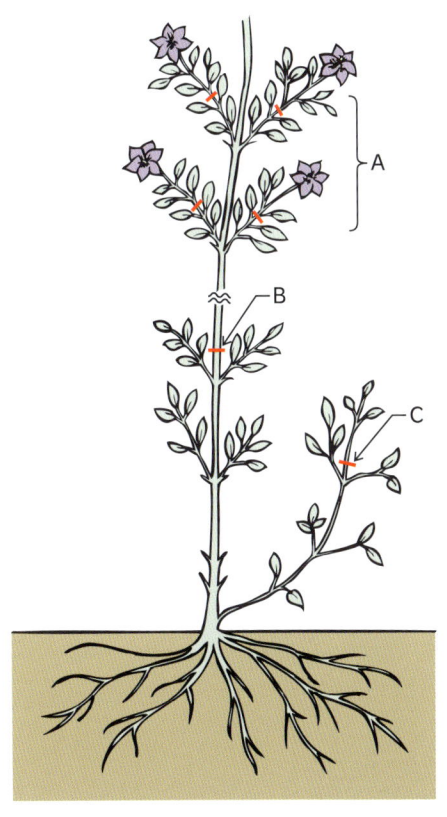

A 再開花を促す、または次年のための枝を成長させるための剪定であるが、無理に行う必要はない
B 丈を低くする、または枝数を減らすための剪定。若い枝を確保できる位置で切ること
C 開花しない枝は、早め（晩春から初夏）に摘芯することで枝数を増やすこともできる

モンタナ系

花後の剪定	基本的には「剪定しない」とされている。しかし、何もしないとかなりの大きさとなり、地面近くは枝葉が少なくなり（特に、誘引作業をきちんと行わない場合）、形が崩れることがある。また、繁った葉の中を見ると、古い枝が重なり合っている。そこで、新芽は前年枝の下位節の葉腋(ようえき)にもつくられていることから必要に応じて切り戻しを行うこともできる。ただし、花後すぐに行うことが必要で、秋までに十分枝を充実させることが必要。切り戻しは札幌近郊では問題ない。パテンス系に準じ、前々年の古い枝の途中で切り落とし、枝数調整および丈を低くすることもできる。
晩秋または早春の剪定	枯れ枝を取り除く程度。

2年前の古い枝からはつるが出にくい

切る

剪定後つるが伸び出す

前年枝

前年枝の下位節にも新芽はつくられており、剪定するとつるが伸び出す。ただし開花直後に行い、枝を充実させることが大切。興味があればまずは試してみよう

アトラゲネ系

モンタナ系に準じるが、つるの長い品種は少ない。

当年枝咲きの剪定

ウィチケラ系、テクセンシス系、ジャックマニー系、インテグリフォリア系

| 花後の剪定 | 開花した節のさらに下の節には、新芽がつくられている。花を落とすように剪定すると、新芽が伸び出し再開花することがある。無理に行う必要はない。 |

A 花後すぐに軽く切り戻すと再開花することがある。花の付いた節は切除すること

B 晩秋または早春には、ばっさりと切り戻すことができる。当年枝咲きの特性を生かすためにも、強剪定をすすめたい

インテグリフォリアは、多くの宿根草のように地際から刈り込むとよい

庭での植物管理

翌年出てくる芽は、晩秋にはふくらんでいるので容易に確認できる

| 晩秋または早春の剪定 | 冬季中に地上部が枯れ込む品種もあるが、かなり高い位置まで枝が残り、翌年新芽を出す品種もある。バランスのとれた草姿とするには、例えば地上20〜30cm程度の位置で、充実した芽がつくられていることを確認し、思い切って刈り込んでしまうとよい。剪定の簡単なところ、毎年同じ高さまで切り戻せるところが当年枝咲きの長所。もちろん、枝を長く伸ばしたい時は、さらに高い位置で剪定することもできる（特にジャックマニー系）。インテグリフォリア系の自立する品種は地際から切ってもよい。 |

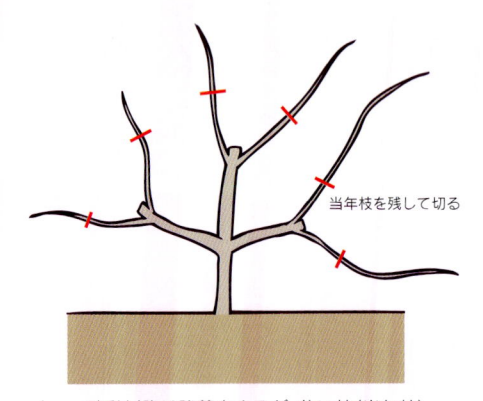

当年枝を残して切る

晩秋以降は強剪定するが、若い枝（当年枝）を数節は残すようにする

ヘラクレイフォリア系

　ここでは、ヨウイニアナ＝ジョーイニアナ（C. jouiniana）の剪定について記載します。

| 花後の剪定 | 切り戻しても再開花はしないので、特に必要はない。 |
| 晩秋または早春の剪定 | ウィチケラ系のように地際からたくさん発芽してくるわけではないので、若い枝を確実に残しつつ、強く切り戻すとよい。 |

フラミュラ系

| 花後の剪定 | 切り戻しても再開花はしないので、特に必要はない。 |
| 晩秋または早春の剪定 | 若い枝を確実に残しつつ、切り戻すとよいが、どこまで切り戻すかは自由に判断できる。剪定しないで成長させると、かなりの大きさとなる。 |

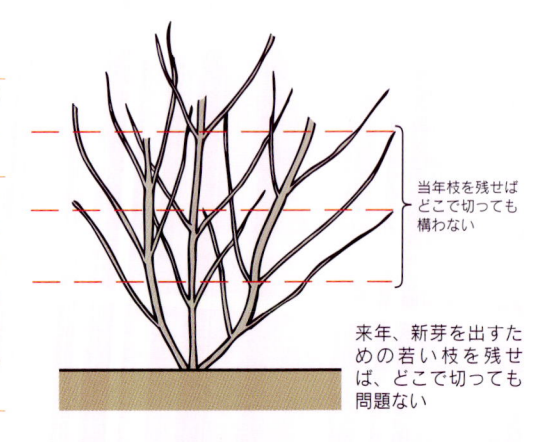

当年枝を残せばどこで切っても構わない

来年、新芽を出すための若い枝を残せば、どこで切っても問題ない

オリエンタリス系、タングチカ系

花後の剪定	ウィチケラ系と同じ方法で剪定すると再開花することもあるが、無理に行う必要はない。
晩秋または早春の剪定	フラミュラ系に同じ。

7 植え替え

　クレマチスは直根性で根が深く張るので、植え替えの難しい植物です。植え替えは必要ありませんが、どうしても場所を移動する必要がある際には、まだ気温の暖かい9月中に行うことをおすすめします。まず、できるだけ短く切り戻しておきます。それからできる限り深く掘り（株の大きさにもよるが、30〜40cm以上の深さは掘りたい）、丁寧に移動します。その冬は、株の上に十分なマルチングを行って防寒を行います。

　ここまででお分かりの方もおられると思いますが、例えば、株が大きくなり、地表近くで木化の進んだモンタナ系などは、移植することが難しく、成功しても株が大変小さくなってしまいますので、新しい苗を植えた方がよいことが多いです。ウィチケラ系のような地際からも盛んに芽を出す系統の方が、植え替えはしやすいです。いずれにせよ、翌年は衰弱することを覚悟で行うことが必要でしょう。

8 品種選び

　クレマチスは系統間交配も進み、同じ系統に含まれていても、品種によって草丈がかなり違います。つるがどの程度伸びるかは品種選びの中で大切です。販売されている苗の大半はきちんと記載されていますが、不明なものは購入しないようにするべきでしょう。さらに、剪定の方法も考慮して選んでもよいと思います。当年枝咲きで、地面近くからばっさり刈ることができるものもあれば、丈調整をした方がよいものまであります。また、慣れないうちは小さな一年生苗は避け、二〜三年生のある程度充実した苗を購入することが賢明です。

宿根草の管理

宿根草は海外からの輸入も多いことから、種類が増えつつあります。これらを管理していくには、それぞれの種類について知っていくことも大切ですが、実際はなかなか大変です。しかし、宿根草の基本的なことを知ってから取り組むと、意外と覚えることは少ないと思います。

1 苗の植え込み

▍植え込む前に

　植え込み前にはその場所の土壌改良をしておきたいです。前に植えられていたものがあったならば、根などの残さをできるだけ取り除き（根の張っていた部分をある程度土ごと取り除くことも有効です）、堆肥などを入れておきます。また、連作障害の心配もありますので、同じ科の植物を避けるなどの配慮もしたいところです。

▍時期

　宿根草は春から秋にかけての長期間店頭に並び、その分植え込む期間も長くあるといえます。それぞれの時期の利点欠点を知り、対応したいものです。

・4～6月上旬

　霜の降りる心配がなくなると植え込み可能です。春先は芽が伸び始める時期であると同時に根も動く時期ですので、できるだけ早く植え付けると根張りが良く、その年の成長を期待することができます。ただ、春早くはハウス内で作られた苗が並ぶことが多いので、あまりに早い植え付けはできない場合もあります。

・6月中旬～8月

　開花する種類が最も多い時期になります。実際に花を見てから植栽することができます。ただ、夏季も冷涼な道東、道北などの一部地域を除いては、気温も高くなり根の動きが鈍る時期です。また、6～7月は雨量も少なくなる時期なので乾燥にも気をつけなくてはなりません。植え込み後しばらくは注意深く様子をみて、時には灌水（かんすい）などの対処も必要になります。

・9～10月

　気温も下がり乾燥の心配も少なくなる時期です。植え替え時期とも重なるので、植え込みやすい時期といえます。また、翌年の早春より成長を開始できるので、翌年の成長量は大きくなります。ただ、冬も近くその年の大きな成長は見込めません。また、小さな苗の場合は、大きな苗に比べて越冬できないことも多く、凍上の危険も高くなります。特に、積雪の少ない地域では注意が必要です。気温の下がる時期が早い地域では、9月上旬までの植え込みが望まれます。

最も植え込みやすいのは春か秋でしょう。積雪が少なく、土壌凍結の厳しい地域もありますが、秋植えした株は、春の植え込み時期より前に根は動き出しますので、問題なく越冬できれば、翌年は大きく成長します。

> **➡ 良い苗選び**
>
> その後の成長が違いますので、良い苗を選ぶように心がけましょう。
> ・根が十分に張っている。
> 　(ポットの周りを押さえてみて、固く締まっていれば根が十分張っているといえます)
> ・徒長しないで、がっしりしている。
> ・来年用の芽がたくさんある。
> 　(つぼみをつけている芽は、冬前に枯死します。地際から葉を出している次年度用の芽がたくさんあってしっかりしている苗は成長が早いです)

苗の間隔

苗を配置する間隔は土壌条件や苗の大きさによっても異なり、そして何より成長の早さが種類によって大きく変わるので一概には言えません。地下茎を伸ばして急速に広がっていくものから直根性で比較的緩やかに成長するもの(「株の増え方」参照)など根の形態によって大まかに判断することもできますが、他の庭を見学した際に気にしてみると参考になるでしょう。密植すれば完成は早いのですが、管理の手間が増える傾向になります。植栽工事などは密植で、1m² 当たり9株植えられることもあります。分からないうちは、例えば1m² 当たり3〜5株程度と少なめにし様子を見るのも一つの方法です。

植え込む時の注意点

①根鉢をほぐすことについて

一般に根をほぐす、一部を切断することによって、新根の発生が促され、結果的に根の張りが早くなります。従って、新しい根を発生させるために根をほぐすわけであり、細い根ほど再生が早く、太い根は傷めてしまうとなかなか再生できません。根をほぐすのは細い根であり、軽く崩す程度が適当でしょう。具体的

1
枯れ葉や黄化した葉は取り除いておく

2・3
苗を人差し指と中指で挟み、ポットを逆さまにして、ポットの底部を押し出すように握ると苗を取り出しやすい

庭での植物管理

には、鉢底の部分については、根を広げるようにほぐし、側面部は軽く土を崩すようにすればよいでしょう。根鉢の表面は根がほとんどなく、コケや小さな雑草、それらの種子が混入していることもあるので、土を落としておくとよいでしょう。根鉢を崩すのは、発根を促すために行うものなので、晩秋や真夏の高温時には行わない選択もあります。晩秋は耐寒性を低くする危険があり、発根はずっと先になります。真夏は、地上部が最も大きくなっている時期であり、最も水分を求める時期でもありますので、根をほぐしすぎるとしおれる場合もあります。一年草の場合は、秋までにいかに大きくするかが大事ですが、宿根草の場合は数年の長期間で成長させていくものなので、あえて危険を冒して常に根鉢をほぐす必然性は無いといってもよいでしょう。

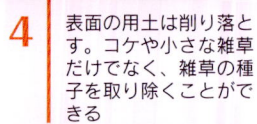

4 表面の用土は削り落とす。コケや小さな雑草だけでなく、雑草の種子を取り除くことができる

5 根をほぐす時は、底部で固まった根を取り除くなどしてほぐし、側面はほんの軽くほぐす程度にとどめるのが基本

6 ポット表面が地表面より少し低い位置になるように配置する

7 半分程度土を込めたら土を指先でしっかり押し込み、根と土壌が密着するように植え込んでいく

8 さらに土を込めて再びしっかり土を押し込む

9 初年度は花やつぼみを切り取った方が、翌年の成長はよい

②植え込む深さ

気持ちやや深めに植えたいものです。宿根草は茎の基部にあって、茎が圧縮されて節間の詰まったクラウンと呼ばれる部分から新しい芽を出して増えていきます。そのクラウンが地上に露出しすぎると芽の発生が少なくなるとともに、晩秋から冬にかけての積

スカビオサ（左）、ゲラニウム（右）のクラウン。地際近くの茎が膨らんだようなクラウンから芽が出てくるが、この部分が害を受けると再生できない場合も多い。時に販売されている苗は、根が浮き上がり、クラウンが地上部に露出している場合があるので、そのような場合は、深さを調整してクラウンが地中に隠れるように注意して植え込む

雪前に寒風にさらされることになり、枯死の危険が高まります。従って、クラウンが地中に埋まるように植え込みます。また、土を盛るように植えると風や雨によってすぐに盛り上がった部分は移動するので、地面の高さに合わせて植え込み、クラウンが隠れるようにすることが大切です。

③根はしっかりと土壌に密着させる

植え込む深さが決まったら土を込めていきますが、少し土を入れたら手で押し込むことを繰り返して植えていきます。そうすることによって、根が土壌と密着し、活着が早くなります。最後まで土を込めたら株の周囲の土をしっかり固めて仕上げます。特に、秋の植え込み時には冬の凍上を避けるために行いたい作業です。

2 花がら摘み、切り戻し

花がら摘みを行う目的として、見栄えが悪くなることを防ぐほかに、結実による株の消耗を防ぐこと、種子の飛散による自然繁殖を防ぐこと、再開花を促すことなどがあります。エリンギウムやエキナケアのように、あえて花がらを残して観賞する場合もありますが、基本的には、開花後速やかに摘み取ることが望ましいです。

花がら摘みの基本は、花がらを取り除き、かつ庭にぽっかりと穴があかないように、また、来年用に株を充実させるため、茎葉をある程度残すように切除することにあるといえます。従って、花の付き方によって対応が変わってきます。

例えば、ダイヤーズカモミール（アンテミス・ティンクトリア）の場合、**右図にもある**ように、花をつけている花梗または小花梗の基部Aで切り取ります。さらに、花①～③が終わるとBの部分で切除します。最終的にCの部分で切ります。最終的には常に、葉の上または枝分かれした部分で切り取るようにします。こまめに管理できない場合は、いきなりBやCの部分で切除することになる場合もあります。花がつくのは上の方（上位節）のみなので、花がすべて終了しても枝葉のほとんどは残り、庭にぽっかりと隙間ができる

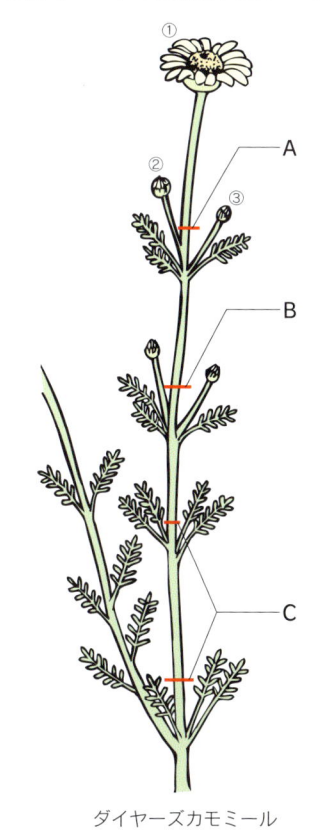

ダイヤーズカモミール

ネペタ・ファッセニー

切る

わき芽

ことはありません。

　ネペタ・ファッセニー（**左図**）の場合も上位節に花が付きますが、その下側から新しい芽が伸び出し再び開花します。このような種類は限られますが、開花した部分のみを確実に切り取るようにすると、自動的に芽が残るようになり、不必要な部分を切除しないで済みます。

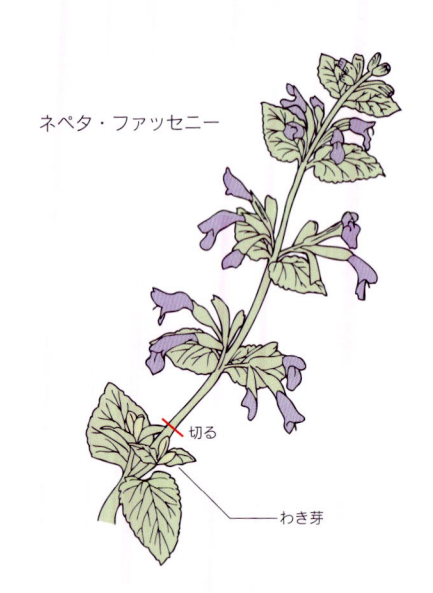

バーバスカム・シェクシー・アルブム

切る

　なお、ネペタ・ファッセニーのように分枝能力の高い種類は、刈り込むように一斉に花がらを切除することがあります。作業効率の理由も大きいですが、そうすることによって、次も一斉に咲かせることができるからです。

　右図はバーバスカム・シェクシー・アルブムです。この植物はダイヤーズカモミールやネペタ・ファッセニーと違い、ロゼット状態の越冬芽（231ページ参照）を作る種類で、開花時には地際につくられた芽を確認できることも多いです。今まで述べたやり方を踏まえると、最終的には右図にあるように花の付いた節の下の節を残して切り取ることになります。そしてこのようなタイプの大半の種類では、下の節から新しい芽やつぼみが出てくることはありません。一方でこれらロゼット状態の越冬芽を作る種類の中には、

スカビオサ・カウカシカの場合、花後すぐに地際から花茎を切除すると、再びロゼット葉から花茎が立ち上がることがある。写真の株は小さいが、充実した株なら試してみるとよい

庭での植物管理

228

開花した茎を早めに地際から切ることによって越冬芽が伸び出し再度開花するものがあります。これが宿根草の切り戻しです。地域の気候による差もあると思われますが、エキナケアやサルビア、スカビオサ、デルフィニウムなどで切り戻しにより再開花することが知られています。ただ、開花直後に地際から茎を切り戻すことは、葉の大きな減少につながり、株に負担がかかることになります。花の付いた節の下の節を残して切り取る方法を基本とし、年数が経過して株が充実し、十分な葉量を確保できるものについて、地際からの切り戻しを試してみるとよいでしょう。

花が付いている節の下側にあって、側芽（わき芽）が見える節のすぐ上で切る場合が多い。基本的にはさみを入れる時は、枝分かれする付け根や節のすぐ上で切る（写真はラムズイヤー）

このゲラニウムは枝分かれがほとんどなく、下の節からも芽は出ていない。この場合は、花茎を落とす程度にすると適度に茎葉が残る

シレネ（ウィスカリア）は地際から花茎を伸ばして開花し、花茎にほとんどは葉がつかない。この場合は、地際から花茎を切り落とす

ヘリアンテムムのように冬季も地上部が残る種類では、花茎を刈りこむように、適度（半分程度）な茎葉を残し、花がら取りをするとよい

アマドコロは下位節まで花をつける。このような構造で咲く場合、はさみを使うことはない

セイヨウオキナグサのように花後の姿も観賞するためにあえて花がら摘みをしないこともある

庭での植物管理

3 植え替え、株分け

株の増え方

　多くの宿根草は、年数を経ると、地際から出る芽の数が増えることによって株が大きくなっていきます。先述の通り、茎の基部には、茎が圧縮されて節間の詰まったクラウンと呼ばれる部分があり、そこから新しい芽（以下、子株）を出して増えていきます。多くの種類は、親株であった茎のすぐそばに子株を出しますが、アスターやモナルダのように地下茎を伸ばしてやや離れた場所に子株を出す種類もあります。そして、その子株が成長すると新たな子株を発生させます。つまり、地中で枝分かれを繰り返すように子株を発生させることによって株は成長していきます。

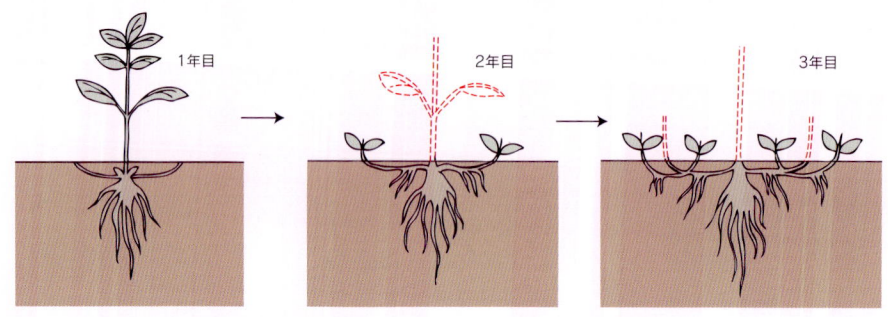

アスターは地下茎を伸ばし、新しい芽を作っていく。新しい芽はすぐに発根するので、自立する力が強いといえる。なお、その分、芽の増加速度は早いようで、それほどの時間を経ずに広がることができる

　植物はもちろん根を出すことによって成長することができます。枝分かれした子株は地中に埋まっている茎の部分から根を出すのですが、根が発生するまでの期間は種類によって大きく異なります。前出のアスターやモナルダのように比較的細い根を持つ大半の宿根草は、芽が地上部に出るころには子株から根を発生させている

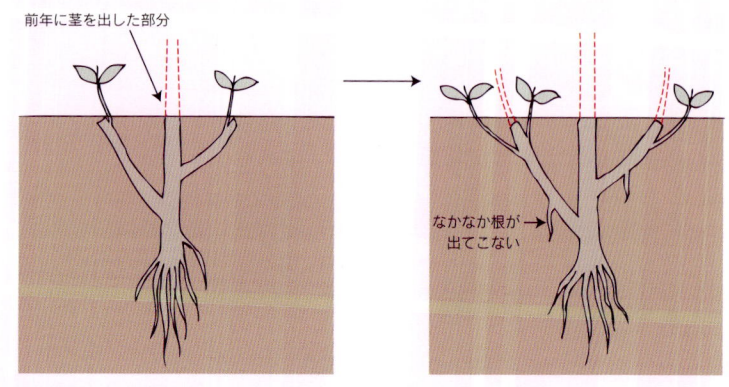

アスチルベの根は太く、子株はすぐには自分で根を出さず、親の根に依存するので、自立する力は低いといえる。その分、離れたところまではなかなか進まず、株の広がりは比較的ゆっくりのようである

ものが多いです。一方、アスチルベやエキノプスのように太い根を持つ直根性タイプは、子株からの根の発生が遅い傾向があります。根を観察してみると、子株の発根に2年くらいかかっていると思われる種類もあります。極端な例で言えばチコリのようにいつまでたっても子株のそばから根が出てこない種類もあります。子株は自ら根を出すことによって、より成長を進め、次の子株も発生させやすいとも考えられます。見方によっては、子株からの根の発生が早い種類は自立が早く、遅い種類は親の根に依存する期間が長くて自立までの期間が長くかかるともいえます。実際、いろいろな植物を思い浮かべてみると、子株からの根の発生の早い種類は株も広がりやすく、発生の遅い種類はやや成長の遅い傾向がみられるようです。

▍越冬芽（冬至芽）

　宿根草は、開花した茎は冬季中に枯死し、地際より新しい芽が出て春から再び成長します。ほとんどすべての種類といってよいほど、遅くとも晩秋には翌年伸びる芽は地中または地表部に作られており、これらを越冬芽（キクでは特に冬至芽）と呼んでいます。晩秋以前の早い時期から地上で芽を確認できる種類として、ジギタリスやサルビアなど多くあります。これらの芽は先端部が地際近くにあり、何枚もの葉が地際から出ています。つまり茎の節間が短く、茎は圧縮されたようになっており、このような状態をロゼット状態と呼びます。

越冬芽の先端部は、伸び出さないで地際近くにあり、葉は地際から出ていることがほとんどである

▍植え替え、株分けの判断

　まずは、株が大きくなった時です。隣同士の芽が交ざり合って、一つの株に他種の芽が交じり合うような状態になれば収拾がつかなくなる恐れもあります。従って、そうなる前に植え替えや株分けを行って適正な間隔を保つ方がよいでしょう。

　さらに、株が衰え始めた時も速やかに行う必要があります。時に、それは株の周囲の成長はよいが中心部は衰えるドーナツ状の症状となって現れます。昨年よりも少し小さくなったと感じた翌年に急激に衰えることも多いので、その時は植え替えが必要です。また、常に良い状態を保つならば、株が大きくなってピークに達した

一つの株を模式的に示した。中心部の丈が低くなり、花付きが悪くなったら、植え替えが必要となる

境目が分からなくなるほど混み合っている。ここまでになると成長が悪くなる場合も多い

時に植え替えを行うのもよい考え方といえます。土壌条件が悪いほど株の衰えるまでの年数は短く、周囲と比較して順調に生育する期間が短い場合は、土壌に問題のある場合も多いです。

　植え替えや株分けの判断は開花最盛期に行うのが最もよいです。宿根草が最も大きくなっている時期に「全体のバランスはどうか」「株同士が混みすぎていないか」や「昨年と比較して成長はどうか」などの判断ができるからです。新たな配置を考える上でも開花時に植え替えを意識することは意味があるでしょう。

植え替えの時期

　植え替えは、地上部が少なくて気候の涼しい時期に行うのが基本です。最も地上部の繁っている夏の暑い時期に植え替えすると、傷んだ根が十分に水分を吸収できず簡単にしおれ、また高温のために根の動きは鈍く、容易に回復しないことは想像に難くありません。一般に春か秋とされていますが、どちらがよいかは地域の気候や植物の種類によっても違ってきますし、実際に庭づくりされている方の都合によっても左右されるかもしれません。時期を決定するにあたってまずは、春と秋、それぞれの時期の有利な点と不利な点を知っておきたいものです。まずは、耐寒性についてです。植物は根を傷められると耐寒性が低下します。それは、冬季も地上部のある樹木で顕著で、晩秋に植え替えを行うと激しい枝枯れを起こしたり、時には地上部のかなりの部分が枯死します。宿根草にも同じことが言え、根の痛みが激しいと冬季中にダメージを受けることがあります。実際、積雪の遅れた年に、本来なら植え替えを行っても問題無く越冬する種

耐寒性は強いが、根の太いアスチルベ（左）やエキノプスなどは、秋の植え替え後に防寒対策を施すなど、地域によっては注意したい種類

類が全滅したこともあります。そして、その度合いは耐寒性の低い植物はもちろんのこと、直根性の植物で強い傾向があります。直根性の植物は、根の本数自体が少ないので植え替え時に傷ついた場合、細根の多い種類に比べて傷を受けた根の比率が高くなることは簡単に想像できます。また、230ページにある通り、子株からの根の発生も遅いので、回復力は低くなります。従って、耐寒性の点からすると植え替えは暖かくなる前の春がよさそうに思えます。

　次に、根や芽の成長から考えてみます。庭づくりをされている方の多くは、雪解け直後に既に新しい芽が伸び始めていることを確認されたことがあるでしょう。宿根草の多くは雪解け前には活動を開始しており、根の成長も始まっています。地域による差は大きいですが、雪解け直後の気温の上昇にともなって宿根草はぐんぐん成長し、種類によっては雪解け後しばらくして開花に至ります。従って、春の植え替えは適期が短く、植え替え時の傷みによる根の成長開始時期の遅れは避けられないことから、その年の開花にも影響を与える場合があり、開花期の早いものほどその傾向が強まります。また、植え替え後しばらくたった6月の道内は、雨の少ない時期に当たるので、それまでに十分に根が張るかも心配な点となります。成長の観点から見ると秋の植え替えがよいようにも思えます。

　管理の基本として成長をよくさせることを前提に考えていくことがよりよいことです。結論としては、秋の植え替えを基本とし、その不利な点を補っていく方法を考えていくことをおすすめします。秋の植え替えを考えた場合の利点、欠点をまとめると以下のようになります。

利点
・作業の期間に余裕がある
　（休む前なので植物それぞれの成長を気にしなくてもよい）
・植物は早春から成長を開始することができる
・生育期の終盤であり、茎や葉を切除しても成長に大きく影響を与えないので、根の傷みによるしおれがない

欠点
・耐寒性の低下によって、越冬できない場合がある
・根の切断によって雪の少ない地域では凍上しやすくなる

　欠点を補う方法については、237ページ「秋の茎刈りと越冬対策」を参照してください。実際の秋の植え替え時期について、札幌では9月下旬から10月いっぱいまでがおおよその目安となっています。つまり、ほとんどの種類の開花期が終了し、来年のために株が充実した時期が開始時期で、本格的な寒さがやってくる前には終わらせておくことになります。「10月いっぱいまで」の限界時期はややおおまかです。実際は、越冬対策さえ十分施せば積雪または土壌凍結するまで植え替えは可能とな

りますが、実際の植え替えでは土壌改良が伴うと1週間くらいかかり降雪や土壌凍結の心配が高まることや、寒さによって作業の効率性が下がること、越冬対策など他の庭仕事の時期に当たること、また株分けなどの作業も伴えば植物が障害を受ける危険も確実に高まることからも遅い植え替えは避けることが現実的です。札幌より冬の訪れが早く、積雪が少ない地域ではもっと早い時期に作業を終了させることが望ましく、9月下旬や10月初旬の植え替えで実績が出ています。

　先ほど植物によって差があることについて触れましたが、厳密にはその地域で耐寒性の厳しい種類や根が太いまたは直根性の種類については対応が異なる場合があります。例えば、アガパンツスのように両条件に当てはまる種類については、秋の植え替えでもより早い時期が望ましいです。対応が可能ならばそれらの種類だけでも春に植え替えることは、特に手慣れていない方には最も安全な方法と言ってよいでしょう。秋の早い時期に植え替えを行う理由は、根の回復が多少でも見込むことができるからです。その他、古くから栽培されているシャクヤクは非常に太い根を持っていますが、特に株分けした際の傷みは激しく、札幌でも9月末までに行うことが経験的に推奨されています。また、ジャーマンアイリスについては、開花後に行われることが一般的です（特殊な例で、初秋でも可能です）。

　どのような植物が初秋や春の植え替えを必要とするかについては、地域の気温、安定して積雪する時期、その庭の環境や土壌条件によっても違うので一概には言えません。しかし、植物

ジャーマンアイリスは、花後すぐの植え替えが一般的で、やや珍しいタイプともいえる（秋にも可能）

やや耐寒性が低く、根も太くてダメージを受けやすいアガパンツス（上）やクニフォフィア（下）は、春の植え替えも選択肢の一つ

の耐寒性（ハーディネスゾーンから推測できる）や根の形状（太い根であるかどうか）から推測することは可能です。

　また、以上のことも含めて一般的には秋の植え替えが望ましいですが絶対というわけではありません。春に植え替える場合は、「成長が遅れる」ということを理解しつつ、新しい芽が伸びすぎる前に速やかに行うことが望ましいです。時期としては雪解け水が引いて土壌が乾燥したころとなります。根を傷めることにより遅霜の害を受けやすくなるので浅植えにならないよう特に注意したいです。

掘り取り

周囲に溝を掘るようにして掘り上げる

株を小さくするだけの場合は、掘り上げる部分の手前だけに溝を掘って株を掘り取ると、残す株（左側）の根をあまり傷めずに済む

　まず、地上部をカットできる種類については、できるだけ残さないように切除します。掘り取るだけで根を傷めるわけですので、春先の芽のあまり出ていない時期を除けば、地上部を支えるだけの水分の吸収ができません。従って、地上部を残しておくと、しおれてしまい株を衰弱させることになります。

　地上部を切除したら掘り取りますが、まず、株の周囲に沿って溝を掘っていきます。株からどのくらい距離を取って溝を掘っていくかは、根をどの程度傷めてよいかによって異なります。株分けを前提としているほど大きな株でしたら、ほんの数センチ離れたところから掘っていってもよいでしょう。一方、まだ株が小さく、移動のみを前提としたものならば、特に直根性の種類についてはできるだけ離した方が根の傷みは少なくて済みます。株を持ち上げられる範囲内で溝を掘っていき、もし十分すぎるくらい離していると根鉢を観察して思えたなら、手で土を落としていけばよいからです。その方が根の傷みが少なく、優しく移植できることになります。さて、溝を掘るためにスコップを土に刺した際には、少し株を持ち上げるようにしつつ掘り進めると、根鉢の底部分の根が切断され掘りやすくなるでしょう。そうして一周分溝を掘ると最後に根鉢の底に向けてスコップを差し込み株を持ち上げます。あまりに株が大きく持ち上げられない場合は、その場で株分けをして適度な大きさに割ってもよいでしょう。なお、移植を予定しておらず、株を小さくしたいだけの場合は、掘り取る分の周りに溝を掘り、それだけ株分けするように掘り上げれば、残す分の

根傷みが少なくて済みます。

▍株分け

　株分けとは芽と根が付いたいくつかの固まりに分割することです。ある程度、花を咲かせるためには一定数の芽を確保したいのですが、その芽数を支えるだけの根が付いていなければ意味がありません。株分けする際にはどうしてもスコップを入れる部分の根を傷めますが、傷んでいない部分をどれだけ付けるかが大事な点となります。「株の増え方」（230ページ）でも触れましたが、増えた芽がすぐに根を出す自立の早い種類では、たとえ、スコップを入れた部分の根が激しく傷んでも、内側の芽には大きな影響がありません。しかし、根の数自体が少なく、親の根に依存する期間が長くて自立の遅い直根性の種類では、根の傷みが多くの芽に影響する場合が多いので、より慎重な作業が必要となります。具体的には、大株になるまで株分けしない、表面の土を落として根の分枝状況を確認し切り分けるポイントを探す、ナタなどのより鋭利な道具を使って切り口をきれいに仕上げる、特にそれほど大きな株でない場合、はさみやナイフで太い根の分かれ目をピンポイントで切断するなどが考えられます。

翌年発芽する芽

キキョウの株分け。キキョウは根が太くて数も少なく、子株はなかなか自立しない。このようなタイプは特に根の位置を確かめて、芽に対して確実に根が付くように慎重に切り分ける必要がある

株を分ける場合は、最初に目視でスコップやナタなどを入れる場所を特定し、迷わずに一気に切りこむ。その方が切り口は傷つかないので、腐敗も少ない

▍土壌改良中の株の管理

　掘り上げて、土壌改良した後は土をこなれさせるために1週間以上植え込まないことになります。その間、株の消耗を避けるために次のような措置を施すとよいで

しょう。
- 根鉢を濡れた新聞紙等でくるみ、一日中日陰となる場所へ置く
- 簡単な溝を掘って株を置き、土をかぶせて仮植えする

　根鉢が乾かないように対処すれば、地上部を切除していることもあり1〜2週間は植え込まなくても問題ありません。ただ、ラベンダーやグラウンドカバープランツのように地上部を切除できない種類では、消耗しやすいのでやや慎重に対応します。

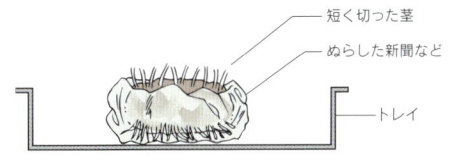

植え込みまでは日陰に置き、根を新聞などで覆うと乾きにくい

▌植え込み

　土がこなれたら植え込みを行います。基本的には苗の植え込みと同じです。浅くなりすぎないように植え込みます。株は大きいことが多いので、土を込めたら足できちんと踏み固めた方が根と土がきちんと密着してくれるでしょう。特に、乾きやすい砂質の土壌でそのことがいえます。

大きな株の植え込みは、周囲を足で踏み固めて植え込むとよい

4 秋の茎刈りと越冬対策

▌茎刈りの時期

　晩秋に行うのが基本です。必要な茎葉は残しつつもできるだけ刈り取ってしまうようにします。茎葉を春まで残しておくと、雪の下で腐敗し、病気の原因となることがあります。また、雪解け後は枯死した葉が地面や、新しく伸び出す新芽にこびりつくので、作業が秋と比較して面倒となります。

▌茎刈りの方法

　基本的にカマやはさみを使い、地際近くで刈り取ればよいのですが、確実に行うために、以下のことを理解しておけばよいでしょう。

- **越冬芽を地上部に出す、根出葉を持つ種類**
　ロゼット葉を地上部に出す種類では、葉の中心部の地際近くに、来春に伸び出す茎葉の固まりが作られています。その固まりは来年に開花する重要な芽となります

237

庭での植物管理

スカビオサ。矢印の部分に越冬芽の先端部がある。この部分を切除しないことを意識してより高い位置（ラインの部分）で刈り取りする

ゲラニウム・プラテンセの越冬芽の先端部は地際近くにあるが、同じゲラニウムでも他の種では高い位置にあるものもある

エキノプスの越冬芽はやや高い位置にあることが多いので注意が必要

根出葉を持つヘメロカリスは、開花しなかった芽が生き残り、来年以降に開花する

ので、確実に残すように意識します。多くの種類では、地面すれすれに作られていますが、種類によっては地上10cm以上の位置に芽があります（これらの葉は純粋にロゼット葉とはいえませんが）。例えば、ゲラニウム一つにしても、マクロリズムという種では、株の状態によっては地上15〜20cmの位置に芽の先端があるなど、同じ属でも種類によってタイプの異なることがあります。従って、庭に植えているそれぞれの種類の芽の位置を知っておくと確実な茎刈りができることになります。種類によって覚える必要はなく、その場で目視によって判断できますので、難しくはないでしょう。

春から秋の生育期間中、常に根出葉を持つ種類（ギボウシ、ヘメロカリス、ジャーマンアイリスな

ど）にも、同じようなことが言えます。例えば、ジャーマンアイリスの場合、開花した芽はその冬に枯死しますが、開花しなかったものは、次年以降に開花することになります。従って、ロゼット葉を持つ種類と同じく、来年の芽が地上部にあることになります。ギボウシなど一部の種類は、地中に来年の芽が作られますが、根出葉を持つ種類も、越冬芽を出す種類と同じように考えておくとよいでしょう。

・越冬芽を出さない種類

クナウティア（左）、カンパヌラ・ラクティフロラ（中央）、アスクレピアス（右）など気楽に地際からばっさり切れる種類も多い

　地上部に出した芽がすべて伸び出して花をつけるような種類では、翌年の芽は地中に作られていることが多いです。晩秋に土をそっと掘ってみると確認することができます。そのような種類では、地上部はすべて枯死するので地面近くからばっさり刈っても問題ありません。

・刈らない種類

ヘリアンテムム（左）、イベリス・センペルウィレンス（中央）、シレネ・ウニフロラ（右）のようなグラウンドカバープランツは茎刈りを行わないのが基本

　地上部を残したまま越冬する種類は地上部を刈らないでそのまま残しておきます。間違って刈ると株がかなり小さくなったり、花が咲かなかったり、時には枯死することもあります。まず、地上部を残す種類の代表が、地面をはうように広がるグラウンドカバープランツです。多くのディアンツス（ダイアンサス）やケラスチウム、ヘリアンテムム、ムラサキナズナなどが地上部を残します。

庭での植物管理

239

さらに、茎が伸びる種類でも、ごく一部ですが、地上部を残します。最も代表的な種類がラベンダーで、他にサルビア・オフィキナリス（コモンセージ）、ペンステモン・ピニフォリウスなどがあります（厳密には木本植物です）。

・不明な場合の対応

刈らない種類もあるとなると、戸惑う場合があるかもしれません。しかし、不明な場合は、1～2年刈り込みを秋ではなく、春の芽が出始めたころに行い、どの部分から新しい芽が出ているか確認すれば、簡単にその後の茎刈りの位置を知ることができます。グラウンドカバープランツはその対応が確実ですし、地上部が伸び出す種類でも、初年度は開花しないこともあって判断しにくいこともありますが、春まで待てば知ることができるでしょう。

越冬対策

樹木と違い、地中や地表で翌年の芽が越冬する宿根草では、冬越し対策を意識することは少ないですが、以下のような条件の場合は、越冬対策を行うことが有効です。

・越冬の厳しい地域

Ⅱ章「北海道の気候」でも示した通り、積雪が多く安定した地域では、地温は意外なほど高い温度で推移しています。宿根草の次年度のための芽は地中5cmよりも浅い位置にあることが多いのですが、それでも気温と比べ安定した温度であることは間違いありません。この安定した温度により、多くの宿根草は問題なく越冬できています。

しかし、寒さの厳しい地域、とりわけ積雪量が少ない地域や安定して積雪する時期が遅い地域（積雪量が少ない地域で当てはまることが多いのですが、強風で雪が飛ばされやすい場所も含みます）では、本来耐寒性のある宿根草でも枯死する場合があります。特に、積雪の少ない地域で、年によって安定した積雪となる時期に変動が起こりやすい地域では、今まで元気に育っていた宿根草が突然枯れるようなケースも生じます。つまり、積雪する前の冬の前半のうちに枯死する場合が多いのです。このように、越冬にとって不安定な条件の場所では、宿根草でも越冬対策を行うことが確実でしょう。

・植え替えした株

秋に植え替えをした株、特に株分けをした株では根が切断され、耐寒性が落ちていますので、越冬対策を行うことが望ましいです。

・耐寒性の低い植物

その地域にとって耐寒性が十分でない植物は、今まで問題なく生育してきたとしても安心しないで対策を施した方が確実です。

越冬対策として最も簡単な方法がマルチングです。一般にマルチングというと畑に敷かれているフィルムなどを想像しますが、ここでは有機物で宿根草を完全に覆ってしまうことをいいます。つまり、株を完全に覆うことによって、積雪と同じような安定した環境をつくり出し、越冬させるわけです。

　マルチングの材料としては、市販の腐葉土や落ち葉が一般的です。腐葉土の場合は、春にそのまま敷き均せば土壌改良にも役立ちます。落ち葉の場合は、近くに拾える場所があればお金をかけることなく、作業を行うことができます。しかし落ち葉は風で飛ばされやすいので、場所によってはネットを張るなどして飛散防止をはかる必要があります。また、北風の強い場所では腐葉土マルチでも飛散防止をはかる必要があります。いずれも難しい場合は、周囲の土を寄せて株を覆ってもよいでしょう。ただ若干、株が枯死するリスクは高まるかもしれません。

　マルチングの必要な厚さについては、はっきりした数字では示すことができません。積雪下の環境に近づけるためには厚い方がよいのですが、風の強さ（一部は飛ばされる）や植物の耐寒性によっても差が出てきます。あえて言うならば株全体を覆い、さらに周囲に10cm以上腐葉土などを盛るといったところでしょうか。

　春になると腐葉土などを取り除いてマルチングをはずします。この場合、一気にやると寒風で新しい芽を傷める場合もありますので、まずは芽の先端をほんの少し隠す程度残し、自力で芽が伸び出したら全体を取り除くように2段階で行うと確実です。

マルチングによる越冬対策

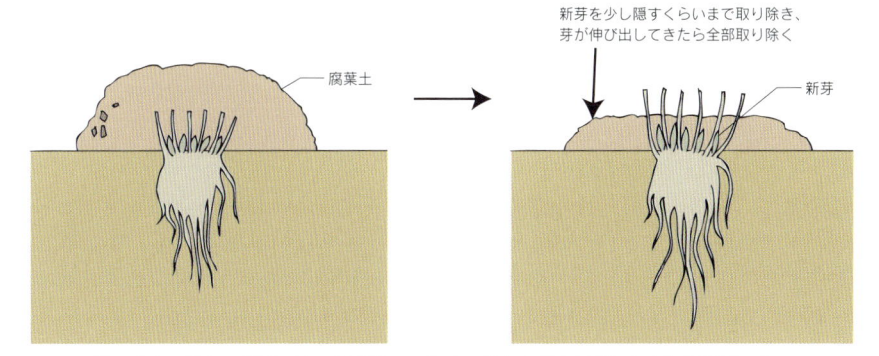

特に寒さの厳しい地域では、2段階でマルチングをはずすと春先の凍害を受けにくい

一年草の管理

一年草は、北海道では越冬できないため一年草扱いされるものも含め、植え付けてから晩秋の霜が降りるまでが花壇や庭で観賞する期間となります。数年かけて作り上げる宿根草や30年先を見据えて植える樹木と異なり、短期間で結果を出す植物となります。そういう意味では、土作りや施肥、花がら摘みなどの手入れといった管理全般の結果がはっきり出る植物であります。

1 一年草に向いた土壌

　私たちが一年草として扱う植物の原産地は、涼しい温帯から気温の高い熱帯まで幅広いですが、やや乾燥した土地の多いことが特徴です。もちろん、種類によって土壌の適応性は違いますが、排水性のある軽めの土壌がいろいろな一年草を植える土壌としては適しています。また、早く株を大きくさせて、たくさんの花を咲かせることが大切となります。従って、一年草用の土作りをするにあたっては、以下のことに気をつけると良いでしょう。

・十分に植物性堆肥を入れて柔らかい土とする

　宿根草以上に腐葉土やバークなどの植物性堆肥やピートモス（調整済みのピートモスが理想ですが、無調整を使用する場合は、酸度、いわゆるPH調整のために石灰などを加えます）を十分混入して、膨軟に仕上げるのが理想となります。鉢植え用に使えるくらいというのは大げさですが、乾きすぎない程度まで柔らかく、水はけをよくできればどのような一年草でも植えることができるでしょう。

・肥沃度の高い土作りをする

　元肥として牛ふんや豚ふんなどの動物性堆肥を加えると地力が高まります。もともとの土壌の肥沃さによって与える量は違い、どの程度与えればよいのか迷うこともあると思いますが、基本的には袋に記載された説明に従い、何も記載されていない場合は、やせた土なら1m^{2}当たり5～10kg前後の量を目安に始めてみて、生育状況によって今後の判断をしてみてもよいでしょう。

　さらに、開花にはリン酸分が高いとよいとされていますので、NPK（チッ素、リン酸、カリ）のPの比率が高い肥料を加えると花付きが良くなると期待できます。有機肥料では骨粉やバッドグアノ（コウモリのふんからできている）など、化学肥料では過リン酸石灰など、その他に「ようりん」などリン酸分を高めるための資材は多くあり簡単に入手することができます。化学肥料系は速効性があり、有機肥料系はゆっくり効く性質があるので、組み合わせて使ってもよいでしょう。

2 苗の植え込み

・時期

　一年草は早く成長させるほど十分なボリュームが出ますので、暖かくなれば早くに植え付けたいものです。もちろん、気温が急激に下がったり、遅霜が降りるかもしれない時期は植えられないので、それらの心配がなくなったころが時期となります。最低気温が安定して10℃近くとなるころが一つの目安で、函館や札幌では5月下旬、旭川、帯広では6月上旬～中旬、その他、寒さの厳しい地域でも6月中旬ころには植え付け時期となります。年によって春先の気温は異なることが多いので、最終的には天気予報をにらみながら時期を決めることになります。ビンカ（ニチニチソウ）、トレニア、コリウスなど熱帯原産の高温性の種類は、最低12～13℃は欲しいので、適地が限られるとともに、さらに遅らせて植えることになります。

ビンカ（ニチニチソウ）は高温を好み、気温の低い場所では生育が遅くなる

各都市における遅霜および旬ごとの最低気温の平年値（1981～2000年）

都市名	遅霜の平年値	5月上旬	5月中旬	5月下旬	6月上旬	6月中旬	6月下旬
札　幌	4月24日	6.9	8.2	9.8	11.4	12.9	14.5
函　館	5月 5日	6.1	7.4	8.9	10.6	12.1	13.6
旭　川	5月15日	3.6	5.4	7.1	10.0	11.6	13.1
帯　広	5月15日	4.2	5.7	7.1	8.7	10.4	11.6
網　走	5月15日	3.9	5.5	6.7	8.5	9.8	11.0

気象庁「気象統計情報」より

・植え付け密度

　公共の場所など最も多く目にする場所では、1m²当たり20～25株程度のかなりの密度で植栽されています。そして多くの場所では、土壌が肥沃でないせいか、成長が芳しくなく本来の姿を見せてはいません。密に植えることで、雑草防止に役立つ、完成が早いと言えるのですが。

　どれくらいの間隔で植えればよいとははっきり言えません。なぜなら、土壌条件によって大きく左右されるからです。あるペチュニアの品種をかなり肥沃な場所に植えたところ、2カ月もたたないうちに直径1m程度に枝を伸ばしました。しかし、条件の悪いところでは、同じ品種がその半分にも育ってはいませんでした。極端な例なのですが、このようにかなりの違いがあります。先述の通り、一年草を植え付ける場合は肥沃な土壌条件とすることがよく、できるだけ少ない数で最盛期に隣の株同士が接するくらいの状態となることが望ましいです。

　一年草の種類、品種によって株幅は全然違ってきますが、植え付け間隔が分からない場合は、まずは高密度で植えてみて、その土地での成長具合をきちんと観察した上で、翌年以降、少しずつ間隔を空けていってもよいでしょう。

・植え込み前の摘芯

　多くの一年草は開花した状態で販売されています。生産者は小さなポットサイズで立派な株にし、出荷します。従って、販売時点では根がかなりポットを巻いており、成長の限界点にきていると考えられます。また、地植えしてから根が張って安定するまで数週間は必要なので、それまでの間は大きく成長するための養分を十分に吸収できません。そして、何より株が大きくなってこんもり茂り、花がたくさん咲く姿をイメージして植えるわけです。一年草は地植えされると、根を広げることができ、十分な養分を吸収できるようになるため、枝分かれの勢いを強め、本来の姿となっていきます。従って、早く花を咲かせるよりも株を大きくすることを重視することが、適切な管理となるでしょう。そのためには、植え付け前に

①花やつぼみを取る
②分枝を促したり、茎葉の成長を促す

――ための摘芯作業を行うことが有効です。少なくとも、根から十分に養分を吸収できない植え付け直後に、養分を使ってしまう花やつぼみを切り取った方がよい場合が大半です。

花やつぼみを取ることで養分を成長に回す　　摘芯によって枝数を増やし、株を大きくする

　一年草は枝分かれを繰り返すことによって、連続的に開花します。購入した苗は開花していますが、その下側の葉腋（ようえき）（葉の基部と茎とがつながった部分）には、新しい芽を確認することができます。そして、その芽を残して切ることが摘芯の基本となります。新しい芽は花の下のいくつかの節に付いていることが多いですし、付

いていなくても実際に切ってみれば出ることが大半です。一般に、上位節（茎の上の方にある節でより花に近い側）で芽が大きく育っており、切る位置によって、
①浅く切れば、次の成長は早く、開花も比較的早くなる。ただし、草姿は整いにくい、またはやや時間がかかる（**左図**）。
②強く切れば形は整いやすいが、新しい芽の成長はやや遅れるので、開花に時間がかかる（**右図**）。

——ということができます。草姿のバランスを整えることを考えつつ、①②のことも意識して切る位置を決めることになります。草姿のバランスと成長の両方を意識するとなると難しいようにも思われますが、
①新しい芽がはっきりと目で確認できる位置までとする（上位節の芽と比べて極端に小さい芽の位置までは切らない）
②ほとんど芽が見えない場合は、浅い位置（花を切る程度）にとどめる
——ことは一つの目安となります。

　花と大きなつぼみを取るだけでも、成長を促しますので、やってみてはいかがでしょうか。そして、慣れたらはさみを使って摘芯してみるといったように、段階を踏んでもよいと思います。もちろん、地域の気温や土壌などの条件によっても、摘芯してから再開花までの期間が違うため、切る位置が変わります。従って、その後の生育を観察し、必要に応じて翌年に修正する作業を行うことが望ましいです。

摘芯の例

ペチュニア

① …… 実生系の品種で、花茎が立ち上がるように咲いている状態です。立ち上がった花茎からは、新しい芽は出ていませんし、出ることはありません。しかし、地面近くを見ると、新しい芽を確認することができます

②③ … 新しい芽が地面近くに集中しており、花茎を切り落とす以上に強く切ることは考えられませんので、花茎を切り落として完成です

④ …… 栄養系の品種では、小型でたいへん分枝しやすいものも販売されています。このような苗では、摘芯の必要はありません（大変でなければ、花や花がらは取った方がよい）

ブルーサルビア
(サルビア・ファリナセア)

① …… 上に伸びる性質が強いこともあり、苗は細長く感じます

②③ … 花のすぐ下にあるわき芽を残して切ったところ。これでも旺盛に生育しますので問題ありませんが、まだ細長く感じる場合もあるでしょう

④ …… もう少し下まで切ったところです。この位置まで切って芽を出させると、よりこんもりとなりますし、下の節にも大きめの芽が確認できますので問題ないでしょう

ナスタチウム

① …… ナスタチウムは、つる植物のように長く枝を伸ばし、大きな株を作る品種があります。
② …… 開花している花がらを切り取ると、伸び始めている様子が分かります。大きな目立つつぼみを取って植えてもよいでしょう
③ …… 地際近くからもたくさんの芽が出ていることを確認できます。
④ …… 伸び出している茎も切って地際付近の芽を一斉に伸ばさせるのも一つの方法でしょう

フロックス

① …… 開花した状態ですが、下のいくつかの節からは同じくらいの大きさのわき芽が出ています
②③ … 花を切除しただけのもの（②）とさらに1節ほど切ったもの（③）です。いずれも同じ程度の大きさの芽が付いているので、どちらも正解です。③でバランスがよいようにも見えます
④ …… さらに強く切ったものです。新しい芽が確認できませんので、切り過ぎといえます

庭での植物管理

アンゲロニア

① …… 上の節には、わき芽を確認することができますが、それほど多くついていませんので、花茎（ここからは芽が出ない）を切除する程度が適当でしょう

② …… 切除した状態です。わき芽が確認できない茎もあることからも、花茎の切除程度がせいぜいと判断しました

サンビタリア

①② … 盛んに分枝していて、わき芽のつぼみも開花しそうな状態です。しかし、その下の節からは芽を確認できませんので、写真②の位置で切ってみます

③ …… 切った状態です。大きくふくらんだつぼみを取って植えるのもよいでしょう。また、つぼみのふくらんだ位置の下の節からも新たな芽が出ています。そこまで切り戻す（つまり、つぼみの付いた節を切り取る）ことも正解といえるかもしれません。ただ、この苗の場合は葉がかなり少なくなり、成長が鈍るのではないかという心配があるので残しました

オステオスペルマム

①② … 新しい芽を目視でほとんど確認することができません。従って、花やつぼみを切る程度が無難でしょう（②は花を切った状態）。ただ、オステオスペルマムは地植えよりも寄せ植えなどのコンテナ植栽される機会が多いと思われますので、即効性が必要な場合は、つぼみを残すのも一つの方法です

③ …… つぼみも全て切除したものです。これも正解です。ただ、再び開花しますが、やや時間を要する種類です

以上、いくつかの例を示しましたが、先述の通り、気温や土壌などの条件、さらには同じ種類でも品種や苗の状態によっても切る位置は違ってきます。上記の内容も参考にして植えてみて、自身の目でチェックすると最善の結果が得られることでしょう。

- **根を崩す**

　植え付け時期がさまざまで、時間をかけて育てる宿根草と違い、一年草はこれから暖かくなる時期に植え付けることがほとんどです。従って、植え付ける際には根を崩して成長を促すようにします。根の崩し方は宿根草と同じように、上面の土を少々取り除き、鉢底の根を崩し、側面部は軽く根をほぐすようにします。そうすることによって、根の張りがよくなり成長を早めることができます。

3 直まきする種類のは種

　直まきで育てることができる種類としては、雑草に負けずに成長するもの（高性のもの）、本州のような高温を必要とせず、秋までに成長し開花するものが適してい

ニゲラ（左）やヤグルマギク（右）も直まきできる

ます。比較的種子の大きなものは扱いやすいと言えます。大面積で行う場合、種子が安価であることも大切な条件となってきます。一年草の潜在力を最大限に生かすならば、秋遅くまで連続的に開花する種類は、苗を植え込んだ方が長く花を見ることができます。**下表**は、一般に直まきされている種類です。上記の条件にすべて当てはまるわけではありませんが、一季咲きの種類が多いです。この他にも、緑肥用として使われる高性のマリーゴールドや景観作物であるナノハナやソバもあります。

　直まきで育てる場合、北海道では大半が春まきですが、本州では秋まきと春まきに区別されています。秋まきされる種類としては、冬の間はロゼット状態で成長し、春になると花を咲かせる低温性のものとなります。従って、それらは北海道でも早い時期には種する方がよく、夏も涼しい地域で育てやすい傾向があります。

直まきできる一年草

名前	学名	花色	草丈	特徴
アマ	Linum usitatissimum	青	50cm	一季咲きで、一つの花が短命でもあるので、開花期は長くない。涼しい温度を好むので、比較的早い時期にまくことも可能。
カスミソウ	Gypsophila elegans	白、赤	30～40cm	一季咲きで開花期は長くなく、他の種類と一緒にまかれることが多い。本州では秋まきされるように涼しい温度で開花期も長くなるので、道内では霜の心配がなくなった早い時期にまくとよい。やや乾燥した土地を好むので、水持ちの良い場所ではやや使いにくい。
クラーキア	Clarkia unguiculata や pulchella	赤、ピンクなど	30～80cm	一季咲きで涼しい温度を好む。マイナーな部類に入るが、花色は多彩。草丈の高い品種（unguiculata系）は、枝分かれしないので密にまくとよい。やや乾いた土地を好む。
クレオメ	Cleome hassleriana	白、ピンク	70～80cm	霜が降りるまで咲き続ける、おなじみの種類。比較的高い温度を好むので、気温の低い地域での直まきは成長が遅れる。分枝はほとんどしない。

名前	学名	花色	草丈	特徴
ケシ類	Papaver や Eschscholzia californica など	赤、オレンジ、黄など	30〜70cm	道内で栽培される一年生のケシ類は総じて涼しい温度を好む種類が多く、春早くからのは種が可能。涼しい温度であれば繰り返し開花することが多いので、夏も涼しい地域に適している。アイスランドポピーは、短命の宿根草で気温の下がった夏以降にまくと翌年の成長が良い。種子は小さいので覆土しないで上から軽く押さえる程度にする。一部のケシ類では野生化が問題となっている。
コスモス	Cosmos cv.	ピンク、黄など	30〜100cm	一季咲きだが、たくさんのつぼみが順次開いていくので、開花期は長い。密にまくよりも20cm程度間隔を空けた方が、分枝を促し結果的に開花期は長くなる。
ニゲラ	Nigella damascena	青、白など	50〜60cm	一季咲きで涼しく、やや乾いた土地を好み、扱いはヤグルマギクに似る。花後の種子の実る姿も面白い。
ヒマワリ	Helianthus annuus や debilis、argophyllus など	黄など	30〜200cm	わい性から高性まで、枝分かれして開花するものから一輪のみの大輪系まで多くの品種がある。ヒメヒマワリの品種は少輪多花で、レモンイエローの花を咲かせる。気温が上がってからまくが、温度があれば成長、開花するので、は種時期により開花時期に差をつけることができる。
ヤグルマギク	Centaurea cyanus	青、白など	70〜80cm	一季咲きで涼しく、やや乾いた土地を好む。本州では秋まきされる種類なので、道内では早い時期にまく方がよい。分枝を促すために間隔を空けてまくとよい。

● 庭での植物管理

・は種の時期

　遅霜の心配がなくなった時以降がは種時期となります。また、6月以降は降水量の少なくなる地域が多く、また日差しがだんだんと強くなって、土壌が乾くことが多くなるので、特に大面積の場合は遅くなりすぎない時期にまくとよいでしょう。一年草の発芽適温は18℃程度であることが多いのですが、その気温を待つ必要はなく、最高気温が15℃程度もあれば発芽してきます。水やりのできる状況ならば気温の上昇を待ってもよいのですが、無理な場合は「土壌の水分があるうちに」ということを意識したいものです。

・雑草対策

　発芽した苗が大きくなる前に雑草に負けては元も子もありません。種をまく前には耕耘(こううん)を行って、雑草を完全に無くしておくようにします。抜き取りだけではどうしても小さな雑草が残ってしまい、実生がその雑草に負けてしまうこともあります。従って、耕したら速やかにまくようにします。耕耘が難しい場合は、まく部分だけ大きめにスコップ等で耕しても十分に効果があります。

・種をまく

　一般に点まきや筋まきが行われます。ポット苗作りと違い、管理された区域で種をまくわけではありませんので、多めにまくようにします。例えば、点まきの場合、1株あればそれなりに広がるコスモスなら5粒、ヒマワリなら3粒程度、あまり広がらないクレオメやニゲラなどは5粒またはそれ以上まいてもよいでしょう。また、発芽が芳しくない場所ではそれ以上にまく場合もあるでしょう。

　生育途中に手作業で、また鍬(くわ)や時には機械を使って除草することを予定している場合は、おのおのに応じた間隔を考慮してまくようにしましょう。その土地が雑草の生えやすい場所ならば特にです。例えば、鍬で中耕除草をする場合、40～50cm程度は間隔をあけた方が作業しやすいです。

　種をまく時は軽く溝をつけることをおすすめします。ちょっとしたことですが、溝をつけることによってその部分が乾きにくくなり、発芽に有利に働きます。種をまいたら覆土しますが、ヒマワリのような大粒な種子で1cm程度、ニゲラのようなやや小さめの種子で3～5mm程度で、ケシのような微粒では覆土をしません。直まきの場合は、きめ細かな覆土が難しいこと、雨で表土が流されることがあることから、ポット苗作りの場合よりわずかに厚めに覆土されることになります。

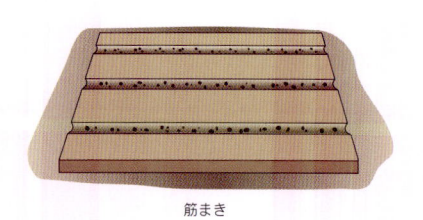

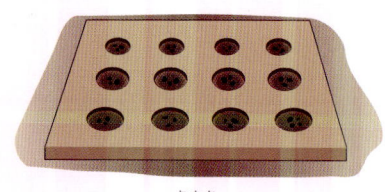

筋まき　　　　　　　　　点まき

・間引き

　たくさんの種をまいて発芽しすぎた場合、間引きを行うと生育はよくなります。種類や株間の広さにもよりますが、枝分かれをして花を咲かせるコスモスやヤグルマギクの場合、1カ所に2～3株にして分枝を促すと開花期が長くなります。作業が可能ならば試してみましょう。なお、無理に抜くと根を傷めるので、はさみを使うとよいでしょう。

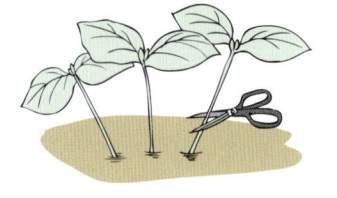

はさみを使って間引くと根を傷めない

・除草

　丁寧な除草が大変な場合は、伸びてきた雑草をカマなどで刈り取って丈を低くするだけでも大きな効果があります。まいた草花が雑草に被圧されないことだけは注意しましょう。

4 追肥

　生育状況を見ながら与えるか判断します。大きくなってはいるが、これが十分な成長なのか判断しかねることもあるかもしれません。しかし、一年草はいろいろなところで植えられていますので、普段からちょっと出かけた際に、他の場所の状況を観察し、成長状態を見ておくと役に立ちます。立派に育つ場所を見かけたら、写真に撮ってもよいでしょう。一年草に限りませんが、他の場所を比較対象とすることで、自分の植物が良い状態なのかどうか確認することができます。特に、気温の低い地域は、初期成長がゆっくりの場合もあるので、他との比較が役立ちます。

　追肥については、元肥を十分に与えて、植えた苗が勢いよく育っていれば特に必要ありません。成長が鈍いと感じれば、NPK（チッ素、リン酸、カリ）を等量（5：5：5や8：8：8など）またはリン酸分が高い（5：10：5など）速効性の化成肥料を与えるとよいでしょう。施肥量は、記載されている量が基本ですが、ある程度成長していれば、その半分にするなど調整するのもよいです。一年草は基本的に秋遅くまで成長しますので、定期的に与えますが、30℃近くまで気温の上がる地域では、真夏は半分ないしは3分の1にするなど少なめが無難です。

　施肥量は、土壌の状態によって違いますが、現実的にその必要量をはっきり確信できるのは至難の業です。与えた肥料の種類（NPKの値）と量を記録しておく（肥料の量については、1m^{2}に片手一握りといった記録でもよいと思います）と今後に役立ちます。

5 花がら摘み

　一年草の管理で最も大きな割合を占めるのは花がら摘みです。特に秋遅くまで開花する種類では、まめに作業することによってたくさんの花を咲かせることができ、見

庭での植物管理

栄えよくすることができます。従って、開花期が短く、一定量の花しか咲かせない宿根草と比較して、ずっと大切な作業といえます。さらに花弁が自然に落下しない種類では、花がら摘みをしないことによって灰色カビ病などが発生します。

　下表に花がら摘みにかかる手間の傾向を示しました。手間は花数や品種によっても違ってくるので、傾向としてとらえてください。ペチュニアのように花が一つ一つ咲き、枯れた花弁が非常に目立つ種類ほど、まめに作業しなくては、見苦しい姿となってしまいます。しかし、同じ種類でも、草丈が低くてこんもり茂る品種は、葉に花がらがつくことも多く、背の高くなる品種は、花弁がきれいに地面に落ちやすいといった傾向もあります。花がら摘みに取れる時間を考えて種類選びをするのも一つの方法であります。

花がらが残ると、観賞価値がなくなってしまう（パンジー）

花がら摘みにかかる手間の傾向

1. 手間を要する	花がらを一つ一つ摘む必要があり、花弁が自然に落下しない、または葉に付いて目立つもの	イングリッシュデージー、イソトマ、インパチエンス、センニチコウ、キンセンカ、ジニア、ヤグルマギク、パンジー、ペチュニア、マリーゴールドなど
2. 比較的手間を要する	花は小花が花序に集合して咲き、花序ごと花がら摘みできるが、花弁が落下しにくく、目立つもの	キンギョソウ、バーベナ（ホルテンシスなど）、ビンカ（ニチニチソウ）など
3. 1や2と比べると手間を要さない①	花がらは一つ一つ摘むが、花弁が自然に落下しやすい、または目立たないもの	キンレンカ（ナスタチウム）、ケシ類、コスモス、ニゲラ、ミムルス、メランポディウム、ロベリアなど
4. 1や2と比べると手間を要さない②	花は小花が花序に集合して咲き、花序ごと花がら摘みできる。花弁は自然に落下しやすい、または目立たないもの	アロンソア、カスミソウ、クレオメ、サルビア、ニコチアナ、ネメシア、バーベナ（ボナリエンシスなど）、ベゴニアなど

クレオメは無限花序のため、花序ごと花がら摘みすることはない

大きな花を一つ一つ咲かせる種類は、特に花がら摘みが重要
（左：ペチュニア、右：キンセンカ）

花序にたくさんの花をつける種類は、花序ごと切り取って花がら摘みする。ただし、キンギョソウ（左）は葉に花弁がつくことが多く、花が小さく地面に落ちやすいアロンソア（右）に比べて手間がかかる傾向にある

同じバーベナでもわい性のホルテンシス系品種（左）は、葉に花弁がつくこともあるが、高性のボナリエンシス（右）はきれいに落下するので、見苦しくなりにくい

サルビアは花弁が自然に落下するので、見栄えが悪くなりにくい（サルビア・ファリナセア＝ブルーサルビア）

庭での植物管理

6 秋の管理

　霜が降りるころになるとほとんどの種類は観賞期間が終了します。一年草の抜き取りはできるだけ降雪前に終わらせるとよいでしょう。これは宿根草の秋の管理と同じく、雪解け後に腐った植物残さを取り除くのは大変で、必ず残ってしまうからです。また、抜き取り後は雑草をはっきりと確認できるので、きちんと抜いておきます。特に宿根性の雑草はやっかいです。そして、秋のうちに堆肥を入れ、簡単でもよいので耕しておきましょう。農業と同じように一年草の場合は、秋に翌年の準備をするのが最良の方法です。

球根植物の管理

球根植物は成長〜開花〜地上部の枯死と四季の変化がはっきりしており、その変化を知ると管理方法についてもおのずと知ることができます。ここでは球根植物の特性について知ることにより、どの地域に住んでいても自分でそれぞれの管理のタイミングを判断できることを目指します。

1 季節別の生育状況

・秋〜冬

　秋植え球根は植え付け後、間もなくして発根し、冬が訪れて寒くなるまで根を伸ばします。この時期は芽も出さず何もしていないように見えますが、地中では根が養分を吸収しています。例えば、チューリップでは全生育期間中に吸収するチッ素分の20%を秋のうちに吸収するとされています。何もしていないように見えても、地中では活発に活動しています。

・春

　多くの種類は春になると芽を出し、日に日にぐんぐん成長していきます。また、キバナセツブンソウやクロッカス、チオノドクサのように雪解け後、葉と同時につ

例）チューリップ

秋〜冬：植え付け直後に発根し、養分を十分に吸収する

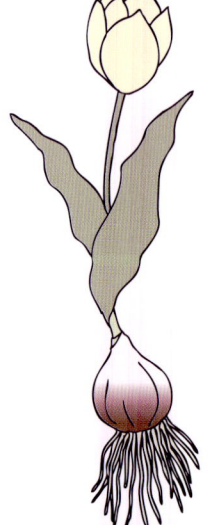

春：気温が上がると一気に生長し、開花する

夏：地上部は枯死し、根も完全に枯死する。既に新しい球根が出来上がっている

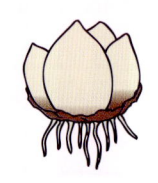

秋：気温が低下すると再び発根する

ぼみも出し、早々に開花する種類もあります。

• 夏

ユリ、ナツズイセンなど遅咲きの種類が開花します。一方、大部分を占める春咲きの種類では葉が黄化しはじめ、地上部が枯死します。これらの種類の多くは、夏に気温が高く、降水量が少なくて乾燥する地域に自生しています。春に速やかに開花し、夏に球根だけの状態となることで、厳しい夏の環境を乗り越えることができます。地上部が枯死すると同時に根も消失し、見かけは休眠したような状態となります。

2 植え付け

土壌

多くの種類は、田んぼの土のような重い粘質土ではなく、水がすっと抜けるような水はけの良い、軽めの用土を好みます。概ね、宿根草よりも軽い土を好むと思ってよいでしょう。北海道の涼しい気候は球根植物にはとても合った環境で、実際は幅広い用土で育っています。一方、アイリスやアリウムを重い用土で育てると葉先が少し枯れ込む症状を見ることがあります。また、繊細な性質である高性のフリチラリアのように土壌環境を選ぶ種類もあります。庭の土壌に合うものを選ぶことも重要ですが、腐葉土やバークのような植物性堆肥や火山礫（かざんれき）のような無機物を使って土壌の軽量化をはかることが、球根植物の管理にはよいことを意識しておきたいものです。特に土が硬くて水はけの悪い庭では、前もって思い切った軽量化をはかるぐらいが適切です。

時期

植え付け時期は、発根に適した地温（気温）によって決まります。例えば、詳しく調べられているチューリップであれば13度程度とされています。スイセンやムスカリはもう少し高く、より涼しい環境を好む種類なら低いというように、種類によって違いはありますがこの地温（気温）を目安に考えてもよいでしょう。地温（気温）を知っておくと、道南、道北などどの地域に住んでいても植え付け時期を決定できるとともに、暖かい年や涼しい年などの変化にも対応できます。植え込みは最低気温が15度を下回るようになれば意識することになります。次ページのグラフは9～10月の函館市と釧路市での平均、最高、最低気温の平年値を示しています。函館市では9月10日を過ぎたら、釧路市では9月1日には最低気温が15度を下回っています。天気予報を見ながら最低気温が安定して低くなるようになれば植え付け時期と判断できます。先述の通り、秋のうちにできるだけ根を伸ばし、養分を吸収させることが大切です。気温が低くなると根を伸ばす動きは鈍くなります。適した温度の下では数カ月間も根を伸ばし続ける種類もありますので、植え付けが遅くなるの

は避けたいものです。もちろん植え付けが遅くなっても、翌春にきちんと開花しますが、花が小さくなったりさらに翌年の開花にも影響が出ることがあり、特に毎年開花しにくい種類ではその傾向が強まります。平年値では函館市で10月10日、釧路市では4日に最低気温8度を下回っています。遅くとも最低気温が7～8度になるまでに植え付けることが本来の植え方となるでしょう。

9～10月の平年気温の推移と植え込みの期間

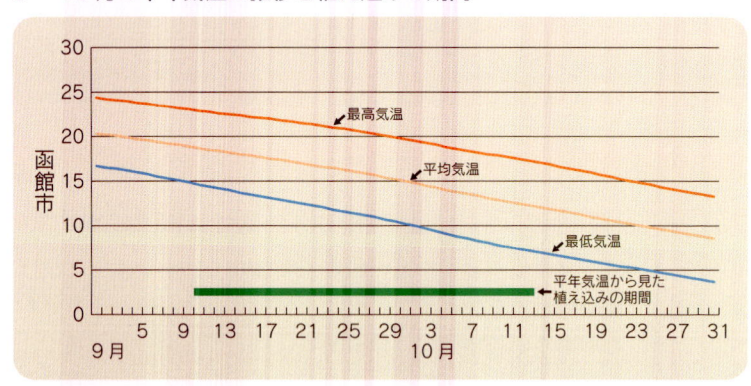

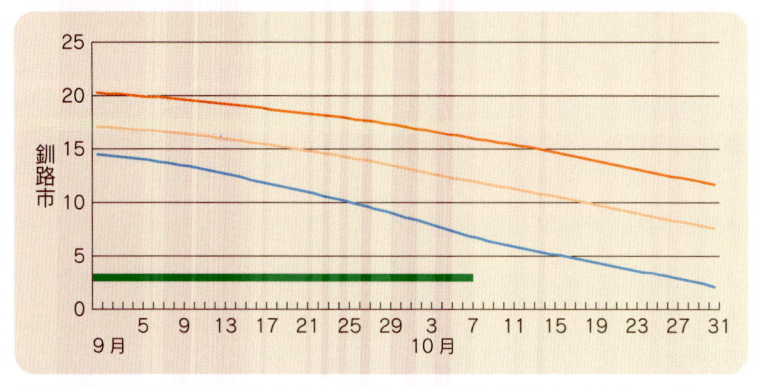

最低気温が15度を下回る頃から7～8度までの期間は、根張りの点からして植え込みの時期に適している。　　（気象庁「気象統計情報」より1971～2000年の平均値）

深さ

　一般に球根の高さの2倍程度を覆土すると言いますが、多くの種類に当てはまります。実際に植えてみるとかなり深いと感じますが、深い場所は激しい乾燥も起きにくく、温度も安定しているので球根には過ごしやすい環境となっています。また、浅く植えた場合、スイセンやユリなど多くの種類で分球が促されて球根が小さくなることが知られており、予定していた背の高さまで育たない場合や、時には花が咲かなくなることがあるので注意したいです。従って、土壌条件が良く、十分な深さのある庭なら深植えするとよいでしょう。一方、排水性がいまいちで根の張る土層

が浅い場所では、やや浅植えするのが現実的でしょう。その理由としては、根の張る範囲が少なくなる、雪解けや降水による滞水で球根が腐る場合のあることが挙げられます。なお、下図中のアネモネ・ネモロサのように太い根が横に広がるタイプやシクラメン・コウムのように覆土を少ししかしない種類もあります。

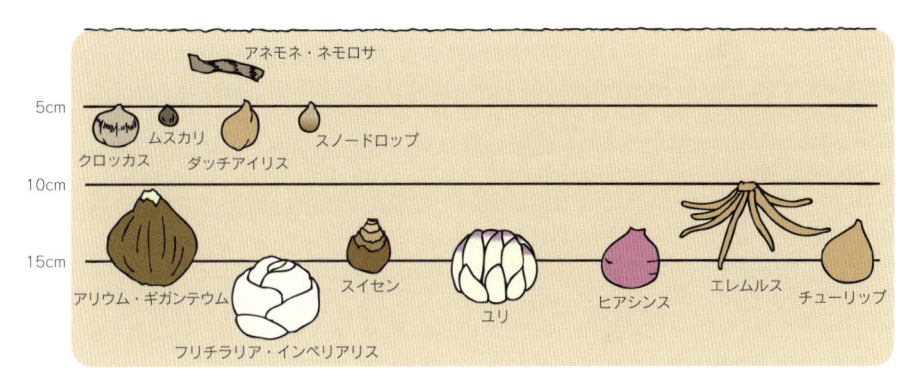

球根の植え付け深さの目安（球根の大きさや土壌条件によってはより浅く植えることもある）

密度

　実際の植え付けで気にすることは少ないかもしれませんが、球根の幅2～3個以上分の隙間を空けて植えたいものです。間隔を空けるほど生育は良くなります。大きな球根を持つ種類でその傾向は強くなります。スイセンやプシュキニアのように何年も植えたままの状態で花を咲かせているのを見かけます。そのような種類はやや密植でも大丈夫ですが、大きな球根を持つ種類や毎年咲いてくれない種類では、2～3個分より間隔を空けるように意識しましょう。

大型の球根を持つ種類では、十分に間隔を確保する。写真のアリウム'マウント・エベレスト'ならば5個分以上は確保したい

3 施肥

　基本的に秋植え球根植物はたくさんの肥料を必要としません。ただ、地上部の生育期間はチューリップで雪解け直後の4月中旬からせいぜい7月上旬までととても短く、その間に来年の開花のために球根を太らせなくてはいけません。その代わり先程述べました通り、秋にも養分を吸収します。そして、春の萌芽後から再び吸収し、

つぼみの見えるころから急激に吸収量が増え、開花時にピークに達します。春咲きの球根類にはおおむねこの傾向があり、つぼみのふくらんだころから、来年のための球根の肥大が始まり、種類によって差はありますが、開花後30日間で一気に大きくなります。有機物が混ざった土作りが一番大事ですが、庭の土がやせている場合や、何年も開花し続けてくれない種類に対しては施肥を行うと効果が見られるでしょう。与える肥料はすぐに効果の出る速効性肥料が有効で、つぼみが見えてきたら少量与えるようにします。一方、遅く咲く種類は生育期間が長い分、厳密に時期を選ぶ必要はありませんが、つぼみの見えるころから吸収量が多くなるのは同じです。

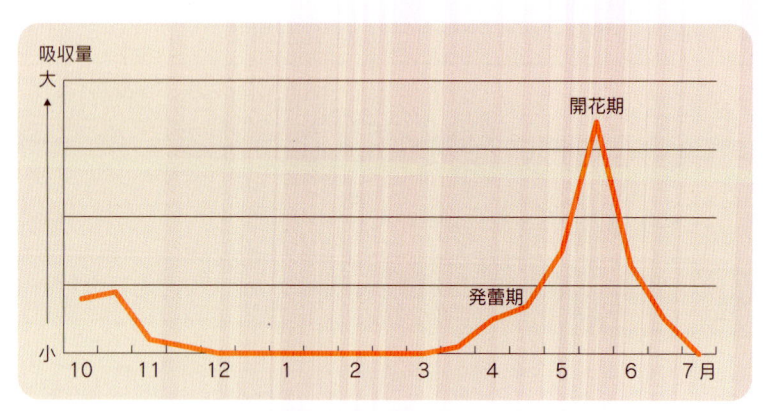

秋植え球根（春咲き種）の肥料吸収の季節的変化。
時期ごとの養分吸収量の増減をモデル化した

・植え替えの判断

　植栽を変更する場合は自動的に植え替えとなりますが、それ以外では、花が咲かなくなったり、分球が進んで花が少なく小さくなった、草丈が低くなったなど本来の咲き方をしなくなった場合に植え替えとなります。従って、遅くとも開花時には判断することになります。種類によっては、数十年も咲き続けたりしますし、群生させて本来の姿となるものもあります。また、環境によっても生育は全然違います。1年に1回という機械的なやり方は避け、視覚的に判断するようにしたいものです。また、チューリップの珍しい品種に代表されるように1年しか咲かない種類も時にはあります。自分の庭でそのようなことがあった場合は、記録に残し、以後は毎年植え替えるようにするとよいでしょう。その繰り返しによって、その庭での球根植物の対処法が蓄積されることになります。

群生しても問題なく開花し続ける場合は、無理に植え替えしなくてもよい。なお、写真は、小型のチューリップ'リトル・プリンセス'で5年以上植え替えていないが、衰えは見られない

4 掘り取り

　茎葉のほとんどが黄化してから掘り取ります。茎葉を切除する場合は、はさみを使用します。手で球根から引き抜くと球根を傷めるだけでなく、開花が悪くなる場合もあります。はさみを使用する場合は、せめて植物の種類ごとにはさみを消毒して切り取るようにします。消毒はライターの火であぶったり、大きな園芸店で販売されているはさみの消毒剤や消毒用エタノールを使用して行います。

　茎葉が黄化してから掘り取る理由は、来年のための球根を十分に太らせておく必要があるからです。もし、何らかの事情で早めに掘りたい場合でも開花後最低30日、できれば45日は我慢するようにします。球根の大きな種類、開花しにくい種類ほど少しでも開花後の時間を経過させる必要があります。秋になると新たな根が出ますが、それらの根は切断されると再生することができません。従って、葉が黄化してから秋の発根まで、実際は夏の間中には掘り取るようにします。やや開花の遅くなるエレムルスやアリウムでは時に地上部の葉が緑のまま掘り取ることもあります。葉が黄化してからの掘り取りが第一条件ですが、涼しくなるまでには植物がどのような状態であれ掘り取るのが基本となります。

　ただ、例外もあります。ユリは夏～晩夏にかけて開花しますが、北海道の場合、地上部が緑のまま晩秋を迎えます。ユリは球根植物の中では特殊で、球根の底から出ている、いわゆる「下根」と、春の発芽後に茎の付け根から出る「上根」とに分かれます。圧倒的に大事なのが春に出る「上根」となりますので、秋に出る下根を過剰に重要視する必要はありません。従って、開花後もじっくり待ち植え付け直前に掘り取るのが最も確実な方法となります。

5 植え付けまでの保管と分球

　乾燥に強い種類では、掘り取った時点では茎葉（の一部）や根はつけたままにしておきます。雨が当たらなく、日差しも入らない涼しい場所で、球根が十分に空気に触れることが大切ですので、重ねすぎないようにして乾かします。しばらくすると、茎葉と根は完全に枯れ、簡単に取り外せるようになります。また、複数の球根がついていたものも簡単に分けることができるようになります。いくつか試してみて確認できたら、茎葉と根をきれいに取り除き、球根が分けられるものは一つずつに分けるようにします。乾かしても簡単に分球できない場合は、無理にはがさなくても構いません。

　球根にはいろいろなタイプがあり、無皮りん茎と呼ばれるタイプ（球根の表面に乾燥から守る表皮を持たないタイプ。ユリ、フリチラリアなどごく一部の種類）は乾燥にそれほど強くありませんので、わずかに湿らせた状態で保管します。また、アネモネ・ネモロサのような細い根茎類（根が肥大化して球根となったタイプ。四

方八方に根が張るように球根が伸びていく）やカタクリのように表皮は付いているが頼りなさげな種類も同様です。

　湿らせて保管する場合は、清潔な材料でかすかに湿らせることが大切です。材料としては、園芸店で一般に売られているバーミキュライトやピートモスさらにはおがくず、もみがらくんたんなどがあります。ジョウロなどでさっと水をかけ、よくかき混ぜて、なんとか湿っているなと感じる程度の湿り具合になったら、球根を覆うようにかけて乾燥から防ぐようにします。ただ、球根の腐敗を防ぐために、空気が通るようにしておきたいです。ビニールなどを使用する場合は十分な空気穴をあけて、上部は閉じないで開放した状態で保管するようにします。

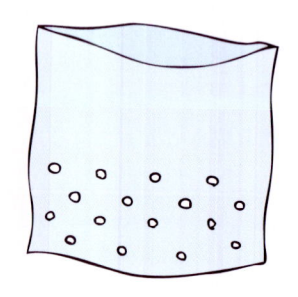

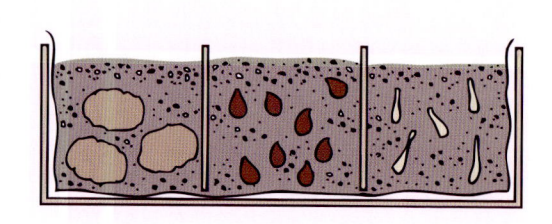

（左）ビニールを使う場合は、小さな穴をたくさんあけておく
（右）バーミキュライトなどをかすかに湿らせて球根を覆う。複数の種類を一緒に保管する場合は、きちんと仕切り（段ボールの切れ端でも可）をしておく

6 厳しい条件下でも育つ種類

　実際の庭では、根の張る土層の深さや硬さ、水はけの良さといった物理性の点で土壌条件が非常に良いことは少なく、何らかの制限の中で植え付けることになります。その中で、球根植物を植栽する場合は、いわゆる「植えっ放し」が可能な種類も意識しておけば助けとなるかもしれません。これらの特徴としては、「硬くて重い土壌条件にも耐える」「分球して密植状態になっても開花しやすい」が挙げられます。種類としては次のページの表のようなものがあります。その他にも、エレムルスやダッチアイリス、チューリップの小型種、やや乾燥したやせ地を好むブローディア、ヒアシンスのほか、半陰地を好むエランティス（キバナセツブンソウ）やガランサス（スノードロップ）、アネモネの小型種など条件次第で何年もよい姿を見せてくれる種類があります。

植えっ放し可能な球根植物の一例

名前	ひとこと
アリウム	小型種は繁殖力も旺盛。本来は乾燥気味でやせた場所で非常に強い。
カマシア	草丈の高くなる種類の中では非常に強い。海外では草地での植栽も見られる。
クロッカス	北海道では庭先で群生する姿も見かけるが、関東以西ではあり得ない。
スキラ（シラー、ヒアキントイデス）	雪解け直後に開花するものから初夏咲きまでさまざまな種類が知られる。
スイセン	重い土壌にも非常に強い。ただし、ニホンスイセンなどの寒咲き系統は耐寒性が弱い。
スノーフレーク	重い土壌にも非常に強い。白花の野生種1種がよく知られている。
チオノドクサ	雪解け後早くに開花する。かなり厳しい条件でも育ち続ける。
プシュキニア	一般に見かけるのはリバノティカという野生種。早春に開花する。
ムスカリ	花形や花色の違うさまざまな種を見ることができる。どの種も強健に育つ。

庭での植物管理

プシュキニア（左）やスノーフレークなどは、多少厳しい場所でも開花する

アネモネ・ネモロサ（ヤブイチゲ）の八重咲き品種。半日陰で土壌条件がよければ数十年という長期間衰えを見せない

芝生の管理

芝のある庭は、住む人にとって、明るくて優しい景色を醸しだし、木や草花を引き立ててくれます。ほこりを抑え、光の照り返しを抑えて、住んでいる人に安らぎを与え、周りの人々にも安心感を与えてくれます。芝生は手入れが肝心で、手入れ次第で良くも悪くもなるので注意しましょう。

➡ 手入れのポイント

- 刈り込み回数を多くします
- 適度の施肥が必要になります
- 乾燥に気をつけ、灌水（かんすい）を怠らないようにします
- 雑草はこまめに取り除きます。特にクローバーやタンポポに注意しましょう
- 踏圧（とうあつ）に弱いので、土の状態に気をつけるようにします
- 芝地を早く完成させたい時は、は種より張り芝をおすすめします

1 芝刈り

芝の管理で最も重要な作業であり、芝生を美しく保つために必要な作業です。常に草丈を5cm程度に保持するようにします。草丈を伸ばし過ぎると、病気になったり芝の根元に光が当たらなくなるので、芝生が衰弱しやすくなります。

芝生は5cmの高さを保つことを目安に芝刈りを行う

芝刈りの目安として、1週間に1回ぐらいの割合で行いますが、5月3回、6月4回、7月3回、8月3回、9月3回を目安としてもよいでしょう。しかし、土質、施肥、灌水で成長の度合いが変わってくるので、草丈が伸びてきたら刈るようにします。芝刈りの回数を多くすることにより、雑草の侵入や繁殖を抑えることができます。樹木の根元などは特に刈り忘れることがあるので、こまめに刈り込んでいきます。刈った芝は出来るだけ片付けます。刈りっ放しだとサッチ（刈り取った葉が芝の根元に堆積される状態）になり、芝の根が浅くなり、病虫害の発生、耐乾性が弱くなるなどの障害が出てくることがあります。

2 施肥

　5〜10月に月1回程度行いますが、10月はその年の気象によって控えてもよいでしょう。1回の施肥量は、化成肥料1m²当たり30〜40gを目安としますが、芝生用の化成肥料を使用し、粉状より粒状の方が取り扱いは楽といえます。できれば散粒器を使いたいですが、手まきでもよいです。手まきの場合、固まりになって散布される場合があるので気を付けます。この場合はほうきなどではき散らすようにします。固まりで残ってしまうと、肥料焼けの原因となります。

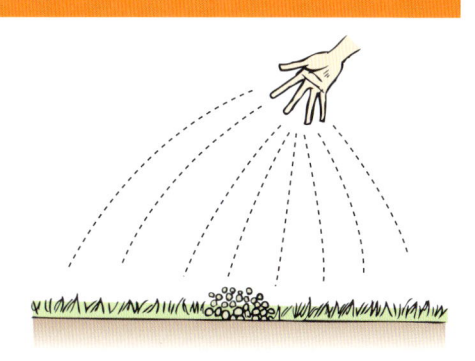

施肥は手まきでも可能だが、固まりになると肥料焼けするので注意する

　施肥は芝刈り後に行う方が効果的であり、施肥後はたっぷり灌水します。雨が降る前に散布してもよいでしょう。9〜10月の施肥は、冬季に備えて通常の施肥量にカリ肥料を加えて耐寒性を高めることも必要です。

3 灌水

　過度の灌水は、根の生育が阻害されやすく、病気の発生など逆効果になることがあるので、注意が必要です。灌水する時はたっぷり与えます。相当量与えたと思っても、芝の表面だけが湿っているだけで根まで行きわたっていないことが多いので、確認しながら行います。灌水前に、エアレーション用の穴開け器を使って、穴を開けてから行うのも効果があります。

　灌水は早朝か夕方に行うようにして、日中は控えましょう。葉に残った水滴がレンズの役目をして葉焼けを起こす原因となります。夕方の灌水は、ホース内に残った水が日中温められて温水になっている場合があるので、水を出して水温を確認してから散水しましょう。張り芝面積が広い場合は、スプリンクラーを使用した方が効率的ですが、狭い場合はホースを使用し、丁寧に散水していきます。

4 エアレーション・目土

　芝生を張った直後は土が軟らかいので生育も良いですが、時間が経つと踏圧などにより、床土が硬くなってきます。床土が硬くなると、通気性や排水性が悪くなり、

芝生の根が衰弱してくるので、生育が衰えてきます。芝生を活性化させるために、床土に空気や水を呼び込む「エアレーション」という作業が必要になってきます。「エアレーション」は、ローンパンチやローンスパイクという道具を使って床土に穴を開ける作業になります。広い場所では機械を使用する方が効率的ですが、狭い場所では手作業で行っていきます。時期的には、春先5月ごろと秋口9月ごろの1年に2回ほど行うと効果的です。

エアレーションと同時に、目土入れの作業を行います。これは、根の活性化と芝生面の凸凹を修正するのに役立ちます。目土は5mmぐらいの厚み（10m^{2}当たり500L=0.5m^3）を散布量の目安とし、角スコップ等で撒きながらレーキや熊手などでかきならすようにします。

エアレーションは通気性の確保のために行うが、根への水の浸透をスムーズにする効果もある

目土の敷きならしは、スコップで砂をまいた後、レーキや熊手で広げていくとよい

5 除草

芝生地においては芝草以外の植物を取り除くことが除草です。実際は、販売されているロール芝の中や芝生種子の中にも雑草は含まれています。除草の基本はまず雑草を生やさない事です。種子が結実したり養分を蓄積する前に除去しましょう。芝生より雑草の繁殖力の方が強く、日光を必要とする芝生が被圧されて生育が悪くなるので、早期の除草が必要となります。また、芝生と雑草間での養水分の取り合いが起こりやすいことからも、除草は必要といえます。病虫害の発生にも影響します。雑草の生育開始期である春先や初夏と秋口の除草が必要となります。タンポポ、スギナ、クローバーの発生に注意し、初期除去を心がけて根部を残さないようにしましょう。

6 芝生地の造成

　芝生は地被植物の中で、庭に使用する材料としては最適な植物といえます。芝生の適地としては、日当たりが良く、通気性・透水性が良く、保肥力が高く、石や木の根などの雑物が混入していなく、スギナ、タンポポなどの宿根雑草が生えていない所がよいでしょう。良い芝生を維持するのであれば、良い床づくりが必要で、土壌改良を含めて土づくりを行うべきです。

　種まきをして芝地を作る場合、市販の芝生を購入して芝地を作る場合、やり方はそれぞれですが、どちらも地ごしらえはしっかり行うようにします。

　芝張り予定地の広さを確保し、予定地内の石、瓦礫、木の根、雑草などを取り除きます。この作業は客土する前にも必須作業となります。芝張り予定地をスコップなどで最低でも30cmぐらいは掘り起こします。上記作業を繰り返し、異物を取り除き、最後にレーキなどで整地していきます。客土する場合でも、元地盤の土を掘り起こし、少し客土と混ぜ合わせ、それから本格的に客土をします。地ごしらえする時に一緒にかくはんする材料としては、やせた土を前提として1m²当たり、炭酸カルシウム180g、熔成燐肥150g、植物性の堆肥100g、芝生用肥料60gを使うようにしますが、あくまでも目安として考えます。この時、使用材料と客土などが平均に混ざり合うように丁寧にかくはんしていきます。かくはんした後、レーキなどで均一に敷きならし、土羽板（横30cmぐらい×縦50cmぐらい×厚み2～3cmぐらい）などで土を叩いて転圧します。またはコンパネなどの木の板などを敷き、その上を歩いて転圧しながら移動していきます。この時、転圧が均等でないと、は種後や張り芝後に凸凹が生じることがあるので、しっかりと行います。

　元地盤が硬い場合や地下水位が高い場合は、暗渠排水などを設置してから、地盤造成に取りかかるとよいでしょう。暗渠パイプなどを設置する場合、全部埋め込まないで、端末を地表すれすれまで出

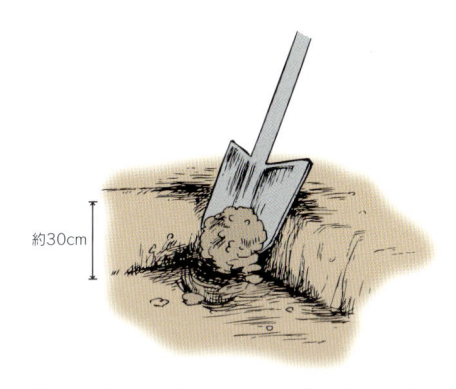

約30cm

芝生予定地では、深さ30cmほど掘り起こして、土壌を軟らかくするとともに、瓦礫や雑草などを取り除く

土壌をならした後に土羽板などを用いて転圧する。凹凸ができないように均一に行うことがポイントとなる

し、キャップでふたをするか、砕石などでパイプを巻くとき端末の砕石を地表まで出すようにすれば、滞水することが少なくなります。

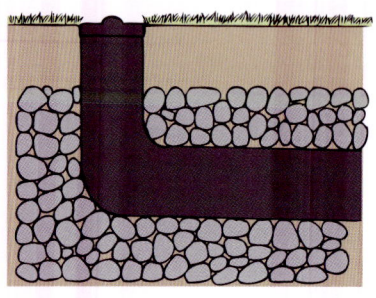

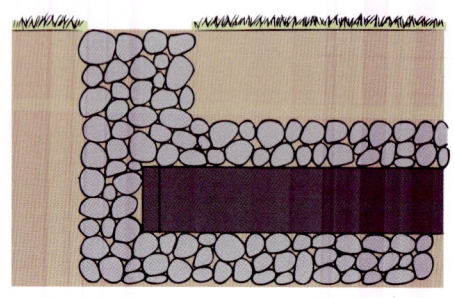

排水性が悪い場合に暗渠排水を行うこともある。個人でできない場合もあるが、業者に委託するにしろ、暗渠端末を地表すれすれに出したり（左）、端末の砕石を地表まで出す（右）ことによって効果が高いことを知っておきたい

7 種まき

品種的には、ケンタッキーブルーグラスの系統が家庭用で使用する場合には無難で、は種量は1m²当たり20〜30gを目安とします。は種する時、乾いた土か砂を混ぜて一緒にまき、この時肥料も一緒に混合します。先に縦横にレーキで筋を付けてからまくと落ち着きやすくなります。地ごしらえの時と同じように、土羽板やコンパネなどで転圧して十分に灌水を行います。

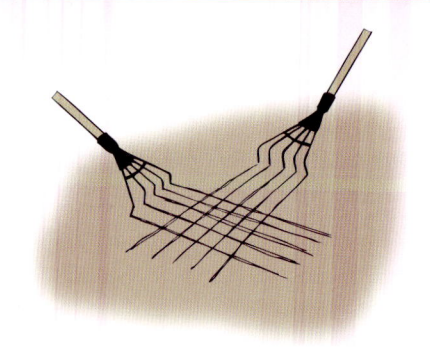

種をまく際にはレーキなどで筋をつけておくと効果的

8 張り芝

地ごしらえは芝地造成の時と同じです。芝は市販のロール芝を用いましょう（30cm×180cm×3cm）。ロール芝を購入する時、長時間堆積してあった芝は、中が蒸れている場合があり、根が付いている土が乾いている場合もあるので、よく確認してから購入しましょう。芝の厚さが薄い時

ロール芝は厚みのあるもの、中が蒸れていないものを購入したい

は、根の発育があまり良くない場合が多いので注意します。

　芝を張る前に、肥料を散布して客土とよくかくはんします。

　ロール芝を張る時は、縁石などのはっきりした目印に沿って、目地無しで張っていきます。張り終わったら芝の隙間に客土などを入れ、隙間を埋めていくようにします。また目地が通らないように縦横の目地をずらしながら互い違いに張っていくとよいでしょう。

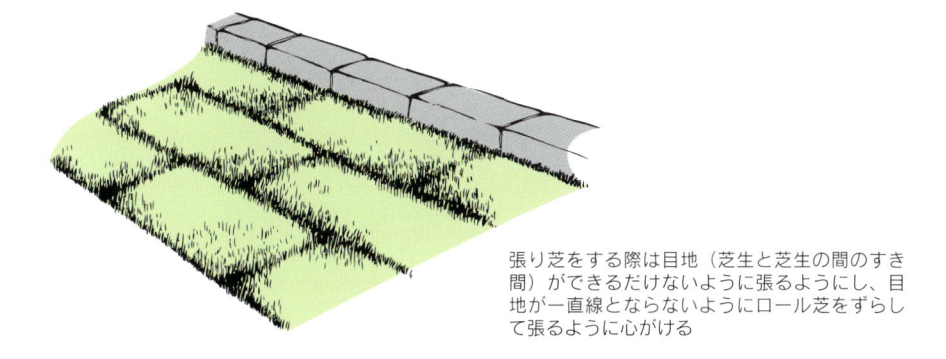

張り芝をする際は目地（芝生と芝生の間のすき間）ができるだけないように張るようにし、目地が一直線とならないようにロール芝をずらして張るように心がける

　のり面（傾斜がかった場所）では横張りの方が良く、縦張りは水道（みずみち）が付きやすいので控えるようにします。のり面も目地を通さないように、ロール芝をずらしながら張ります。

　のり面張りの場合、芝がずれないように$1m^2$当たり20～25本くらいの目串を打ち、芝生を止めていきます。この時、のり肩に芝幅の3分の1ぐらいを掛けて張ると、ずり落ちることが少なくなります。

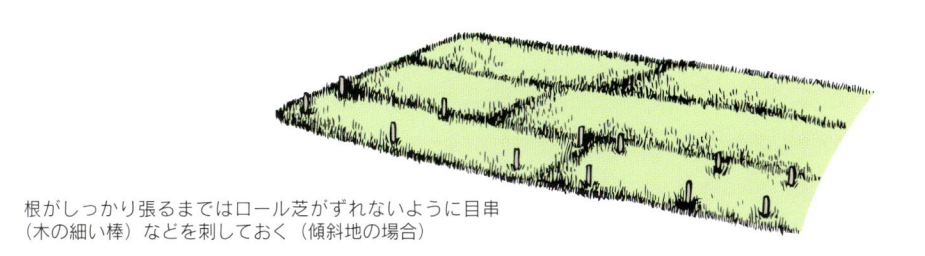

根がしっかり張るまではロール芝がずれないように目串（木の細い棒）などを刺しておく（傾斜地の場合）

　その後、平地、のり面とも、芝床が完全に湿る程度までたっぷりと灌水（かんすい）した後、土羽板、コンパネなどで転圧します。その後15日ぐらいは毎日灌水し、3カ月ぐらいは天候次第で灌水していくようにします。

　芝を引っ張ってみて、芝床からはがれないようであれば、活着したと考えてよいでしょう。

　活着を確認して、芝丈が5～7cmぐらいに伸びてきたら1回芝刈りを行います。

庭での植物管理

Ⅲ「庭の環境、条件にあった植物選び」
植物名索引

- ●：樹木
- ●：つるもの
- ●：宿根草
- ●：一年草
- ●：球根植物

ア 行

[あ]

- ● アークトチス ……………………… 152
- ● アイノコレンギョウ ……………… 100
- ● アイリス …………………………… 121
- ● アイリス …………………………… 168
- ● アオシダレ ………………………… 55
- ● 青花フジバカマ …………………… 146
- ● アカエゾマツ ……………………… 67
- ● アガスタケ ………………………… 115
- ● アガパンツス ……………………… 115
- ● アカンツス ………………………… 115
- ● アキレア …………………………… 116
- ● アケビ ……………………………… 103
- ● アゲラタム ………………………… 152
- ● アサギリソウ ……………………… 119
- ● アサツキ …………………………… 164
- ● アジサイ …………………………… 71
- ● アジュガ …………………………… 116
- ● アズキナシ ………………………… 62
- ● アスクレピアス …………………… 116
- ● アスター …………………………… 117
- ● アスチルベ ………………………… 117
- ● アステル …………………………… 117
- ● アストランティア ………………… 109
- ● アスペルラ ………………………… 156
- ● アティリウム ……………………… 117
- ● アネモネ …………………………… 118
- ● アネモネ …………………………… 167
- ● アフリカンマリーゴールド ……… 160
- ● アメリカキイチゴ ………………… 81
- ● アメリカザイフリボク …………… 61
- ● アメリカスグリ …………………… 84
- ● アメリカテマリシモツケ ………… 87
- ● アメリカノウゼンカズラ ………… 105
- ● アメリカノリノキ ………………… 72
- ● アメリカハイネズ ………………… 69
- ● アメリカヤマボウシ ……………… 63
- ● アユガ ……………………………… 116
- ● アラビス …………………………… 118
- ● アリアナナカマド ………………… 62
- ● アリウム …………………………… 164
- ● アリッサム ………………………… 152
- ● アルケミラ ………………………… 118
- ● アルテミシア ……………………… 119
- ● アルプスモミ ……………………… 71
- ● アルメリア ………………………… 119
- ● アレナリア ………………………… 119
- ● アロニア …………………………… 78
- ● アロンソア ………………………… 153
- ● アンクサ …………………………… 120
- ● アンゲロニア ……………………… 153
- ● アンテミス ………………………… 120
- ● アンテリクム ……………………… 120

[い]

- ● イカリソウ ………………………… 121
- ● イソトマ …………………………… 153
- ● イタヤカエデ ……………………… 54
- ● イチイ ……………………………… 58
- ● イトススキ ………………………… 132
- ● イトバハルシャギク ……………… 130
- ● イヌコリヤナギ …………………… 98
- ● イブキ ……………………………… 69

● イブキトラノオ	142	
● イベリス	121	
● イボタ	66	
● イポメア	153	
● イリス	121	
● イロハモミジ	54	
● イワギキョウ	110	
● インパチエンス	154	

[う]

● ウィブルヌム	80
● ウェイゲラ	86
● ウェルバスクム	137
● ウェロニカ	143
● ウェロニカストルム	143
● ウコンウツギ	86
● ウスゲシナハシドイ	65
● ウスゲハシドイ	66
● ウツギ	79
● ウラジロシモツケソウ	138
● ウラジロナナカマド	62
● ウラハグサ	122
● ウンナンハシドイ	66

[え]

● エウパトリウム	146
● エキナケア	109
● エキナセア	109
● エキノプス	122
● エクスバリーアザレア	75
● エゾアジサイ	71
● エゾイチゴ	81
● エゾエンゴサク	130
● エゾクガイソウ	143
● エゾスカシユリ	165
● エゾトリカブト	135
● エゾノコリンゴ	56
● エゾノコンギク	117
● エゾノハナシノブ	144

● エゾハハコヨモギ	119
● エゾフウロ	110
● エゾムラサキツツジ	74
● エゾヤマツツジ	74
● エゾヤマハギ	91
● エゾリンドウ	130
● エリカ	73
● エリゲロン	122
● エリゲロン	154
● エリスロニウム	166
● エリムス	123
● エリンギウム	123
● エレムルス	166
● エンピツビャクシン	69

[お]

● オーリキュラ	139
● オウゴンキャラボク	58
● オウゴンコノテガシワ	60
● オウゴンシモツケ	83
● オウゴンフウチソウ	122
● オウゴンヤグルマソウ	129
● オエノテラ	123
● オオカメノキ	80
● オオキンケイギク	130
● オオデマリ	80
● オオバギボウシ	127
● オオバジャノヒゲ	124
● オオバスノキ	85
● オオバナノエンレイソウ	136
● オオベニウツギ	86
● オオベンケイソウ	112
● オカトラノオ	148
● オダマキ	124
● オドリコソウ	147
● オトメユリ	165
● オニゲシ	137
● オニハシドイ	66

271

- オフィオポゴン …………………… 124
- オムファロデス …………………… 124
- オリエンタルポピー ……………… 137
- オリガヌム ………………………… 125
- オレガノ …………………………… 125

カ 行

[か]
- カイヅカイブキ …………………… 69
- ガウラ ……………………………… 125
- カエデ ……………………………… 54
- ガクアジサイ ……………………… 71
- カクトラノオ ……………………… 138
- カシス ……………………………… 84
- カシワバアジサイ ………………… 72
- カスミソウ ………………………… 154
- カタクリ …………………………… 166
- カナダトウヒ ……………………… 67
- カナメモチ ………………………… 78
- カプレアヤナギ …………………… 98
- ガマズミ …………………………… 80
- カムパヌラ ………………………… 110
- カライトソウ ……………………… 150
- カラコギカエデ …………………… 55
- カラマグロスティス ……………… 125
- カラマツソウ ……………………… 133
- カラミンタ ………………………… 126
- カリブラコア ……………………… 159
- カリン ……………………………… 96
- カルーナ …………………………… 73
- カレクス …………………………… 126
- カワミドリ ………………………… 115
- 寒咲きスイセン …………………… 167
- カンボク …………………………… 80

[き]
- キイチゴ …………………………… 81
- キクザキイチゲ …………………… 167
- キジムシロ ………………………… 77
- キタコブシ ………………………… 70
- キツネノテブクロ ………………… 131
- キノミイチイ ……………………… 58
- キバナシャクナゲ ………………… 74
- キバナセンニチコウ ……………… 156
- キバナフジ ………………………… 59
- ギプソフィラ ……………………… 126
- ギボウシ …………………………… 127
- キミキフガ ………………………… 127
- キャサリン・ダイクス …………… 77
- キャラボク ………………………… 58
- キュウコンベゴニア ……………… 158
- キョウガノコ ……………………… 138
- ギョウジャニンニク ……………… 164
- ギョリュウモドキ ………………… 73
- ギリア ……………………………… 154
- キリンギク ………………………… 147
- ギンカエデ ………………………… 55
- キンギョソウ ……………………… 155
- キンギンボク ……………………… 107
- キングサリ ………………………… 59
- キンバコデマリ …………………… 87
- ギンフミズキ ……………………… 64
- キンヨウコデマリ ………………… 87
- キンレンカ ………………………… 156
- キンロバイ ………………………… 77

[く]
- グーズベリー ……………………… 84
- クガイソウ ………………………… 143
- クサキョウチクトウ ……………… 141
- クサレダマ ………………………… 148
- クナウティア ……………………… 127
- クニフォフィア …………………… 128
- クマイチゴ ………………………… 81
- クマノミズキ ……………………… 63

- クモイリンドウ ……………… 130
- クラブアップル ……………… 56
- クリーピングタイム ………… 134
- クリスマスローズ …………… 113
- クリンソウ …………………… 139
- クルマユリ …………………… 165
- クレマチス …………………… 101
- クロスグリ …………………… 84
- クロッカス …………………… 167
- クロバナハンショウヅル …… 101
- クロフネツツジ ……………… 75
- クロベ ………………………… 60
- クロミノウグイスカズラ …… 107
- クロユリ ……………………… 168

[け]
- ゲウム ………………………… 128
- ケファラリア ………………… 128
- ケマンソウ …………………… 134
- ケムリノキ …………………… 92
- ケラスチウム ………………… 129
- ゲラニウム …………………… 110
- ケロネ ………………………… 129
- ケンタウレア ………………… 129
- ゲンチアナ …………………… 130
- ゲンペイコギク ……………… 154

[こ]
- 黒竜 …………………………… 124
- コケモモ ……………………… 85
- コデマリ ……………………… 83
- コトネアスター ……………… 82
- コトネアステル ……………… 82
- コノテガシワ ………………… 60
- コバノハシドイ ……………… 65
- コマユミ ……………………… 89
- コモンタイム ………………… 134
- コリダリス …………………… 130
- コルヌス ……………………… 63

- コレオプシス ………………… 130
- コロナリウス ………………… 90
- コロラドトウヒ ……………… 67
- コロラドモミ ………………… 71
- コンコロールモミ …………… 71

サ 行

[さ]
- ザイフリボク ………………… 61
- サクユリ ……………………… 165
- ササユリ ……………………… 165
- サトウカエデ ………………… 55
- サフラン ……………………… 167
- サポナリア …………………… 131
- サラサウツギ ………………… 79
- サラサドウダン ……………… 88
- サラシナショウマ …………… 127
- サルビア ……………………… 111
- サルビア ……………………… 155
- サワギキョウ ………………… 150
- サンゴミズキ ………………… 64
- サンシャクバーベナ ………… 157
- サンシュユ …………………… 63

[し]
- ジギタリス …………………… 131
- シクラメン …………………… 169
- シセンハシドイ ……………… 66
- シデコブシ …………………… 70
- シナハシドイ ………………… 66
- シナレンギョウ ……………… 100
- ジニア ………………………… 155
- シバザクラ …………………… 141
- シベリアアヤメ ……………… 121
- シマススキ …………………… 132
- シモクレン …………………… 70
- シモツケ ……………………… 83

- シモツケソウ……………………… 138
- ジャーマンアイリス ……………… 121
- シャクナゲ ………………………… 74
- シャクヤク ………………………… 131
- ジャコウアオイ …………………… 145
- シャスタデージー ………………… 149
- ジャックマンズ・バラエティー …… 77
- ジャノヒゲ ………………………… 124
- ジャパニーズブルーベリー ……… 85
- シャボンソウ ……………………… 131
- シャリントウ ……………………… 82
- ジューンベリー …………………… 61
- シュウメイギク …………………… 118
- シュッコンアマ …………………… 149
- シュッコンカスミソウ …………… 126
- 宿根スイートピー ………………… 147
- シラー ……………………………… 168
- シラタマミズキ …………………… 64
- シラハギ …………………………… 91
- シレネ ……………………………… 132
- シロバナヤマブキ ………………… 99
- シロヤマブキ ……………………… 99
- シロヨモギ ………………………… 119

[す]
- スイカズラ ………………………… 107
- スイセン …………………………… 167
- スカビオサ ………………………… 111
- スキラ ……………………………… 168
- スクアマタビャクシン …………… 69
- スグリ ……………………………… 84
- スゲ ………………………………… 126
- ススキ ……………………………… 132
- ストケシア ………………………… 132
- スノキ ……………………………… 85
- ズミ ………………………………… 56
- スモークツリー …………………… 92

[せ]
- セイヨウアジサイ ………………… 71
- セイヨウオキナグサ ……………… 140
- セイヨウオダマキ ………………… 124
- セイヨウシャクナゲ ……………… 76
- セイヨウスグリ …………………… 84
- セイヨウネズ ……………………… 69
- セイヨウノコギリソウ …………… 116
- セイヨウバイカウツギ …………… 90
- セイヨウハッカ …………………… 146
- セドゥム …………………………… 112
- ゼニアオイ ………………………… 145
- ゼンテイカ ………………………… 141
- センニチコウ ……………………… 156
- センニンソウ ……………………… 101

[そ]
- ソバカズラ ………………………… 104

タ行

[た]
- ダールベルグデージー …………… 156
- ダイコンソウ ……………………… 128
- タイツリソウ ……………………… 134
- タイマツバナ ……………………… 114
- タイム ……………………………… 134
- ダイヤーズカモミール …………… 120
- タカサゴユリ ……………………… 165
- タカネエゾムギ …………………… 123
- タカネナナカマド ………………… 62
- タカノハススキ …………………… 132
- タチアオイ ………………………… 133
- ダッチアイリス …………………… 168
- タニウツギ ………………………… 86
- ダボエキア ………………………… 73
- タマクルマバソウ ………………… 156
- タリクトルム ……………………… 133

- ダンゴバナ……………………142
- タンナチダゲケサシ……………146

[ち]
- チオノドクサ……………………170
- チシマキンバイ…………………144
- チシマノキンバイソウ…………112
- チシマフウロ……………………110
- チャボハシドイ……………………66
- チューリップ……………………163
- チョウジソウ……………………133
- チョウセンレンギョウ…………100
- チングルマ………………………128
- チンシバイ…………………………94

[つ]
- ツキヌキニンドウ………………107
- ツクモグサ………………………140
- ツツジ………………………………74
- ツボサンゴ………………………113
- ツリバナ……………………………89
- ツルアジサイ………………………71
- ツルシキミ…………………………97
- ツルマサキ…………………………89

[て]
- ディギタリス……………………131
- ディケントラ……………………134
- ティムス…………………………134
- ティモフィラ……………………156
- テッポウユリ……………………165
- テマリカンボク……………………80
- テマリシモツケ……………………87
- デルフィニウム…………………134

[と]
- ドイツィア…………………………79
- トウゲブキ………………………148
- ドウダンツツジ……………………88
- トウヒ………………………………67
- ドデカテオン……………………135
- トドマツ……………………………71
- トネリバハシドイ…………………66
- トラデスカンティア……………135
- トリカブト………………………135
- トリリウム………………………136
- トロリウス………………………112

● ナ 行

[な]
- ナスタチウム……………………156
- ナツズイセン……………………169
- ナツハゼ……………………………85
- ナツユキカズラ…………………104
- ナデシコ…………………………136
- ナナカマド…………………………62

[に]
- ニオイスミレ……………………138
- ニオイニンドウ…………………107
- ニオイヒバ…………………………60
- ニコチアナ………………………157
- ニシキギ……………………………89
- ニシキシダ………………………117
- ニシキハギ…………………………91
- ニチニチソウ……………………158
- ニホンスイセン…………………167
- ニリンソウ………………………167
- ニワナナカマド……………………94

[ぬ]
- ヌマスノキ…………………………85

[ね]
- ネグンドカエデ……………………55
- ネペタ……………………………136
- ネメシア…………………………157

[の]
- ノウゼンカズラ…………………105
- ノカイドウ…………………………56

275

- ノダフジ……………………………106
- ノムラカエデ………………………55
- ノリウツギ…………………………71
- ノルウェーカエデ…………………55

ハ 行

[は]
- バーバスクム……………………137
- パープル・チョークベリー………78
- バーベナ…………………………157
- ハイイヌガヤ………………………58
- バイカウツギ………………………90
- ハイビャクシン……………………69
- ハウチワカエデ……………………54
- ハギ…………………………………91
- ハクサンシャクナゲ………………74
- ハクチョウソウ…………………125
- ハグマノキ…………………………92
- ハクモクレン………………………70
- ハクロニシキ………………………98
- ハコネクロマ……………………122
- ハゴロモグサ……………………118
- ハシドイ……………………………65
- ハスカップ………………………107
- バタフライブッシュ………………92
- ハッカ……………………………146
- バドレヤ……………………………92
- ハナカイドウ………………………56
- ハナシノブ………………………144
- ハナタバコ………………………157
- ハナハッカ………………………125
- ハナミズキ…………………………63
- ハニーサックル…………………107
- パパウェル………………………137
- バプティシア……………………137
- ハマエンドウ……………………147

- ハマカンザシ……………………119
- ハマニンニク……………………123
- ハンガリーハシドイ………………65

[ひ]
- ヒアキントイデス………………168
- ヒアシンシフロラ…………………65
- ヒアシンス………………………169
- ビオラ……………………………138
- ビオラ……………………………158
- ヒガンバナ………………………169
- ビジョナデシコ…………………136
- ビストルタ………………………142
- ヒダカトリカブト………………135
- ヒダカミセバヤ…………………112
- ビッチー……………………………77
- ヒトツバショウマ………………117
- ヒマラヤエンゴサク……………130
- ヒマラヤハシドイ…………………66
- ヒマラヤユキノシタ……………142
- ヒメウツギ…………………………79
- ヒメコブシ…………………………70
- ヒメハッカ………………………146
- ヒメライラック……………………66
- ビャクシン…………………………69
- ヒューケラ………………………113
- ヒョウタンボク…………………107
- ヒルザキツキミソウ……………123
- ヒロハツリバナ……………………89
- ヒロハヘビノボラズ………………97
- ビンカ……………………………158
- ピンク・クィーン…………………77

[ふ]
- フィソステギア…………………138
- フィリペンデュラ………………138
- フウチソウ………………………122
- フウロソウ………………………110
- フェスツカ………………………139

フキカケスミレ……………………138	ヘリアンテムム……………………141
フクシア……………………………139	ヘリオトロープ……………………159
フサスグリ………………………… 84	ヘリオフィラ………………………160
フジ…………………………………106	ヘリクリスム………………………160
フジウツギ………………………… 92	ベルゲニア…………………………142
フジバカマ…………………………146	ペルシアハシドイ………………… 65
プシュキニア………………………170	ペルシカリア………………………142
ブッドレア………………………… 92	ヘレニウム…………………………142
ブッドレヤ………………………… 92	ヘレボルス…………………………113
フヨウ……………………………… 93	ベロニカ……………………………143
ブラック・チョークベリー……… 78	ベロニカストルム…………………143
ブラックベリー…………………… 81	ペンステモン………………………143
ブラックラズベリー……………… 81	ヘンリーハシドイ………………… 66
フランスギク………………………149	[ほ]
フランネルソウ……………………148	ホイヘラ……………………………113
フリチラリア………………………168	ボクシャ……………………………139
プリムラ……………………………139	ホザキナナカマド………………… 94
ブルーベリー……………………… 85	ホスタ………………………………127
プルサティラ………………………140	ホタルブクロ………………………110
ブルネラ……………………………140	ボタン……………………………… 95
プルモナリア………………………140	ボタンキンバイ……………………112
プレストニアエ…………………… 65	ポテンティラ……………………… 77
フレンチマリーゴールド…………160	ポテンティラ………………………144
フロクス（フロックス）…………141	ホトトギス…………………………144
フロックス…………………………158	ポレモニウム………………………144
プンゲンストウヒ………………… 67	
[へ]	● マ 行
ペキンハシドイ…………………… 66	[ま]
ベゴニア……………………………158	マサキ……………………………… 89
ヘザー……………………………… 73	マジョラム…………………………125
ペチュニア…………………………159	マスクマロウ………………………145
ベニサラサ………………………… 88	マユミ……………………………… 89
ベニシダレ………………………… 55	マリーゴールド……………………160
ベニシタン………………………… 82	マルウァ……………………………145
ベニバナヤマボウシ……………… 63	マルタゴンリリー…………………165
ペパーミント………………………146	マルバダケブキ……………………148
ヘメロカリス………………………141	

277

- ●マルバハギ …………………… 91
- ●マルメロ ……………………… 96
- ●マンシュウハシドイ ………… 65

[み]
- ●ミズキ ………………………… 63
- ●ミソガワソウ ………………… 136
- ●ミツバアケビ ………………… 103
- ●ミムルス ……………………… 160
- ●ミヤギノハギ ………………… 91
- ●ミヤマアズマギク …………… 122
- ●ミヤマオダマキ ……………… 124
- ●ミヤマキンバイ ……………… 144
- ●ミヤマシキミ ………………… 97
- ●ミヤマハンショウヅル ……… 101
- ●ミヤマラッキョウ …………… 164
- ●ミント ………………………… 146

[む]
- ●ムクゲ ………………………… 93
- ●ムシトリビランジ …………… 148
- ●ムスカリ ……………………… 170
- ●ムラサキケマン ……………… 130
- ●ムラサキセンダイハギ ……… 137
- ●ムラサキナズナ ……………… 145
- ●ムラサキハシドイ …………… 65
- ●ムラサキベンケイソウ ……… 112
- ●ムラサキヤシオツツジ ……… 74

[め]
- ●メギ …………………………… 97
- ●メグスリノキ ………………… 55
- ●メコノプシス ………………… 145
- ●メタカラコウ ………………… 148
- ●メランポディウム …………… 161
- ●メンタ ………………………… 146

[も]
- ●モクレン ……………………… 70
- ●モナルダ ……………………… 114
- ●モミ …………………………… 71

- ●モモバキキョウ ……………… 110

ヤ 行

[や]
- ●ヤエヤマブキ ………………… 99
- ●ヤクシマシャクナゲ ………… 76
- ●ヤクシマススキ ……………… 132
- ●ヤナギ ………………………… 98
- ●ヤナギバシャリントウ ……… 82
- ●ヤブイチゲ …………………… 167
- ●ヤブデマリ …………………… 80
- ●ヤマアジサイ ………………… 71
- ●ヤマトレンギョウ …………… 100
- ●ヤマブキ ……………………… 99
- ●ヤマブキショウマ …………… 146
- ●ヤマボウシ …………………… 63
- ●ヤマモミジ …………………… 54
- ●ヤマユリ ……………………… 165

[ゆ]
- ●ユーパトリウム ……………… 146
- ●ユーフォルビア ……………… 114
- ●ユウゼンギク ………………… 117
- ●ユキヤナギ …………………… 83
- ●ユキワリコザクラ …………… 139
- ●ユリ …………………………… 165

[よ]
- ●ヨーロッパイチイ …………… 58
- ●ヨーロッパキイチゴ ………… 81
- ●ヨーロッパトウヒ …………… 67
- ●ヨーロッパナナカマド ……… 62
- ●ヨシフレクサ ………………… 66
- ●ヨツバヒヨドリ ……………… 146
- ●ヨドガワツツジ ……………… 75
- ●ヨモギ ………………………… 119

ラ行

[ら]
- ライラック　　　　　　　65
- ラズベリー　　　　　　　81
- ラティルス　　　　　　　147
- ラッセルルピナス　　　　149
- ラッパスイセン　　　　　167
- ラナタヤナギ　　　　　　98
- ラミウム　　　　　　　　147

[り]
- リアトリス　　　　　　　147
- リクニス　　　　　　　　148
- リグラリア　　　　　　　148
- リコリス　　　　　　　　169
- リシマキア　　　　　　　148
- リシリヒナゲシ　　　　　137
- リシリブシ　　　　　　　135
- リナム　　　　　　　　　149
- リヌム　　　　　　　　　149
- リムナンテス　　　　　　161
- リュウキュウツツジ　　　76
- リュウノヒゲ　　　　　　124
- リンゴ　　　　　　　　　56
- リンドウ　　　　　　　　130

[る]
- ルピナス　　　　　　　　149
- ルピナス　　　　　　　　161
- ルブラムカエデ　　　　　55
- ルリタマアザミ　　　　　122

[れ]
- レウカンテムム　　　　　149
- レッド・エース　　　　　78
- レッド・チョークベリー　78
- レモンタイム　　　　　　134
- レンギョウ　　　　　　　100
- レンゲツツジ　　　　　　75

[ろ]
- ロクベンシモツケ　　　　138
- ローマカミツレ　　　　　120
- ロニケラ　　　　　　　　107
- ロベリア　　　　　　　　150
- ロベリア　　　　　　　　161

ワ行

[わ]
- ワタゲハシドイ　　　　　66
- ワリンゴ　　　　　　　　56
- ワレモコウ　　　　　　　150

編著者プロフィル

川村　展之（かわむら・のぶゆき）

1973年京都市生まれ。NPO法人ガーデンアイランド北海道勤務
大阪府立大学大学院農学研究科修了。98年（財）札幌市公園緑化協会に勤務後は、百合が原公園にてガーデンや温室の管理に従事、宿根草や高山植物、室内植物など多くの植物を取り扱う。その後、苫小牧市のイコロの森、NPO法人ガーデンアイランド北海道を経て2014年から大阪府東大阪市の近畿大学植物園に勤務

協力（執筆順）

土谷	美紀	1964年恵庭市生まれ。(株)サンガーデン常務取締役。庭づくりや植物企画・設計・施工を担当している。RHSJハンギングバスケットマスター、RHSJコンテナガーデニングマスター
川原	元信	1951年岩見沢市生まれ。(有)川原花木園代表取締役。「北国に適した」を信条に樹木を生産している。「イコロの森」や「マウレ山荘」などのガーデンの施工にも関わる
鮫島	宗俊	1948年鹿児島県生まれ。鮫島樹木医研究所代表。京都で修業後札幌市内の造園会社に長年勤務し、現在は各地で樹木管理などの業務に従事する。樹木医。札幌技能士会会長として後進の指導にも当たる
長尾	俊哉	1962年北見市生まれ。札幌農林株式会社取締役。主に樹木の生産を担当している。北海道に適した樹木の選択、使い方を広めている

写真協力	イコロの森、NPO法人ガーデンアイランド北海道
イラスト	なかたいづみ、高屋千晶、村田林音
ブックデザイン	渡邊絢子（株式会社アイワード）
参考文献	植物分類表（大場秀章　アボック社）

北海道の庭づくり

2012年5月2日　初版第1刷発行
2022年7月1日　初版第4刷発行

編著者	川村　展之（かわむら のぶゆき）
発行者	近藤　浩
発行所	北海道新聞社　〒060-8711　札幌市中央区大通西3-6
	出版センター　（編集）TEL 011-210-5742
	（営業）TEL 011-210-5744
	https://shopping.hokkaido-np.co.jp/book/
印刷・製本	株式会社アイワード

落丁、乱丁本は出版センター（営業）にご連絡くだされば、お取り換えいたします。
ⓒ NOBUYUKI Kawamura 2012 Printed in Japan
ISBN978-4-89453-648-7